LES
FAMILLES FRANÇAISES

CONSIDÉRÉES

SOUS LE RAPPORT DE LEURS PRÉROGATIVES
HONORIFIQUES HÉRÉDITAIRES,

ou

RECHERCHES HISTORIQUES

SUR L'ORIGINE DE LA NOBLESSE.

La première édition, en 264 pages, a paru en 1815.

LES FAMILLES FRANÇAISES

CONSIDÉRÉES

SOUS LE RAPPORT DE LEURS PRÉROGATIVES
HONORIFIQUES HÉRÉDITAIRES,

OU

RECHERCHES HISTORIQUES

SUR L'ORIGINE DE LA NOBLESSE,

LES DIVERS MOYENS PAR LESQUELS ELLE POUVOIT ÊTRE ACQUISE EN FRANCE, L'INSTITUTION DE LA PAIRIE, DE LA CHAMBRE DES PAIRS, ET DES MAJORATS, ET L'ÉTABLISSEMENT DES ORDRES DE CHEVALERIE, DE LA LÉGION D'HONNEUR, ET DES NOMS ET ARMOIRIES.

PAR A. L. DE LAIGUE,

CHEF DU BUREAU DES LOIS ET DES ARCHIVES DU MINISTÈRE DE LA JUSTICE.

SECONDE ÉDITION.

DE L'IMPRIMERIE ROYALE.

A PARIS,

Chez
- L'AUTEUR, Place Vendôme, n.° 17;
- PETIT, Libraire de LL. AA. RR. MONSIEUR, frère du Roi, et de Monseigneur Duc DE BERRY, Palais-Royal, n.° 257;
- RONDONNEAU et DECLE, au Dépôt des lois, Place du Palais de Justice, n.° 1.

1818.

AVERTISSEMENT.

L'ouvrage que j'offre au public, est le résultat des recherches auxquelles je me suis livré depuis plusieurs années, sur nos anciennes institutions politiques et héréditaires, qui tirent leur principe de l'hérédité du trône même, et de la légitimité des dynasties françaises.

J'ai pensé que cette importante matière, qu'une longue révolution avoit fait négliger chez nous, pouvoit être aujourd'hui d'un vif intérêt pour un assez grand nombre de personnes; avec d'autant plus de raison, que ces institutions sont consacrées de nouveau par la Charte constitutionnelle et par plusieurs ordonnances royales.

Je me suis donc déterminé à revoir mon travail entièrement dégagé de tout système, et à le resserrer, dans un cadre étroit, de manière à en former une sorte de manuel, qu'on peut regarder comme un résumé exact des principales lois, tant anciennes que modernes, rendues sur cet intéressant sujet.

LES FAMILLES FRANÇAISES

CONSIDÉRÉES

SOUS LE RAPPORT DE LEURS PRÉROGATIVES
HONORIFIQUES HÉRÉDITAIRES,

OU

RECHERCHES HISTORIQUES

SUR L'ORIGINE DE LA NOBLESSE.

INTRODUCTION.

L'INCONSTANCE des choses humaines est telle, que s'il étoit possible de connoître l'histoire de chaque famille sans acception de personnes ni de classes, on y verroit, dans l'espace d'un siècle au plus, d'étonnantes variations et de nombreux faits dignes de mémoire.

La plupart des familles réputées anciennes ont éprouvé à diverses époques des accidens plus ou moins graves. Indépendamment des chances ordinaires de la vie, les dissensions civiles ont aussi beaucoup contribué à cette décadence. Tantôt ce sont des familles entières qui se trouvent frappées comme en masse dans leurs honneurs et dans leurs biens; tantôt ce n'est qu'une famille, ou une branche seulement, ou même un puîné, qui, ne pouvant plus soutenir son rang, ne tarde pas à être mis en oubli. *Cent ans bannière, cent ans civière.*

Mais, comme les malheurs de la fortune se réparent avec le temps, soit par le métier des armes, soit par les emplois, soit enfin par le commerce ou toute autre branche d'industrie, les descendans de ceux qui sont ainsi tombés dans la foule et dans l'obscurité, paroissent à leur tour sur le théâtre du monde. Les uns ne conservent qu'une connoissance souvent très-imparfaite de leur ancien état dans lequel ils rentrent; les autres, sans aucun souvenir de la gloire passée de leurs ancêtres, deviennent en quelque sorte les premiers de leur race. Semblables aux vagues d'une mer agitée, les familles s'élèvent et se précipitent alternativement.

CHAPITRE PREMIER.

De l'Origine de la Noblesse ; de la Noblesse féodale, ou de nom et d'armes ; de la Noblesse utérine ou coutumière ; et de la Noblesse inféodée, ou Anoblissement par les Fiefs.

C'EST, on ne peut en douter, la noblesse personnelle qui a fondé la noblesse de naissance : les hommes illustres et les guerriers qui la tenoient d'eux-mêmes, c'est-à-dire, de leur propre mérite et de leurs vertus militaires, l'ont transmise naturellement à leurs descendans ; ou plutôt ces derniers en ont été investis par les successeurs du héros que ses compagnons d'armes avoient proclamé Roi : car c'est un principe monarchique, que *la noblesse ne peut être conférée que par le Souverain.*

Comme l'établissement des monarchies ne se fait que par les armes, dit le P. Pelletier, ceux qui ont été les premiers élevés sur le trône, ont eu besoin d'être secondés par des hommes braves, grands et généreux, pour s'y soutenir et se défendre ; et s'il étoit juste que les plus vaillans fussent reconnus pour Souverains, il l'étoit aussi que celui qu'ils avoient élu pour Roi, les distinguât du peuple par des marques d'illustration.

De là est venue successivement cette ancienne et parfaite noblesse appelée *noblesse de nom et d'armes*, qui a bien réellement pris naissance avec la monarchie, mais dont les priviléges n'ont été rendus héréditaires que dans le IX.ᵉ siècle, époque de l'introduction du régime féodal.

Il n'est donc pas étonnant que, chez tous les peuples civilisés, la noblesse, cet aliment des grandes ames, ait été si constamment appréciée et recherchée. « Elle » est, dit le P. Honoré de Sainte-Marie, une qualité » qui imprime souvent dans le cœur de celui qui la pos- » sède, un mouvement secret qui le presse d'aspirer à » la gloire et aux belles actions de ses ancêtres, et qui » dispose secrètement son ame à l'amour de la vertu » et des choses honnêtes. » Enfin la noblesse est un des plus fermes appuis du trône ; et le Prince, en la conférant à ceux de ses sujets qu'il en juge dignes, les identifie en quelque sorte avec la monarchie.

On appelle *gentilhomme de nom et d'armes*, celui dont la noblesse est sans principe connu, et résulte d'une concession si ancienne, que les titres primordiaux se perdent dans la nuit des temps. « Il » n'est point en mon pouvoir, disoit Henri VIII, » Roi d'Angleterre, de faire un gentilhomme de » nom et d'armes, mais bien de faire un chevalier » ou un baron : il n'y a que le temps et les années » qui puissent donner la qualité de gentilhomme. »

CHAPITRE I.er

La qualité de gentilhomme a été en si grande estime en France, que nos Rois mêmes juroient *foi de gentilhomme*. François I.er disoit, *Je suis né gentilhomme, et non Roi*; et l'on a souvent entendu dire à Henri IV, *Cette qualité est le plus beau titre que nous possédions*.

Cette première noblesse, ayant un caractère indélébile, ne peut, selon le plus grand nombre des publicistes, s'éteindre par la dérogeance, qui n'opère qu'une simple suspension des prérogatives héréditaires affectées à cet ancien ordre, et dans la jouissance desquelles on rentroit en cessant de vivre roturièrement, ainsi que cela se pratiquoit encore de nos jours en Bretagne, pour toute la noblesse de cette province.

En effet, c'est une opinion générale, appuyée sur l'esprit et la lettre des anciennes lois du royaume, et sur le sentiment des plus grands jurisconsultes et des auteurs les plus célèbres qui ont écrit sur ce sujet, que la noblesse de nom et d'armes, ou d'ancienne race, a cette vertu, qu'elle ne peut se perdre par la dérogeance, même prolongée pendant sept degrés consécutifs. Ce point si important, dans lequel gît la partie la plus délicate du contentieux en matière de noblesse, a besoin de quelque développement.

J'ose poser en fait qu'il n'y a pas une seule ancienne loi du royaume qui prononce la dépossession d'*état* des nobles d'extraction pour cause de dérogeance. Un gentilhomme vivoit noblement, ou vivoit roturièrement, c'est-à-dire, faisant trafic de marchandise, &c. : dans le premier cas, il jouissoit de tous les priviléges et exemptions attachés à sa qualité, qui lui imposoit des devoirs et un service militaire ; dans le second, il étoit privé temporairement de la jouissance de ces mêmes priviléges, mais jamais de son état ; et il payoit l'aide ou la taille comme les autres marchands, puisque, pour le moment, il ne remplissoit point les devoirs auxquels il étoit assujetti, à raison de ces priviléges.

C'est ce qui résulte très-positivement de l'ordonnance de S. Louis de l'an 1256 ; des établissemens de ce Prince de 1270 ; des lettres patentes de Philippe IV, dit *le Bel*, données à Paris le 13 janvier 1295 ; de l'ordonnance du Roi Jean du 5 avril 1350 ; des lettres et ordonnances de Charles VI des 23 mai 1388, 4 janvier 1392, 28 mars 1395, 30 janvier 1403, 26 mai 1404 et 11 août 1408 ; de Charles VII, du 28 février 1435/6, et l'on pourroit même ajouter, de l'ordonnance de Charles IX du mois de janvier 1560 ; et de l'édit de ce Prince de janvier 1572, et autres.

Les dispositions de ces ordonnances, qui faisoient alors le droit commun du royaume, se retrouvent dans les usages ou coutumes de la plupart des anciennes provinces de France, telles que le Dauphiné, la Normandie, la Champagne, la Brie, la Bourgogne, &c.

Chorier, dans son *Nobiliaire du Dauphiné*, parle de plusieurs nobles de naissance qui furent mis au rang des nobles lors de la révision des feux faite dans cette province l'an 1477, quoiqu'ils exerçassent *l'art de marchandise*, et que l'un d'eux fût charpentier de profession.

Gui-Pape dit que les nobles ne doivent pas jouir de leurs priviléges, lorsqu'ils ne vivent pas noblement; mais que lorsque les nobles dérogeans s'abstiennent de trafiquer, ils recouvrent leurs priviléges, ainsi qu'il fut jugé par un arrêt du parlement de Dauphiné en date du 15 février 1497, au sujet des fils d'un noble qui étoit marchand drapier : ils furent déclarés nobles, parce qu'alors ils vivoient noblement.

Lors de la recherche faite dans la province de Normandie, en 1463, par Rémond Montfaut, deux frères sont maintenus au rang des nobles de la sergenterie de Pont-Farcy; mais ils y sont *assis* [taillables] *pour quinze ans, parce qu'ils sont marchands*. Dans la même recherche, à l'article des taillables de la sergenterie de Beaumont, on voit figurer un habitant qui est ainsi qualifié : *Marchand noble comme l'on dit*.

La Roque affirme qu'en Champagne et en Brie

les dérogeans ne cessent pas de se qualifier nobles et écuyers; ce qui leur est permis, quoiqu'ils soient imposés aux tailles; ainsi que le prouve la montre du ban et arrière-ban de l'année 1469. Il cite à ce sujet plusieurs gentilshommes qui étoient dans ce cas, et qui furent mis au rang des nobles, quoique vivant roturièrement. Il ajoute que la politique de ce mélange de nobles vivant noblement et de nobles vivant en marchands et roturièrement est approuvée par Charles du Moulin, en son apostille sur l'art. 16 de la coutume de Troyes.

Pithou dit en termes précis, que *marchand ne laisse d'être noble.*

Si, comme le soutiennent Loyseau, d'Argentré, Chassanée, la Roque, et tant d'autres sages et doctes personnages, la noblesse de nom et d'armes ne peut jamais se perdre ni s'aliéner; si elle est imprescriptible, si enfin elle est le seul bien indépendant des caprices et des révolutions de la fortune, il faut convenir qu'il n'y a et ne peut y avoir de dérogeance pour elle, et qu'elle est moins encore exposée à la perte absolue de son état.

La condition d'un anobli par lettres étoit bien différente, parce que le Roi, en lui conférant la noblesse, lui avoit imposé l'obligation de vivre noblement, et lui avoit défendu expressément de faire aucun acte dérogeant à sa nouvelle qualité, sous peine de déchéance. Il en étoit de même de l'anobli par charge. Cela devoit être ainsi ; car il eût été tout-à-fait déraisonnable, et même contre toutes les convenances, qu'un homme qui d'ordinaire étoit riche, et que le Prince élevoit au rang des nobles, n'eût point adopté leur manière de vivre, et n'eût pas cherché dès ce moment à ouvrir à ses enfans une carrière honorable dans laquelle ils pouvoient trouver plus souvent les occasions de rendre au Roi et à l'État des services importans ; services qui, perpétués dans une famille, en constituent véritablement la gloire, l'investissent d'une juste considération, et lui acquièrent ainsi des droits à la reconnoissance et à l'estime générales.

Cependant, s'il y avoit cette différence entre le noble de temps immémorial et le descendant d'un noble par lettres, que l'un ne pouvoit perdre son état par la dérogeance, et que l'autre, au contraire, pouvoit être privé du sien par le même motif, il semble que ce dernier, une fois parvenu à la qualité de gentilhomme, auroit dû, en cas d'accident, jouir du même avantage que le premier, puisqu'il est vrai qu'il n'y a pas deux espèces de gentilshommes, et que tous les nobles, dont l'origine est plus ou moins ancienne, n'en tirent pas moins leur qualité de la même source ou de la même volonté ; car, en France, c'est une maxime certaine, que le Prince seul peut *nobiliter*, pour me servir de l'expression employée dans les anciennes ordonnances de nos Rois.

Ainsi, par exemple, une famille qui auroit été anoblie par lettres dans le XIV.ᵉ siècle, et qui, par conséquent, auroit compté de quatre à cinq cents ans de noblesse avec des services militaires, n'auroit pu, en cas d'une dérogeance indépendante de sa volonté, et bien excusable dans le cours de cinq siècles, se relever d'elle-même et rentrer en jouissance d'une distinction héréditaire infiniment plus précieuse que la fortune, par cela seul que l'honorable principe de sa noblesse auroit été positivement connu; tandis qu'une autre famille qui n'auroit justifié que de cent à cent cinquante ans de noblesse, et qui, d'ailleurs, n'auroit eu que de minces services à produire, mais à laquelle on n'auroit pu opposer ni lettres ou autre principe d'anoblissement, ni aucune trace de roture antérieure au premier degré de sa filiation, eût, dans le même cas de dérogeance, été réputée noble d'ancienne extraction, et seroit ainsi rentrée de plein droit, ou du moins avec plus de facilité que la première ayant cinq cents ans de noblesse, dans les prérogatives honorifiques attachées à ce titre.

Cette différence dans la manière de traiter deux hommes de même qualité, tombés l'un et l'autre en dérogeance, faisoit quelquefois une sorte de nécessité aux anciens nobles par lettres, d'éluder les funestes conséquences que pouvoit avoir pour eux la reconnoissance de cet honorable principe de distinction ; ce qui, sans ce motif très-excusable, auroit réellement constitué une double ingratitude, d'abord envers le monarque qui leur avoit accordé un titre héréditaire ; et ensuite envers la mémoire de celui qui s'étoit rendu digne de cette haute récompense. Fondateur de la gloire de sa propre famille, il devoit en être, de génération en génération, l'honorable modèle.

Tout en protestant de mon respect pour toute opinion qui pourroit être contraire à la mienne sur cette importante question, qui tient aux intérêts les plus chers d'un grand nombre de familles, fort de la pureté de mes intentions, j'ose dire qu'il auroit été plus conforme à l'équité de traiter aussi favorablement, en cas de dérogeance, le gentilhomme dont la noblesse a un principe connu, que celui dont la noblesse est sans principe connu ; que si l'on faisoit bien d'interdire à un nouvel anobli de vivre désormais roturièrement, puisqu'en continuant à vivre ainsi il ne pouvoit, à proprement parler, y avoir pour lui de commencement de noblesse, il n'auroit pas été moins sage sans doute d'assimiler, pour le cas dont il s'agit, le gentilhomme issu de ce même anobli, au gentilhomme dont l'origine se cache dans l'obscurité des temps ; avec d'autant plus de raison, qu'il est prouvé par toutes nos anciennes lois et coutumes, qu'avant le XVI.ᵉ siècle il n'y avoit en France, pour un véritable gentilhomme, soit de noblesse immémoriale, soit de noblesse par lettres ou par charge, *aucune dérogeance*. Cette règle étoit encore en vigueur dans quelques provinces au commencement du XVIII.ᵉ siècle, et pour toute la noblesse tant ancienne que moderne indistinctement, puisque la Roque *(édition de 1710)* s'exprime ainsi : « En Champagne, soit qu'on vive noblement ou » roturièrement, il ne se rencontre jamais aucune » dérogeance. »

Au reste, et comme je l'ai dit, la qualité de gentilhomme étoit si révérée dans ces temps anciens, et le désintéressement (vertu favorite de nos preux) étoit poussé si loin chez les chevaliers français, qu'en vérité l'on ne pouvoit sans injustice supposer qu'il y eût de leur part, lorsqu'ils adoptoient une manière de vivre si opposée à leur propre essence, d'autres motifs que la nécessité, et le desir bien louable de réparer leur fortune pour en offrir de nouveau, avec leur noble sang, le sacrifice au Roi et à la patrie.

Qui peut avoir donné lieu aux arrêts du Conseil rendus, dans le XVII.ᵉ siècle, contre la noblesse dérogeante, si ce n'est moins encore les abus qui s'étoient introduits durant nos guerres de religion, que l'adresse avec laquelle les gens d'affaires connus sous le nom de *traitans*, et dont il sera parlé dans le chapitre II, surent profiter du désordre causé par ces temps de troubles, pour arracher au Conseil des réglemens particuliers, tout-à-fait contraires aux anciennes lois et coutumes du royaume, à la faveur desquels on persécuta de véritables gentilshommes qui, ruinés assez ordinairement par les dépenses de la guerre, avoient été forcés de vivre roturièrement, et se trouvoient ainsi, à raison de leur prétendue dérogeance, poursuivis en dépossession d'état, et mulctés de taxes arbitraires.

Les gentilshommes qui se trouveroient avoir dérogé directement ou indirectement en faisant le trafic, commerce, &c. seront, est-il dit dans deux de ces arrêts des 13 janvier 1667 et 10 octobre 1688, condamnés à l'amende suivant leurs biens et facultés, et imposés aux rôles des tailles, ainsi que les autres sujets contribuables, jusqu'à ce qu'ils aient obtenu des lettres de réhabilitation.

Il étoit tout naturel d'exiger de ces gentilshommes le paiement des impôts pendant tout le temps qu'ils ne vivoient pas noblement, puisque nos anciennes lois le prescrivoient ainsi : *Si les nobles achètent pour revendre*, y est-il dit, *ils paieront l'aide comme les autres marchands :* mais il faut convenir aussi qu'il étoit trop rigoureux de les déclarer en quelque sorte non nobles, et de les poursuivre comme s'ils eussent été des usurpateurs, sur-tout quand un édit du mois d'octobre 1645, portant création de cinquante nobles, avoit permis à ces anoblis de continuer leur trafic pendant leur vie, sans que le fait de marchandise pût leur être imputé à dérogeance; ce qui étoit contre les principes, puisqu'il s'agissoit d'une noblesse naissante.

D'ailleurs, comment se prêter à l'idée que les droits du sang pussent se perdre par le seul fait de l'exercice d'une profession ou d'un art mécanique auquel, très-souvent, un gentilhomme étoit contraint de se livrer pour exister, et pour réparer ainsi lentement, mais par des moyens honnêtes, les malheurs qui l'avoient frappé lui ou les siens? Quel est le gentilhomme qui, au sein même des grandeurs et de l'opulence, oseroit se flatter, abstraction faite de ces temps de révolution qui bouleversent et dévorent tout, de pouvoir toujours se garantir des coups du sort! Il me seroit facile de faire un tableau fidèle des affligeantes vicissitudes qu'ont éprouvées, dans des temps ordinaires, beaucoup de nos anciennes et nobles maisons; je me bornerai à dire que plus une famille est ancienne, plus elle est exposée, sur-tout quand elle est nombreuse, à voir, de temps à autre, quelques-uns de ses membres, notamment dans les branches cadettes, tomber dans un état obscur, faute de fortune. *L'inconstance des choses*, dit Chorier, *n'est en nulles aussi visible que dans les changemens des familles.*

Cet historien, après avoir fait sentir combien il importe à l'État de veiller à la conservation des familles nobles et d'employer tous ses soins à prévenir leur extinction, ajoute que « si l'on avoit fait ces réflexions
» depuis trois cents ans, plus de mille familles nobles
» du Dauphiné, qui sont aujourd'hui éteintes, seroient
» encore l'honneur de cette province, comme elles
» l'ont été durant si long-temps; et le Roi trouveroit
» des hommes héroïques, qui répondroient digne-
» ment par leur courage et par leur nombre à ses
» nobles desseins. Il seroit de la dignité d'un grand
» État de soutenir la fortune chancelante des maisons
» nobles, ou de la relever quand elle est tombée. »

La perte d'une aussi grande quantité de familles nobles dans la seule province de Dauphiné peut être attribuée à deux causes principales : la première est cette multitude de guerres dans lesquelles il périt un nombre considérable de gentilshommes dauphinois, notamment à la bataille de Verneuil, en 1424, et à celle de Montlhéri, en 1465 : la seconde, l'extinction des branches aînées tombées souvent en quenouille; ce qui opéroit la transmission des terres et seigneuries qu'elles possédoient à l'exclusion des branches cadettes, dans des familles étrangères, par le mariage des membres de ces familles avec les héritières de ces mêmes branches aînées.

Puisque la transmissibilité des principaux biens d'une famille noble étoit en quelque sorte fixée invariablement sur la tête de l'aîné de la famille, afin de le mettre à portée d'en soutenir et perpétuer le nom avec honneur, et qu'ainsi les cadets de la famille étoient réduits, dans l'intérêt même de la splendeur de leur race, à une simple et modique légitime, ce devoit être un motif puissant pour ne pas s'opposer, malgré les principes consignés dans les anciennes ordonnances de nos Rois, à ce qu'ils fissent, s'ils le jugeoient à propos et suivant leurs moyens, un commerce qui auroit pu devenir pour eux une source salutaire de fortune, et les mettre en état, dans le cas où, comme je viens de le dire, la branche aînée se seroit éteinte dans une famille étrangère, de reprendre à leur tour l'honorifique droit d'aînesse, et d'en soutenir avec la même dignité le précieux héritage.

A Dieu ne plaise que je veuille prétendre que la noblesse doive porter un œil de prédilection sur le commerce! Il n'est pas dans nos mœurs de voir les gentilshommes français se livrer constamment à cette branche d'industrie; et tout honorable qu'est le commerce, il semble ne pouvoir être exercé qu'accidentellement par eux, comme un moyen propre à réparer leur fortune, très-souvent perdue ou altérée par les malheurs de la guerre.

C'est évidemment dans ces vues sages et bienfaisantes, que les anciennes lois sur cette matière, dont quelques-unes avoient été provoquées par les États généraux et par le corps de la noblesse lui-même, permettoient aux nobles de faire le négoce de toute espèce sans encourir la dérogeance : mais on ne sait pourquoi cette faculté a été limitée au seul commerce en gros, soit de terre, soit de mer, par les édits des mois d'août 1669 et de décembre 1701 (1). Ce dernier édit, tout en confirmant le précédent, porte que les nobles pourront faire librement toute sorte de commerce en gros, tant au dedans qu'au dehors du royaume, pour leur compte ou par commission, sans déroger à leur noblesse, pourvu toutefois qu'ils ne vendent point en détail ; et, dès 1668, un arrêt du Conseil du 4 juin de cette année avoit déclaré que tous ceux qui avoient fait *marchandise en détail*, seroient censés roturiers ou avoir dérogé.

Il semble que cette restriction blessoit en même temps la justice et l'humanité, en ce que les gentils-

---

(1) Une des dispositions de cet édit, qui permet à la noblesse de faire le commerce en gros, interdit expressément cette faculté aux nobles revêtus de charges de magistrature. Cette sage défense avoit déjà été faite par une ordonnance du Roi Jean du mois de janvier 1355, et par celle de Charles IX du même mois 1560.

hommes totalement ruinés, et qui, par conséquent, n'avoient pas les moyens nécessaires pour se livrer au commerce en gros, perdoient tout-à-la-fois leurs priviléges et leur état en faisant le commerce de détail; tandis que ceux auxquels il restoit encore assez de fortune pour pouvoir faire le commerce en gros, conservoient alors tous les avantages attachés à la noblesse; ce qui étoit propre à détourner les gentilshommes de la carrière des armes, et à détruire insensiblement en eux tout esprit de retour vers ce noble but. Puisqu'il y avoit parité d'état, il devoit y avoir aussi parité de condition : le sort du gentilhomme pauvre, il faut en convenir, étoit déplorable; et un malheur plus grand commandoit peut-être une indulgence proportionnée.

Si, d'ailleurs, le commerce en détail, par ses produits et ses bénéfices, avoit mis un assez grand nombre de familles en état de parvenir à la noblesse, ne pouvoit-il également, sans qu'il en résultât le moindre inconvénient ou le moindre danger, conserver le même avantage pour les nobles qui l'embrassoient, et devenir pour eux un nouveau moyen de rentrer dans la possession d'un rang d'où l'infortune les avoit forcés de descendre !

Il étoit sans doute à regretter qu'on se fût ainsi écarté de l'esprit de nos anciennes ordonnances : je le retrouve en partie dans la déclaration de Louis XV.

du 26 juin 1736; l'article 4, qui concerne l'entrée et séance aux États de Bretagne, est ainsi conçu : « Les gentilshommes intéressés ou commis dans les » fermes de la province de Bretagne ne pourront » avoir entrée dans lesdits États, tant qu'ils seront » intéressés ou employés dans lesdites fermes ; et, à » l'égard de ceux qui useront de bourse commune et » feront trafic de marchandise ou autre commerce que » celui de mer, ils ne pourront avoir entrée et séance » aux États dans l'ordre de la noblesse, qu'après » qu'ils auront déclaré, devant le juge royal de leur » domicile, qu'ils veulent reprendre l'exercice et le » privilége de leur noblesse, conformément à l'ar- » ticle 561 de la coutume de Bretagne. »

Le P. Menestrier, en parlant de la noblesse de cette province, s'exprime ainsi : « Les usages parti- » culiers et les coutumes de la province de Bretagne » ont beaucoup servi à la conservation de la no- » blesse, particulièrement le privilége de la reprendre » après avoir fait roture, quand on quitte le com- » merce et ce qui faisoit la dérogeance : ce qui a fait » dire, en proverbe, que *la noblesse dort en Bretagne;* » cette dérogeance, pour un temps, ne passant que » pour une espèce de sommeil et d'interruption des » droits de la noblesse. »

Je terminerai ces observations en remarquant que si de tout temps la noblesse de Bretagne a pu faire toute espèce de commerce et se livrer à l'exercice de toute sorte de professions sans déroger, il faut l'attribuer moins à un privilége particulier qu'aux dispositions naturelles des Bretons, qui vouloient conserver dans toute son intégrité un principe consacré par nos anciennes ordonnances, et dont le maintien, on peut le dire sans offenser la vérité, n'a pu être assuré que par l'énergie qu'ils ont opposée dans tous les temps aux attaques vives et réitérées des agens du fisc, lesquels, sous prétexte du bien public et de ressources indispensables pour le trésor dans des momens de pénurie, trouvoient le secret de faire très-souvent tourner à leur profit des amendes qui, au reste, comme je suis loin de le soutenir, n'étoient pas toujours prononcées injustement.

Dans cet état de choses, et pour éviter alors d'être confondu avec les usurpateurs de noblesse contre lesquels on avoit ordonné des recherches, il étoit plus prudent, sur-tout lorsque la dérogeance avoit eu lieu dans des temps de troubles, de se pourvoir en obtention de lettres de reconnoissance ou de relief, comme le prescrivoit au surplus l'article 10 d'un réglement particulier de Henri II en date du 26 mars 1555 (avant Pâques), relatif aux tailles d'une de nos anciennes provinces, dans laquelle il s'étoit introduit des abus nombreux et très-préjudiciables aux intérêts des peuples et de l'État.

CHAPITRE I.ᵉʳ

Beaucoup de familles nobles ont été réhabilitées où reconnues : l'indulgence du Prince a toujours été infinie à cet égard, sur-tout lorsqu'il s'est agi de réintégrer des nobles d'ancienne race, non pas dans leur état, qu'ils n'avoient pu perdre, mais dans leurs priviléges aujourd'hui purement honorifiques. Sans ces réhabilitations, il y auroit long-temps que plusieurs de ces familles, encore en grande splendeur, seroient plongées dans l'oubli et peut-être dans l'abjection. Ce moyen réparateur a même été insuffisant pour conserver dans toute sa force un corps politique si souvent affoibli par les guerres.

Il périt, comme on sait, à la fameuse bataille de Fontenai en Bourgogne, donnée l'an 841, entre Charles-le-Chauve et ses frères, enfans de Louis-le-Débonnaire, une si grande quantité de nobles, et notamment de la province de Champagne, que, pour réparer cette perte, les anciennes coutumes de cette province établirent que désormais (parmi les filles de condition) le *ventre*, c'est-à-dire la mère, anobliroit les enfans, quoique le père ne fût pas noble. « Ceux-là sont tenus nobles, y est-il dit, qui sont » issus de père ou mère nobles : il suffit que le père » ou la mère soit noble, quand il se rencontre que » l'un des deux est non-noble et de serve condition; » et l'un ou l'autre étant noble, donne la noblesse à » leurs enfans. »

La coutume de Barrois, fondée probablement sur de semblables motifs, avoit introduit le même privilége ; mais avec cette condition, que les enfans, pour reprendre la noblesse du côté de leur mère, étoient obligés, aux termes de l'art. 71 de cette coutume, confirmé par arrêt de la cour des aides de Paris, du 18 juillet 1678, de renoncer, au profit du fisc, à la tierce partie des biens de la succession du père : encore falloit-il que le Prince confirmât cette reprise par des lettres patentes, conformément aux anciennes lois de Lorraine. Ainsi Didier Gourdot, vivant dans le XVI.ᵉ siècle, fut autorisé, par décret du duc de Lorraine, à suivre la condition de sa mère Marguerite d'Ambrières, qui étoit noble, et à prendre le nom et les armes de cette famille.

Il y a, touchant la noblesse utérine en Lorraine, un arrêt célèbre du Conseil d'état du Roi, qui fut rendu, le 3 mars 1693, au profit d'Émont Massu de Fleury, contre les habitans de Blamont, et par lequel Louis XIV décida que l'anobli maternel, reçu à prendre cette qualité par lettres du 9 mai 1627, et renvoyé par l'intendant de cette province à se pourvoir au Conseil de Sa Majesté, jouiroit, comme les autres nobles, des prérogatives attachées à cette qualité, et *que la reprise n'étoit pas un nouvel anoblissement, mais que la noblesse remontoit jusqu'à la source.* Cet arrêt, rendu sur l'avis de neuf conseillers d'état, faisoit loi.

Beaumanoir, dans ses Coutumes de Beauvoisis, dit que les enfans qui étoient nés de mère noble et de père roturier, étoient nobles et gentilshommes, et que de droit ils pouvoient posséder des fiefs, sans néanmoins pouvoir être chevaliers.

On lit dans la *Chronique* de Monstrelet, à l'année 1509, ce passage : « Jean de Montagu ayant manié » les finances, fut décapité : il étoit né à Paris, avoit » été secrétaire du Roi, et étoit fils de Gérard de » Montagu. Ledit de Montagu devint maître-d'hôtel » de France; il avoit son frère archevêque de Sens, » *et il étoit gentilhomme de par sa mère.* »

Si Jean de Montagu tenoit de sa mère son titre de gentilhomme, il ne tiroit pas d'elle exclusivement sa noblesse; car son père Gérard, seigneur de Montagu, avoit été anobli, avec faculté de parvenir à la chevalerie, par lettres du Roi Jean, données à Amiens au mois de décembre 1363.

Cette noblesse utérine ou coutumière, consacrée par les Établissemens de S. Louis, neuvième du nom, eut lieu dans une grande partie de la France, où d'ailleurs elle étoit généralement reconnue, comme le prouve une ordonnance de Charles V du 15 novembre 1370 : l'usage s'en perdit insensiblement, excepté en Champagne, où il se conserva jusqu'en 1750 environ, quoique dès 1566 on eût commencé à l'attaquer, parce que les pertes avoient été réparées et qu'il y avoit alors suffisamment de noblesse.

Le même Prince établit aussi la noblesse inféodée. Beaucoup de seigneurs, pour suffire aux dépenses des croisades, firent des emprunts considérables, par suite desquels ils furent forcés, pour se libérer, de vendre une portion de leurs terres nobles aux personnes qui n'étoient pas nobles. Il y a une ordonnance de S. Louis, de l'année 1254, qui accorde un délai aux croisés pour payer leurs dettes.

Ce monarque, en rendant les non-nobles capables de posséder des fiefs moyennant une taxe ou finance qu'on appela depuis *droit de franc-fief*, et les élevant ainsi au rang de la noblesse, crut devoir retirer du moins quelque avantage de leur ambition. La noblesse s'acquéroit par la possession d'un fief à tierce foi, c'est-à-dire qu'un non-noble acquérant un fief, ses descendans étoient considérés comme nobles au troisième hommage du fief, et partageoient noblement ce fief à la troisième génération (ordonnance de 1270); mais ce n'est que sous Philippe-le-Bel qu'on a réellement commencé à percevoir ce droit.

C'est par cette institution, dont l'objet avoit été, dans le principe, de soutenir le corps de la noblesse, mais qui dégénéra plus tard en abus, ainsi que les anoblissemens par lettres dont il va être parlé, que tant de familles sont sorties de la roture, sur-tout depuis la fameuse charte de Louis XI du mois de novembre 1470, contenant réglement pour les francs-fiefs en Normandie, et anoblissement de ceux qui y possédoient des fiefs.

Cette sorte d'anoblissement, qui forma pendant long-temps le droit commun du royaume, fut abolie par l'article 258 de l'ordonnance de Henri III, dite *ordonnance de Blois,* donnée au mois de mai 1579.

Plus d'un siècle avant cette époque, le parlement de Grenoble avoit, par un arrêt de 1451, commencé à réprimer cet abus.

CHAPITRE II.

Des Anoblissemens par lettres, et des Recherches faites contre la Noblesse.

Le monarque, placé entre le besoin de vivifier le corps de la noblesse et celui de récompenser la fidélité de quelques-uns de ses sujets et les services qu'ils avoient rendus à l'État, introduisit les lettres d'anoblissement. On convient assez généralement que celles qui furent données, en 1270, par Philippe-le-Hardi à *Raoul l'Orphèvre*, sont les premières de toutes et les seules en même temps qui aient été accordées par ce Prince. Son successeur, Philippe-le-Bel, fut presque aussi modéré que lui à cet égard, puisqu'on n'en compte guère que six ou sept émanées de lui; et les fils de ce dernier Prince, Louis-Hutin et Philippe-le-Long, en usèrent également avec une extrême retenue (1).

L'agrégation à l'ancienne noblesse ne pouvoit ainsi

---

(1) Dans le petit nombre de lettres d'anoblissement de cette époque, il s'en trouve de très-remarquables, qui furent accordées, au mois de janvier 1317, par Philippe-le-Long, à Jacques de Non, et par lesquelles il étoit permis à celui-ci de recevoir la ceinture militaire des mains du seigneur de Joinville, sénéchal de Champagne, afin qu'il pût participer, en vertu de sa réception, à tous les priviléges dont jouissoient les gentilshommes du royaume.

qu'être salutaire ; mais les Rois successeurs de ces Princes, en suivant le même système, ne gardèrent pas la même mesure. En faut-il un autre exemple que celui de Charles V, qui accorda, en 1371, les priviléges de la noblesse à tous les bourgeois de Paris ! Ces priviléges leur furent confirmés depuis par plusieurs Rois; mais Henri III les restreignit aux seuls prévôts des marchands et aux échevins.

Le trésor royal étoit tellement épuisé par les guerres, qu'il fallut employer toute sorte de moyens pour se procurer de l'argent : on savoit qu'un impôt sur la vanité étoit une ressource aussi sûre que prompte ; et, dans ce besoin extrême, on en fit usage. Par des lettres datées de ses tentes devant Aiguillon en Guienne, le 19 avril (après Pâques) 1346, Jean, duc de Normandie, fils aîné de Philippe de Valois et son lieutenant, accorda le pouvoir d'anoblir à des commissaires envoyés en Languedoc, afin d'amasser le plus d'argent possible pour la guerre. Philippe de Valois lui-même donna un semblable pouvoir par des lettres datées de Moncel-lès-Pont-Sainte-Maxence, le 10 avril (après Pâques) 1350. Ce n'étoit pas la première fois que ce monarque conféroit un pouvoir de cette nature : en effet, il y a de ce Prince des lettres datées du bois de Vincennes, le 13 mars 1339 (1340 *n. st.*), qui autorisent la chambre des comptes de Paris, pendant un temps fixé, à anoblir *des bourgeois et quelques autres personnes non nobles*, y est-il dit. Pareil droit fut aussi attribué à des commissaires par des lettres du Roi Jean, dit *le Bon*, le 26 février 1361. Un mandement de Charles V, donné à Paris, sous le scel du secret de ce Prince, le 21 juillet 1368, porte que les lettres d'anoblissement doivent être passées par les gens des comptes, qui fixeront la finance à payer par les impétrans.

Les anoblissemens moyennant finance ainsi établis, la digue fut bientôt rompue : tout ce qui étoit riche desiroit devenir noble; chacun vouloit acquérir cette qualité. Enfin les lettres d'anoblissement furent si prodiguées par la suite, qu'on alla jusqu'à *contraindre* des gens riches à en recevoir. « Nous en voyons, » dit la Roque, qui ont été faits nobles de force par » édits, ayant été choisis comme riches et aisés pour » accepter ce privilége moyennant finance. De ce » nombre a été un gros marchand du pays d'Auge, » qui fut obligé d'accepter ce privilége, et de payer » mille écus de finance, l'an 1577. J'en ai vu les » contraintes entre les mains de son fils. »

On ne doit pas s'étonner de la résistance que fit ce particulier; il préféroit, et avec raison, son commerce à un titre peu honorable pour lui, puisqu'il n'étoit pas le prix de services rendus, et que d'ailleurs il ne pouvoit guère se flatter de le conserver. En effet, combien de fois n'est-on pas revenu sur ces nombreux anoblissemens, et presque toujours dans la seule vue d'obtenir un supplément de finance de la part des nouveaux titulaires? Les lettres de noblesse, appât si séduisant, étoient une belle et brillante marchandise que, dans les besoins urgens, on offroit à vil prix, mais qu'ensuite on vouloit faire payer plus cher, sous peine, pour les acquéreurs, de se voir dépossédés et poursuivis en cas de refus.

De là les taxes, les réformes, et notamment les recherches, qui sont devenues si vexatoires pour les anciens nobles, moins occupés du soin de conserver ou de recueillir leurs titres que de sacrifier généreusement leurs personnes et leurs biens au service du Roi et de l'État.

Il faut cependant convenir que les peines prononcées par un assez grand nombre d'ordonnances, édits, réglemens, déclarations du Roi et arrêts de son Conseil (1), pouvoient être devenues indispensables pour réprimer les nombreux abus en cette matière, et anéantir les lettres d'anoblissement qui avoient été

---

(1) Ces divers actes sont des mois de mars 1555, janvier 1560, juin et juillet 1576, septembre 1577, mai 1579, mars, 29 octobre et novembre 1583, 23 août 1598, mars 1600, janvier 1629, juillet 1634, 15 mars 1655, 30 décembre 1656, 8 février 1661, 22 juin 1664, 27 février 1665, 22 mars 1666, 19 mars et 13 octobre 1667, 20 janvier et 4 septembre 1696, 26 février 1697, 30 mai 1702, 15 mai 1703, 16 janvier 1714, 4 juillet et 14 décembre 1715, 30 avril 1716, 1.er mai, 7 octobre et 18 décembre 1717,

obtenues sans motifs, et les lettres subreptices ou fabriquées par des faussaires, dont deux furent, pour ce fait, repris de justice en 1698 (1). Ce n'étoit certainement pas la première fois qu'on avoit sévi contre les faussaires en la même matière : plusieurs furent poursuivis et condamnés sous le règne de Philippe de Valois; aussi ce Prince, par une des dispositions de son ordonnance du 8 avril 1342, enjoignit-il aux baillis, sénéchaux et receveurs, d'envoyer à la chambre des comptes de Paris toutes les lettres d'anoblissement octroyées aux sujets domiciliés dans leurs ressorts, et de ne point souffrir que les impétrans jouissent de ces lettres avant leur vérification et leur délivrance.

Le mal étoit à son comble. Le peuple, écrasé sous le poids des impôts par suite du nombre excessif de privilégiés qui alloit toujours croissant, porta, à diverses époques, et notamment en 1614, au pied du trône, ses plaintes et doléances : elles furent enfin écoutées et prises en considération.

---

26 juin 1718, 24 octobre 1719, 28 juin et 29 novembre 1720, 21 juillet 1722, 30 juin et 8 septembre 1726, 11 mai 1728 et 2 mai 1730.

(1) Une chambre de justice, dite *Chambre de l'Arsenal*, parce qu'elle siégeoit à l'Arsenal, avoit été créée au commencement du XVIII.e siècle, pour procéder à l'instruction des procès criminels concernant la fabrication des faux titres, &c. *Voyez* la déclaration du Roi du 30 janvier 1703, et les arrêts du Conseil des 24 avril et 22 décembre de la même année, 22 décembre 1705 et 12 février 1715.

CHAPITRE II.

Pour remédier à ce désordre, Henri IV, Louis XIII et Louis XIV, révoquèrent successivement, par des édits ou déclarations de 1598, janvier 1634, novembre 1640, juin 1643, août 1647, août et septembre 1664, janvier 1667, août 1715, les anoblissemens accordés moyennant finance ou autrement, depuis les époques fixées dans ces mêmes édits ou déclarations : toutefois ce dernier Prince se réserva de donner des lettres de confirmation à ceux qui, pour des services signalés dans les armées et dans d'autres emplois importans, avoient été anoblis. Il est à remarquer que, lors de la recherche de 1666, tous les anoblis du règne de Henri IV furent maintenus, malgré son édit de 1598 : on ne supposoit pas que ce Prince eût pu décerner sans motif un titre aussi glorieux, qui n'auroit jamais dû être que le prix de la vertu, ou la récompense de services rendus. Louis XV, par un édit du mois d'avril 1771, enregistré au parlement le 26 juillet de la même année, confirma tous les anoblissemens accordés depuis le 1.er janvier 1715, à condition qu'il seroit payé, par chaque impétrant, une taxe de six mille livres et les deux sous pour livre. *Voyez* aussi les édits ou arrêts du Conseil des mois d'avril et 5 septembre 1771, 29 novembre 1772, 17 juillet 1773 et 29 juillet 1784.

Ainsi les anoblissemens, au lieu d'avoir été une source salutaire pour ce corps aussi antique que respectable, et *en qui consiste*, comme le disoit Henri III, *la principale force de la couronne*, n'ont été très-souvent qu'un moyen abusif, d'autant plus préjudiciable à l'État, que la noblesse jouissoit alors de priviléges pécuniaires très-considérables.

Il y a eu, comme on sait, un assez grand nombre d'anoblissemens par lettres; mais je n'en connois que cinq mille environ. L'anoblissement le plus remarquable pour de grands services rendus est sans contredit celui de la Pucelle d'Orléans, Jeanne d'Arc, dite *du Lys*, et de toute sa famille. Les lettres en furent données par Charles VII, à Mehun-sur-Yèvre en Berri, au mois de décembre 1429, en présence de l'évêque de Séez et des seigneurs de la Trémoille et de Termes : elles furent enregistrées, le 16 janvier de la même année (alors l'année commençoit à Pâques), à la chambre des comptes de Paris, transférée à Bourges. La famille Haldat, originaire de Lorraine, tire sa noblesse du mariage de George avec Catherine d'Arc ou du Lys, fille de Pierre, frère de la Pucelle; et Jean Hordal, issu de la parenté de cette héroïne, obtint, en cette qualité, le 10 juillet 1596, de Charles duc Lorraine, des lettres de déclaration de noblesse. Sa postérité a ajouté à son nom celui de *du Lys*, et a pris, ainsi que les Haldat, les armes de la famille d'Arc du Lys. Le Roi, en maintenant dans leur noblesse ces deux familles, celle de

Pichon du Lys et plusieurs autres, également descendues, par les femmes, des frères et des sœurs de Jeanne d'Arc, a déclaré, par son édit de janvier 1634, article 7, qu'à l'avenir les filles ou femmes de cette famille n'anobliroient plus leurs maris. Ce privilége avoit été déjà supprimé par un édit de Henri IV de l'an 1598.

Il est à remarquer qu'une terre ou toute autre propriété étoit quelquefois anoblie. Le château d'Anglure en fournit un exemple : il fut anobli par lettres du Roi Philippe VI, dit *de Valois*, données à Saint-Germain-en-Laye, au mois de mars 1340.

Les derniers édits portant création de lettres de noblesse moyennant finance sont des mois de janvier 1568, juin 1576, mars 1696, mai 1702 et décembre 1711.

Quant aux recherches dont j'ai parlé, elles furent confiées à des traitans. Ces hommes, pour la plupart cupides et rapaces, inquiétèrent en quelque sorte l'ordre entier de la noblesse : dans cette confusion et ce bouleversement, on a vu, d'une part, d'anciens gentilshommes taxés ; et de l'autre, des particuliers non nobles, mais riches, maintenus dans les titres et priviléges de noblesse qu'ils avoient usurpés.

Pour faire cesser ce scandale public, le Roi, par un arrêt de son Conseil du 1.ᵉʳ juin 1665, fit surseoir à la recherche de la noblesse, sous peine de trois mille livres d'amende contre les contrevenans. Mais les choses étoient portées à un tel point, qu'il pouvoit devenir dangereux de trop prolonger cette surséance, qui, en effet, fut levée l'année suivante par le fameux arrêt du Conseil du 22 mars 1666. La recherche ordonnée par ce dernier acte de la puissance royale fut, à l'instigation de Colbert, la plus rigoureuse de toutes : les intendans et commissaires départis dans les provinces en furent exclusivement chargés, avec pouvoir de juger définitivement, en laissant toutefois aux condamnés la faculté de se pourvoir au Conseil d'état, dans les six mois de la signification des jugemens de condamnation. Cette recherche, suspendue en 1674 à cause des guerres, fut reprise en 1696 avec moins de sévérité, et cessa entièrement en 1727. Par une déclaration du 8 octobre 1729, le Roi, pour qu'il fût fait droit sur les instances qui étoient restées indécises, renvoya les contestations aux cours des aides dans le ressort desquelles les parties intéressées avoient leur domicile. Bien avant ces recherches générales, c'est-à-dire, dans les XIV.º, XV.º et XVI.º siècles, il y avoit eu en Bretagne, en Normandie, en Artois, et dans plusieurs autres provinces de France, des réformations de la noblesse; celles de 1426, 1463, 1535, 1598, 1599, 1640 et 1641, ayant été exécutées peut-être avec trop de rigueur par des traitans moins occupés du bien général que de leur intérêt, causèrent un grand mécontentement, et donnèrent lieu à de nombreuses réclamations.

Croiroit-on que François, Jean et Guillaume de Dreux, frères, membres de la maison royale, furent assignés par-devant les élus de Lisieux, le 24 avril 1540, pour prouver leur noblesse! Ils déclarèrent qu'ils étoient issus de Louis VI dit *le Gros*. En effet, ils descendoient de ce monarque, de mâle en mâle, au douzième degré, puisqu'ils avoient pour neuvième aïeul paternel Robert de France, comte de Dreux, cinquième fils de Louis-le-Gros.

Pendant le cours des recherches, les commissaires se trouvèrent arrêtés à l'égard des gentilshommes dont les anciens titres ou les titres primordiaux de noblesse étoient adirés ou n'existoient plus; il fut décidé, par arrêt du Conseil du 19 mars 1667, que ceux qui avoient porté les titres de chevalier et d'écuyer depuis 1560, avec possession de fiefs, emplois et services, et sans aucune trace de roture avant ladite année 1560, seroient réputés nobles de race, et, comme tels, maintenus. Quant à ceux dont les titres n'étoient accompagnés ni de fiefs ni de services, les commissaires exigèrent de leur part une preuve de deux cents ans de qualification; ce qui, par conséquent, faisoit remonter la preuve à 1467, et toujours sans aucune trace de roture antérieure à cette dernière époque.

Mais la déclaration du Roi du 16 janvier 1714, enregistrée à la cour des aides le 30 du même mois, limita la preuve à cent années, à compter du 30 janvier 1614 (1).

On a prétendu que cette preuve centenaire avoit donné lieu à de nombreux abus.

Ces recherches avoient eu pour objet de réprimer tout-à-la-fois et les usurpations que les roturiers se permettoient du titre d'écuyer (2), ou de tout autre titre de noblesse, et celles des qualités de marquis, de comte, de vicomte et de baron, que les nobles non titrés s'attribuoient; car aucun noble n'avoit le droit de prendre l'une de ces qualités dans les actes authentiques ou autres, qu'autant qu'il étoit propriétaire d'une

---

(1) Il existe une ordonnance imprimée des commissaires généraux du Conseil pour la noblesse, du 19 juin 1716, qui fut rendue en exécution de la déclaration du 16 janvier 1714, et qui assure aux sieurs de Ponsort, de la province de Champagne, le bénéfice de la possession de cent années de noblesse.

(2) Les qualifications caractéristiques de noblesse étoient celles de *chevalier* et d'*écuyer* dans tout le royaume; celle de *noble*, dans les provinces de Flandre, Hainaut, Artois, Franche-Comté, Lyonnais, Dauphiné, Provence, Languedoc et Roussillon, et dans les ressorts des parlemens de Toulouse, de Bordeaux et de Pau; et celle de *noble-homme*, en Normandie seulement. (Extrait du *Mémoire officiel* de M. Cherin père, généalogiste et historiographe des ordres du Roi, annexé à la décision de Sa Majesté en date du 22 mai 1781. Voyez aussi l'art. 4 d'un arrêt du Conseil d'état du Roi, du 15 mai 1703; et La Chenaye des Bois, *tome X, page 132.*)

terre érigée sous l'un de ces titres, et qu'il avoit été autorisé à le porter par des lettres patentes vérifiées et enregistrées, ainsi que le prescrivoit l'arrêt du parlement de Paris en date du 13 août 1663. Néanmoins les anciens gentilshommes qui ne possédoient point de terres titrées, et qui vouloient cependant paroître, soit à la cour, soit dans le monde, sous un titre analogue à leur naissance, avoient la faculté de se pourvoir en obtention de brevets de duc, de marquis, de comte et de baron ; à la charge toutefois, de la part des impétrans, de payer le droit de marc d'or prescrit par l'édit royal du mois de décembre 1770, et fixé par le tarif y annexé, et aujourd'hui par le nouveau tarif joint à l'ordonnance du Roi du 8 octobre 1814.

Quant aux qualifications de *messire* et de *chevalier* si généralement usurpées dans les derniers temps, elles n'étoient prises autrefois que par les anciens nobles ou les anoblis revêtus d'emplois ou de charges considérables (*ordonnance du 15 janvier 1629, art. 183*). Plus anciennement la qualité de chevalier n'étoit pas simplement un titre caractéristique de noblesse ; elle étoit encore la marque d'une dignité éminente, réservée au mérite militaire et à la vertu. Un noble, quelle que fût sa naissance, ne pouvoit se qualifier chevalier qu'après avoir été promu à la chevalerie, récompense la plus glorieuse qui pût lui être décernée.

L'espèce de tourmente que la noblesse française avoit éprouvée par suite des diverses recherches renouvelées tant de fois, sous toute sorte de formes et de prétextes, depuis le XIV.ᵉ siècle jusqu'au XVIII.ᵉ, faisoit desirer ardemment aux anciens gentilshommes et aux anoblis de voir enfin se réaliser cette mesure conservatrice de leur état et de leurs droits, si souvent ordonnée et jamais exécutée. Le catalogue général de la noblesse étoit cette mesure sage, qui fut vainement prescrite par les déclarations du Roi et les arrêts de son Conseil, des 8 février 1661, 22 mars 1666, 10 avril et 12 juin 1683, 5 mai 1699, 16 janvier 1714, 11 mai 1728 et 29 juillet 1760. Dès le XII.ᵉ siècle on avoit senti la nécessité de le former : Philippe-Auguste avoit établi un roi d'armes de France, chargé de tenir, sous l'inspection du connétable, un registre de toutes les familles nobles du royaume, et de leurs armoiries blasonnées. Mais ce registre fut probablement interrompu dans la suite ; car il y a des lettres patentes données à Angers, le 17 juin 1487, par lesquelles Charles VIII ordonne la confection d'un catalogue contenant le nom et les armes de tous les nobles, catalogue qui devoit fixer invariablement et pour toujours, s'il eût été dressé et ensuite continué, l'état de chaque famille noble. Ce moyen si simple fermoit la porte aux usurpations, et déchargeoit tous les nobles de l'obligation où ils étoient de conserver perpétuellement, en corps de preuves, de nombreux et anciens titres originaux, que mille accidens pouvoient, d'un moment à l'autre, détruire en tout ou en partie. Le fils ou le petit-fils de celui qui avoit éprouvé un pareil malheur, n'auroit plus été exposé à perdre son état, ou à se le voir contester.

J'ai parlé successivement de la noblesse féodale, qui étoit toute militaire, et qu'on a appelée depuis *noblesse d'origine* ou *noblesse de nom et d'armes*; de la noblesse utérine ou coutumière, qui a pris sa source dans la précédente; de la noblesse inféodée ou des francs-fiefs, et de la noblesse par lettres, ou noblesse expresse. Toutes ces sortes de noblesse, en exceptant la première, qui est de temps immémorial, furent légalement établies dans le XIII.ᵉ siècle. Il y a encore la noblesse qu'on appelle *tacite, attributive, &c.* Mais la noblesse n'est réellement que de trois sortes: la noblesse de race, la noblesse par lettres, et la noblesse par charge, état ou office. Je vais m'occuper d'abord de la noblesse municipale, née, pour ainsi dire, à la même époque.

CHAPITRE III.

De la Noblesse municipale.

LA noblesse municipale, ou *de cloche*, qu'on appeloit ainsi parce que les officiers municipaux s'assembloient communément au son de la cloche, avoit été accordée par nos Rois à seize villes de France; savoir; Abbeville, Angers, Angoulême, Bourges, Cognac, Lyon, Nantes, Niort, Paris, Péronne, Poitiers, la Rochelle, Saint-Jean-d'Angely, Saint-Maixent, Toulouse et Tours.

Ces officiers, connus sous les diverses dénominations de *consuls, conseillers de ville, gardiateurs, gouverneurs, capitouls, prud'hommes, jurats, prévôts des marchands, maires* et *échevins*, formèrent pendant plusieurs siècles des corps aussi puissans que respectables; et si beaucoup de familles ont puisé leur noblesse dans cette source honorable, une infinité d'autres des plus anciennes comme des plus illustrés ont orné les fastes consulaires.

De l'Hôtel-de-ville de Paris.

LA juridiction de l'hôtel-de-ville de Paris étoit composée d'un prévôt des marchands, de quatre échevins, d'un procureur du Roi, et d'un greffier, qui

CHAPITRE III.

tous jouissoient du privilége de la noblesse. Le prévôt des marchands étoit nommé par le Roi, et sa commission étoit pour deux ans; mais ordinairement il étoit renouvelé, à la volonté du Prince.

Tous les ans, à la mi-août, le prévôt des marchands et les échevins, les conseillers de ville et les quartiniers, avec deux notables personnages mandés de chaque quartier, s'assembloient dans la grande salle de l'hôtel-de-ville, et faisoient élection de deux nouveaux échevins, lesquels prenoient la place de deux anciens qui sortoient. Ce mode d'élection avoit été confirmé dès 1450 dans une assemblée solennelle qui se tint à l'hôtel-de-ville, le 18 août de cette année, sous la présidence d'Arnauld de Marle, président au parlement, et que le Roi avoit commis et député à cet effet. Il y fut conclu que *l'on n'éliroit point d'autres sujets que des gens natifs de la ville de Paris, comme il s'étoit toujours pratiqué.*

Les solennités avec lesquelles se faisoit ordinairement cette élection, n'eurent point lieu en 1588 : la faction dite *des Seize* déposséda, le 12 mai de la même année, avec autant de précipitation que de violence, les quatre échevins, et les remplaça aussitôt. Elle en usa de même à l'égard du prévôt des marchands, Nicolas Hector, seigneur de Pereuse, que cette faction fit ensuite enfermer à la Bastille, d'où il ne sortit qu'au mois de juillet suivant. Pierre Perrot, qui avoit aussi été dépossédé, le même jour 12 mai, de la charge de procureur du Roi, fut rétabli dans ses fonctions très-peu de temps après la réduction de Paris à l'obéissance de Henri IV, arrivée le 22 mars 1594; par l'entremise de Charles comte de Cossé-Brissac, gouverneur de Paris, lequel, en récompense de sa fidélité, reçut de ce Prince le bâton de maréchal de France; de Jean Luillier d'Orville, prévôt des marchands, qui fut continué dans ses fonctions; de Martin Langlois, sieur de Beaurepaire, échevin, nommé depuis prévôt des marchands; de Denis Neret, échevin; du président Le Maître; du procureur général Molé, depuis président au parlement, et père de Mathieu Molé, garde des sceaux de France; des conseillers de Vic, d'Amour, de Belin, et du Vair, qui fut depuis premier président au parlement de Provence, et de plusieurs autres notables habitans de Paris, dont la fidélité et les services furent aussi récompensés par Henri IV, qui, en rentrant dans la capitale de son royaume, alla descendre à Notre-Dame, pour y rendre des actions de grâces à Dieu.

Dès 1371, Charles V, par une charte du 9 août de la même année, confirma les bourgeois de Paris dans le privilége de posséder des fiefs-alleus et arrière-fiefs sans qu'ils fussent tenus de payer aucune taxe à raison de ces possessions, et dans le droit de se servir des ornemens appartenant à l'état de chevalerie, et de porter les armes timbrées, ainsi que les nobles d'extraction par possession immémoriale. Ces divers droits et priviléges, et d'autres encore, tant en faveur des bourgeois de Paris que des prévôt des marchands et échevins de cette ville, furent ou maintenus ou accordés par des lettres et déclarations de Charles VI, du 10 septembre 1409 et du 20 janvier 1411 (1412 *n. st.*); de Louis XI, des mois d'octobre et de novembre 1465, et du 27 mars (après Pâques) 1480; de François I.er, du mois de septembre 1543, &c.

Quoique Henri III, par son édit du mois de janvier 1577, eût restreint au prévôt des marchands et aux échevins de Paris la noblesse que ses prédécesseurs avoient accordée aux bourgeois de cette ville, Louis XIV, par des lettres patentes du mois de mars 1669, enregistrées au parlement, à la chambre des comptes et à la cour des aides, confirma le prévôt des marchands et les échevins, le procureur du Roi, le greffier, le receveur, les conseillers, quartiniers, bourgeois et habitans de Paris, dans les priviléges, prérogatives, immunités, droits, franchises et libertés qui leur avoient été octroyés, pour, y est-il dit, en jouir et user comme ils en ont bien et dûment joui, jouissent et usent à présent, suivant les lettres des Rois Charles V, Charles VI, Charles VII, Louis XI, Charles VIII, François I.er et Henri IV.

Mais voici quel fut à cet égard le dernier état de

choses réglé par l'édit de Louis XIV du mois de novembre 1706, et par celui de Louis XV du mois de juin 1716, enregistrés au parlement et dans les deux autres cours. Le prévôt des marchands et ses successeurs en ladite charge furent maintenus dans tous les droits et prérogatives précédemment accordés, et dans le titre et la dignité de chevalier. Les échevins, le procureur du Roi, le greffier et le receveur de l'hôtel-de-ville, ensemble leurs enfans nés et à naître en légitime mariage, furent confirmés dans le privilége de noblesse, à condition qu'ils ne pourroient, ni les uns ni les autres, faire d'autre commerce que le commerce en gros, et que le procureur du Roi, le greffier et le receveur, auroient exercé lesdites charges pendant le temps de vingt-cinq années consécutives, ou qu'ils s'en trouveroient revêtus au jour de leur décès.

Ainsi ce seroit une erreur de croire que le privilége de noblesse dont jouissoient les principaux officiers de l'hôtel-de-ville de Paris, ne remonte pas au-delà des lettres patentes de Henri III, du mois de janvier 1577: ce privilége date de l'institution même de ces officiers. En effet, soit que les individus qui avoient exercé les charges ou offices de prévôt des marchands et d'échevin de Paris, fussent déjà nobles avant d'y entrer, soit qu'ils eussent tiré leur noblesse de ces mêmes charges, il est certain que, dans l'état nominatif qui en existe, on les voit tous indistinc-

tement figurer avec leurs armoiries. Jean Augier, le premier prévôt des marchands qui soit connu, fut nommé en 1268 par le Roi S. Louis. Il y a du même monarque une ordonnance de l'an 1256 environ, touchant les mairies de toutes les bonnes villes du royaume : elle porte que « les maires seront élus le lendemain
» de la Saint-Simon Saint-Jude, et que les nouveaux
» maires, les anciens et quatre notables, dont deux
» auront eu l'administration des biens de la ville
» pendant l'année, viendront, aux octaves de la Saint-
» Martin, rendre compte de leur recette à Paris. »

Mais la première institution des corps municipaux ou communaux paroît remonter au règne de Philippe-Auguste. Ce Prince, avant de s'embarquer pour la troisième croisade, fit, en 1190, un testament par lequel, entre autres précautions qu'il prend pour le bien de l'État, il ordonne que, pendant son absence, six des principaux bourgeois de Paris, nommés par lui, gouverneront cette ville avec le vice-maréchal, et que tous ses deniers y seront apportés pour être sous leur garde (1); que, dans le reste du royaume, les baillis établiront par prévôté quatre hommes sages et de bonne renommée, sans le conseil desquels, ou de deux au moins, aucune affaire des villes ne sera traitée.

---

(1) Le Temple étoit le lieu où l'on gardoit les deniers du Roi; ensuite on les déposa au Loûvre.

A Paris, cette communauté tenoit ses assemblées dans un hôpital de Saint-Jacques, qui fut nommé *le Parloir aux Bourgeois*. C'est le lieu où fut depuis établi le grand couvent des Frères Prêcheurs, institués par S. Dominique, et nommés en France *Jacobins* à cause de cette chapelle Saint-Jacques qui fut leur première demeure.

Il résulte de ce que je viens de dire, que pendant très-long-temps la noblesse des bourgeois de Paris et celle des officiers municipaux, éminemment l'élite de la bourgeoisie, se confondoient, et ne formoient, pour ainsi dire, qu'une seule et même noblesse, qui fut restreinte à ces seuls officiers par les lettres patentes de Henri III du mois de janvier 1577, lesquelles contenoient avec raison la clause d'anoblissement, afin d'éviter, pour l'avenir, toute recherche ou contestation à ce sujet.

Je n'ai pu découvrir quels ont été les échevins de Paris antérieurement à l'année 1411 : les quatre premiers que l'on connoisse sont Jean de Troyes, Jean Lolive, Denis de Saint-Yon et Robin de Bellon, élus en cette année, sous la prévôté de Pierre Gentien, dix-neuvième prévôt des marchands.

On trouve plus de huit cents familles qui ont fourni des membres au corps municipal de Paris ; et beaucoup d'entre elles, comme je l'ai dit plus haut, étoient déjà nobles bien avant d'y être admises.

CHAPITRE III.

Du Consulat de la ville de Lyon.

Les Lyonnais, informés de l'établissement communal fait à Paris, résolurent d'en faire un semblable dans leur ville pour se gouverner eux-mêmes, et se garantir des vexations des officiers de l'archevêque et du chapitre de l'Église, alors souveraine de Lyon (1).

Ils choisirent en conséquence, vers l'an 1200, cinquante des principaux citoyens pour composer le corps du conseil; et s'étant emparés d'une tour du pont de Saone, du côté de Saint-Nizier, ils y mirent une cloche pour convoquer leurs assemblées, et firent bâtir la chapelle de Saint-Jacques pour les y tenir.

Deux puissans arbitres, S. Louis et le cardinal Rodolphe, légat du Saint-Siége, suspendirent, par une trève de quelques années, la guerre qui s'étoit allumée entre les habitans de Lyon et les chanoines; mais elle recommença avec plus de fureur après la mort du Roi, en 1270. Dès l'an 1267, les Lyonnais avoient nommé douze conseillers chargés de l'administration de la ville. Peu d'années après, en 1271, Philippe-

---

(1) « Lors de la décadence de la maison de Charlemagne, la
» ville de Lyon passa d'abord sous la domination des Rois de Bour-
» gogne, puis sous celle des Empereurs. Les archevêques s'empa-
» rèrent ensuite, à l'exemple des autres prélats de l'Empire, de la
» supériorité territoriale. » *Arrêt du Conseil, du 12 novembre 1782.*

le-Hardi autorisa l'élection de ces douze officiers, qui formoient le consulat. Philippe-le-Bel son successeur, ayant pris sous sa protection royale les habitans de la ville de Lyon, leur donna des gardiateurs pour les protéger contre les violences exercées à leur égard par les officiers de l'Église, et leur permit, en 1312, de faire des assemblées; d'élire tous les ans, sous son autorité, douze conseillers chargés de prendre soin de leurs affaires; de créer un syndic ou procureur pour la conservation de leurs archives et des titres qui constatoient leurs droits et leurs priviléges. Ce Prince leur donna aussi la garde de la ville et les clefs des portes, qu'ils conservèrent depuis à titre de foi et hommage. Enfin c'est sous Louis-Hutin, en 1315, que les Lyonnais se soumirent volontairement à la domination des Rois de France.

Mais le consulat de Lyon ne devint un corps fixe qu'en 1336, année où Philippe de Valois le fit établir solennellement, avec ordre de sa part de faire publier et enregistrer tous les priviléges qui avoient été accordés par les Rois ses prédécesseurs aux habitans de cette cité. Henri IV, après la rentrée de cette ville sous son obéissance, arrivée en 1594, en réduisit les conseillers, qui étoient au nombre de douze, égaux en droits, et très-puissans, à un prévôt des marchands et quatre échevins, avec un procureur et un secrétaire, à l'instar de ce qui avoit été fait pour la ville de Paris. Le consulat conserva cette dernière forme jusqu'au moment de la révolution.

Charles VIII, en maintenant les anciens priviléges des habitans de Lyon par des lettres patentes de l'an 1495, anoblit, par les mêmes lettres, les douze officiers municipaux de cette ville, connus sous les dénominations de *consuls* ou *conseillers-échevins*. Ce privilége de noblesse transmissible leur fut confirmé par des lettres de Henri II, du mois de septembre 1550 et du mois d'octobre 1554 ; de François II, du mois d'octobre 1559 ; de Charles IX, du mois d'avril 1570 ; de Henri IV, du mois de novembre 1602 et du mois de mars 1609 ; de Louis XIII, du mois de juin 1618 et du mois de mars 1638, avec faculté de faire, eux, leurs successeurs et postérité, le commerce en gros ; de Louis XIV, du mois de décembre 1643, &c.

J'évalue à deux mille six cents environ le nombre des élections au consulat de cette ville, depuis le XIII.e siècle jusqu'en 1789 ; mais, comme ces élections se sont renouvelées assez souvent sur les mêmes têtes, il n'a guère été nommé que deux mille individus dans cet intervalle aux charges consulaires de Lyon. Au reste, il suffit de jeter les yeux sur la liste de ces consuls ou conseillers, pour se convaincre que beaucoup d'anciens gentilshommes en ont exercé les fonctions, sur-tout avant l'année 1594. Cette

assertion se trouve, au surplus, pleinement justifiée par les lettres mêmes de Charles VIII, données au mois de décembre 1495. « Iceux conseillers, y est-il
» dit, presens et à venir, *s'ils N'ESTOIENT nés et*
» *extraits de noble lignée*, avons anoblis et anoblissons
» par ces presentes, et du titre et privilege de no-
» blesse, eux et leur posterité née et à naistre en
» loyal mariage, avons decoré et decorons, &c. »

Ce sentiment se trouve encore fortifié par le passage suivant, extrait des *Lyonnais dignes de mémoire*, tom. I.er, pag. 354 : « Antoine de Masso soutint
» l'opinion qu'on avoit de sa noblesse, pendant son
» consulat de l'année 1581. Les commissaires du Roi
» étant arrivés à Lyon pour la convocation des États
» généraux, firent placer des bancs dans la grande
» salle du palais pour le tiers-état de la province.
» Antoine de Masso refusa de s'y asseoir, disant qu'il
» y avoit plusieurs conseillers de ville qui ne tiroient
» pas leur noblesse de la maison-de-ville ; et que, s'ils
» n'étoient pas au rang de MM. du clergé et de la
» noblesse, ils n'assisteroient pas à l'assemblée. Ils
» siégèrent au rang du clergé et de la noblesse. »

Les anciennes et nobles familles de Fuers, de Chapponay, de Varay, de la Mure, de Saint-Valier, de Chevriers, de Dodieu, de Vienne, de Nièvre et autres, jetèrent les premiers fondemens de la communauté lyonnaise, qui n'a pas peu contribué à faire rentrer sous la domination des Rois de France cette antique cité, décorée par l'Empereur Claude de la qualification de *colonie romaine*.

Tous ces noms recommandables, et beaucoup d'autres qui ne le sont pas moins, se sont en quelque sorte perpétués dans les fastes consulaires de cette ville, dont les fidèles conseillers et les habitans n'ont cessé d'avoir pour leurs Princes et la couronne de France *une ferme, loyale et entière obéissance sans avoir varié :* ce sont les propres expressions de Charles VIII dans ses lettres de l'année 1495.

Du Capitoulat de la ville de Toulouse.

Les capitouls de Toulouse, anciennement magistrats civils et militaires, formoient, sous les premiers comtes de Toulouse, avant 1271, époque de la réunion de ce comté à la couronne, plutôt le conseil de ces Princes qu'un corps municipal. Depuis, ces magistrats ont eu la police et le gouvernement de la ville.

Dans ces premiers temps, et comme à Paris, les priviléges de noblesse dont jouissoient les habitans de Toulouse, se confondoient avec ceux des capitouls, essentiellement les premiers citoyens de cette ville.

Par des lettres du 23 janvier 1273, Philippe-le-Hardi accorda aux consuls ou capitouls et aux citoyens de Toulouse la faculté de posséder des fiefs de chevalier. Le même Prince, par d'autres lettres du 19 octobre 1283, confirma les anciennes coutumes de cette ville, sauf quelque réserve. Philippe-le-Bel, par des lettres du 25 janvier 1297 (1298 *n. st.*), déclara que les habitans de Toulouse pouvoient, en vertu de leur coutume, tenir des biens nobles sans payer finance. D'autres lettres de Louis-Hutin du 1.ᵉʳ avril 1315, de Philippe de Valois du mois de septembre 1328, et du Roi Jean des mois de juin et d'octobre 1354, confirmèrent les capitouls et les habitans de cette ville dans leurs anciens priviléges. Charles VII, encore Dauphin, et Régent du royaume, déclara, par lettres du mois de mars 1419 (1420 *n. st.*), que les capitouls de famille non noble, attendu leur qualité, pourroient, sans payer le droit de franc-fief, posséder toute sorte de fiefs, de quelque nature qu'ils fussent, et même les fiefs et arrière-fiefs tenus du Roi avec justice et par foi et hommage. Parvenu à la couronne en 1422, ce Prince, par d'autres lettres du 11 décembre de la même année, mais qui paroissent n'avoir été publiées à Toulouse que le 17 novembre 1427, confirma ce qu'il avoit fait précédemment en faveur de ceux des capitouls qui n'étoient pas nobles; car une foule d'anciens gentilshommes ont exercé cette importante charge. Dans la suite, ces officiers ayant été inquiétés sur la jouissance de leurs antiques prérogatives, franchises ou libertés, par d'indiscrets préposés aux recherches, Louis XI, par lettres patentes du 24 mars 1471, accorda à la ville de Toulouse, capitale de tout le Languedoc, le privilége d'anoblir ses capitouls au nombre de huit : ainsi c'étoit moins un anoblissement qu'une confirmation du privilége de noblesse. Dès 1461, le même Prince, par d'autres lettres du mois d'octobre de la même année, avoit confirmé les statuts, coutumes et franchises de cette ville, d'après la demande que les capitouls et les habitans lui en avoient faite lors de son avénement à la couronne.

Enfin le capitoulat, dont on fait remonter l'origine à l'établissement des Romains dans cette ancienne province, a constamment été maintenu par les successeurs de Louis XI, et notamment par Charles VIII, Louis XII, François I.ᵉʳ, Henri IV et Louis XIV, dans sa noblesse immémoriale, et dans tous les honneurs, droits, priviléges, &c. dont il a joui jusqu'en 1789. Il est à remarquer que l'hôtel-de-ville de Toulouse portoit le nom de *Capitole,* et qu'à l'exemple des Romains, les capitouls de cette ville ont joui pendant très-long-temps du *droit d'image.* On se rappelle cet ancien proverbe du pays :

> De grand'noblesse pren titoul,
> Qui de Toulouse ès capitoul.

Pour justifier ce que le maréchal de Montluc a écrit, qu'*autrefois les gentilshommes des plus illustres* familles recherchoient d'entrer dans la charge de capitoul, il suffit de consulter le catalogue qui se trouve à la suite du *Traité de la noblesse des capitouls de Toulouse*, par la Faille, 1707.

De l'Échevinage de la ville de Bourges.

ON voit par une charte de Louis VII dit *le Jeune*, de l'an 1172, et une autre de Louis VIII, de 1224, que la ville de Bourges étoit autrefois administrée par quatre prud'hommes ou gouverneurs élus par les bourgeois. Ces officiers conservèrent pendant plus de trois siècles le gouvernement de la ville; mais leur mauvaise administration dans les derniers temps, et une sédition qui eut lieu au sujet de leur élection, déterminèrent Louis XI à confier, par lettres du 27 mai 1474, le gouvernement et la police de la ville à un maire et douze échevins nommés par le Roi. Ce Prince, par d'autres lettres du mois de juin suivant, accorda à ces officiers le privilége de noblesse, en considération des bons services et de la fidélité des habitans de cette ville. Ces lettres ont été confirmées par d'autres lettres des Rois Charles VIII, de l'an 1491; Louis XII, de l'an 1498; François I.er, des années 1515 et 1538; Henri II, de l'an 1547; François II, de l'an 1559; Henri III, de l'an 1574; Henri IV, de l'an 1594; Louis XIII, des années

1615 et 1634; de Louis XIV, du mois d'octobre 1651 et du mois de mai 1674, &c.

Les citoyens de la ville de Bourges, qui étoient libres dès leur première origine, sont qualifiés et appelés *barons* dans des lettres de Louis-le-Jeune, de 1145. Charles VII, en les maintenant dans leurs anciens priviléges, leur permit, par lettres du 5 mai 1437, d'acquérir et de posséder des biens nobles sans être tenus de payer, à raison de cette faculté, le droit de franc-fief, ni aucune autre finance. Il suit de là que les principaux habitans de cette ancienne capitale du Berry jouissoient des priviléges affectés à la noblesse bien avant l'anoblissement du maire et des échevins : ces échevins avoient été réduits à quatre par les lettres patentes de Charles VIII, du mois d'avril 1491 (1492 *n. st.*), qui prescrivoient une nouvelle forme pour l'élection de ces officiers, et régloient leur autorité et leur juridiction. Enfin les annales municipales de Bourges offrent également une infinité de noms aussi anciens que recommandables.

Du Corps consulaire de Perpignan, et de la Noblesse affectée aux Citoyens immatriculés de cette ville.

Les habitans de Perpignan, dont Louis XIII se rendit maître en 1642, avoient, de temps immémorial, c'est-à-dire, bien avant l'année 1291, le privilége de pouvoir, tous les ans, anoblir quelques-uns d'entre eux: on les nommoit alors *citoyens nobles*.

Une sentence arbitrale, rendue, le 18 août 1449, par la Reine Marie, épouse et lieutenante générale d'Alphonse V, Roi d'Arragon, contenant réglement pour la police du corps de ville de Perpignan, porte, art. 14, « que dorénavant nul ne pourra s'intituler
» ni être tenu pour citoyen noble, s'il n'est fils de
» citoyen noble, ou s'il n'est approuvé pour être
» citoyen noble; laquelle approbation devra se faire,
» à l'avenir, par cinq consuls et par ceux qui auront
» été premiers consuls, ou par les plus anciens des
» ex-consuls seconds, au nombre de neuf; lesquels
» quatorze ou dix d'entre eux devront être d'avis
» conforme pour ladite approbation, laquelle ne
» pourra se faire que le jour de Saint-Cyr, 16 juin.
» Ceux qui seront ainsi approuvés, seront inscrits pour
» citoyens nobles au livre de la matricule; et après
» avoir prêté le serment ordinaire des conseillers de
» ville, ils seront tenus pour conseillers de main-
» majeure ou premier état: déclarant que nul, quoique
» fils de citoyen noble, ne pourra entrer au conseil
» de ville, jusqu'à ce qu'il soit inscrit audit livre avec
» la discussion susdite. »

Ces cinq consuls, qui formoient le corps de ville, et qui étoient tirés annuellement des différens corps, donnoient leurs audiences sous un dais, en qualité de ducs de Vernet. On choisissoit alternativement les premier et deuxième consuls parmi les gentils-hommes et parmi les citoyens nobles : les avocats avoient un droit égal à celui des citoyens nobles pour le consulat. Les troisième et quatrième consuls étoient pris dans les notaires et les *mercaders*, et le cinquième dans diverses autres corporations.

La noblesse des citoyens immatriculés de cette ville a été confirmée par plusieurs Souverains, et entre autres, par Ferdinand V, en 1510; Philippe II, en 1585; Philippe III, en 1599; Louis XIV, Roi de France, en 1660; et par des arrêts du Conseil d'état du Roi, des 22 novembre 1671; 26 mai 1714; 30 mai 1733; 13 septembre 1702 et 22 décembre 1785: ce dernier arrêt les a assujettis au paiement du droit de marc d'or de noblesse.

Des Corps municipaux de Metz, de Bordeaux, d'Arles et autres villes.

DEUX ordonnances de la cité de Metz, des années 1305 et 1312, portent; la première, que le maître-échevin doit être chevalier; et la seconde, que les prud'hommes seront tirés des parages et lignées nobles.

La ville de Bordeaux étoit gouvernée, comme on sait, par quatre jurats ou échevins, et un maire, qui étoit toujours un homme de qualité.

Le consulat des villes d'Arles, d'Avignon et de Marseille, a été exercé par des membres des plus anciennes et des plus nobles familles du pays.

A Bruxelles, l'élection des officiers municipaux ayant souvent divisé le peuple en diverses factions, Jean II, duc de Brabant, ordonna qu'à l'avenir on ne prendroit plus les échevins que dans les sept principales et plus anciennes familles nobles de cette ville.

Rien ne prouve mieux en quel honneur ont toujours été en France les corps municipaux, que le passage suivant, qui est extrait des Mémoires sur la ville de Romans par M. Dochier, maire de cette ville :

« Les consuls étoient en usage, dans les processions générales, de prendre le premier rang et de marcher immédiatement après le clergé (avant le dais). Tout-à-coup le chapitre voulut leur disputer ce poste d'honneur, et il fallut obtenir, le 18 novembre 1633, un arrêt du Conseil, qui prononça que les consuls prendroient leur rang accoutumé. »

L'auteur rapporte à ce sujet cette anecdote :

« Henri IV, étant à Grenoble, assista à une procession solennelle, le 19 août 1600. Les consuls de cette ville étoient en possession du droit de précéder le parlement, quoiqu'il eût à sa tête le gouverneur de la province : mais on ne savoit pas quel rang il plairoit au monarque de prendre ; en sorte que les consuls ne s'avançoient pas, ce qui causa

» un léger désordre dans la marche. Le Roi s'en
» aperçut, et il ordonna aux consuls de prendre leur
» place, qui fut avant celle qu'il occupoit lui-même. »

Quant aux autres douze villes qui ont aussi joui de la noblesse municipale, je me bornerai, pour ne pas trop alonger ce chapitre, à présenter leurs noms dans le tableau suivant :

Tableau chronologique des Anoblissemens accordés aux Officiers municipaux de douze villes de France (1).

Par lettres de CHARLES V...	Décembre 1372............	Poitiers.
	8 Janvier 1372 (1373 n. st.)	La Rochelle.
	............1373.......	Angoulême.
	Vers l'an 1374..........	Saint-Jean-d'Angely.
CHARLES VII...	Avril 1444...............	Saint-Maixent.
LOUIS XI.....	Novembre 1461..........	Niort.
	Février 1461 (1462 n. st.)	Tours.
	............1471......	Cognac.
	2 Février 1474 (1475)...	Angers.
	Vers l'an 1477..........	Abbeville.
FRANÇOIS I.er..	Janvier 1536.............	Péronne.
FRANÇOIS II....	Janvier 1559............	Nantes.

(1) N'ayant pu, dans la première rédaction de ce tableau, édition de 1815, indiquer les époques de l'anoblissement des maires et échevins des villes de Cognac et d'Abbeville, je m'étois borné à citer l'arrêt du Conseil d'état, du 14 mai 1667, qui rappelle d'une manière vague et sans date l'anoblissement antérieurement accordé à ces officiers municipaux; mais, d'après de nouvelles vérifications et recherches, je crois être parvenu à donner à ce tableau toute la précision et l'exactitude dont il est susceptible.

Les motifs des anoblissemens accordés à ces douze villes sont aussi on ne peut pas plus honorables : pour récompenser, disent les lettres, leur fidélité, et les services signalés que les habitans, commandés ou dirigés par leurs magistrats, ont rendus au Roi pendant les guerres, soit en repoussant avec vigueur l'ennemi, soit en le forçant de s'éloigner par leur courageuse défense, lors des attaques ou siéges.

C'est à des motifs non moins louables sans doute qu'un assez grand nombre de nos villes ont dû les prérogatives dont elles jouissoient anciennement.

On voit, par une attestation du 3 juin 1298, que, dans la sénéchaussée de Beaucaire, on pouvoit donner la ceinture militaire aux non-nobles qui s'étoient distingués dans la carrière des armes.

Les détails dans lesquels je suis entré sur la noblesse municipale, ont pour but de rappeler à la mémoire les grands et anciens services rendus par les corps municipaux, dont l'origine légale date du règne de Philippe-Auguste, et dont la sage administration leur a mérité, de siècle en siècle, la confiance du monarque et l'estime publique : quant à la fidélité qui les a toujours distingués, le conseil général du département de la Seine en a donné, de nos jours, un exemple éclatant ; et sa proclamation du 1.er avril 1814 en renfermé l'honorable témoignage. Mais la plus glorieuse récompense de leurs services, ils la trouvent sans doute dans le droit qu'ont les maires des bonnes villes d'assister au couronnement du Souverain, droit qui leur a été conféré par les anciennes lois, par l'article 52 du sénatus-consulte du 28 floréal an XII [18 mai 1804], et par le décret du 3 messidor suivant [22 juin 1804].

Les maires des bonnes villes peuvent, aux termes de l'article 8 du premier statut du 1.er mars 1808, obtenir, après dix ans d'exercice, le titre personnel de *baron*, titre qu'ils ont la faculté de rendre héréditaire en fondant un majorat.

Les villes dont les maires assistent au couronnement du Roi, sont au nombre de trente-sept, savoir : Aix, Amiens, Angers, Antibes, Avignon, Besançon, Bordeaux, Bourges, Caen, Carcassonne, Cette, Clermont-Ferrand, Dijon, Grenoble, Lille, Lyon, Marseille, Metz, Montauban, Montpellier, Nancy, Nantes, Nîmes, Orléans, Paris, Pau, Reims, Rennes, La Rochelle, Rouen, Strasbourg, Toulon, Toulouse, Tours, Troyes, Versailles et Vesoul.

CHAPITRE IV.

De la Noblesse des Sergens d'armes.

Les sergens d'armes furent institués par Philippe-Auguste, pour la garde de sa personne. Destinés exclusivement à cet important et honorable service, ils étoient choisis parmi les sujets les plus courageux et les plus fidèles, et, autant que faire se pouvoit, parmi les gentilshommes. Les sergens d'armes se distinguèrent à la bataille de Bouvines, gagnée par ce Prince en 1214. Ce furent les audacieuses et criminelles tentatives du Vieux de la Montagne qui donnèrent lieu à la création du corps, ou, pour mieux dire, de la compagnie des sergens d'armes. Ils étoient tout-à-la-fois gens de guerre et officiers de justice : ils avoient la faculté d'exercer dans tout le royaume leurs offices de sergenterie, qui étoient inamovibles, tandis que tous les autres offices finissoient à la mort du Roi. Ils étoient armés d'une masse d'airain, et pouvoient, dans certains cas, se rendre à la chambre des comptes en armes. Enfin ces officiers civils et militaires, qui n'avoient d'autre juge que le Roi ou le connétable, furent réduits au nombre de cent par l'article 15 de l'ordonnance du Roi Jean, du 27 janvier 1359 (1360 n. st.). Il y a un assez grand nombre d'ordonnances et de lettres patentes qui leur sont relatives; mais la matière que je traite, et les bornes que je me suis prescrites, ne me permettent de citer que celles de Charles VI, du mois de septembre 1410, portant confirmation des priviléges des sergens d'armes, et *anoblissement* de ceux qui n'étoient pas d'extraction noble : plusieurs familles tiroient leur noblesse de cet honorable anoblissement.

Voici l'extrait de ces lettres de l'année 1410 :

« CHARLES...... Et combien que nos sergens
» d'armes, qui sont tenus et astraints de nous servir
» en armes et en chevaulx, toutes fois que le cas le
» requiert, ayent plusieurs beaux droits, libertés et
» privileges, à cause de leurs offices, et par especial,
» que sitost que aucun est nouvellement fait et creé
» sergent d'armes, et que la mace lui est baillée, sup-
» posé qu'il ne soit pas noble, il est anobli, et pour
» noble doit estre tenu et reputé sans avoir besoin
» d'autres lettres d'anoblissement, et doit jouir de
» privilege de noblesse, &c. »

CHAPITRE V.

De l'Institution des Francs-Archers, et de la Noblesse à laquelle prétendoient leurs descendans.

L'ORGANISATION et la discipline de l'armée française datent, en quelque sorte, du règne de Charles VII. Ce Prince, après avoir créé en 1439 un corps de gendarmes à cheval, nombreux et bien armé, institua, par des lettres du 28 avril 1448, une milice nationale sous le nom de *francs-archers*, composée d'habitans de la campagne; et par d'autres lettres du 30 janvier 1454 (1455 *n. st.*), il statua sur la milice féodale, c'est-à-dire qu'il prescrivit la manière dont les nobles devoient être habillés et armés pour faire le service militaire, et il régla sa solde. Aux termes d'une ordonnance de Charles VI en date du 28 août 1410, les nobles devoient servir personnellement: les gens d'église et les non-nobles seuls pouvoient se faire remplacer moyennant finance.

Voici comment se forma le corps des *francs-archers*, nommés ainsi parce qu'ils étoient affranchis de toutes tailles et subventions, excepté des aides et de l'impôt du sel, et qu'ils étoient armés d'un arc.

Les élus, ou officiers de l'élection, furent chargés de choisir dans les paroisses (bourgs et villages) de leurs ressorts respectifs un homme par cinquante feux, pris parmi les sujets qu'ils croiroient les plus propres à servir dans cette milice, de tenir registre ou rôle de ces miliciens, et de leur faire prêter serment de fidélité ; mais, comme les francs-archers, bien qu'ils fussent soldés par leurs paroisses, étoient néanmoins obligés de s'équiper à leurs propres frais, on avoit soin de les prendre parmi les habitans dont la fortune permettoit au moins de soutenir cette dépense, laquelle toutefois étoit supportée par les paroisses mêmes, quand des sujets pauvres annonçoient de grandes dispositions pour la guerre. Pour ne point interrompre en temps de paix l'exercice de leurs professions et de leurs travaux journaliers, leurs capitaines, chargés de les instruire et de les mettre en état de marcher à la première réquisition, ne pouvoient, aux termes de l'ordonnance, les assembler en armes que les dimanches et fêtes seulement. Les francs-archers ne se servoient de leur équipement qu'à la guerre, ou lorsqu'ils alloient faire l'exercice. Une fois en activité, ils recevoient chacun une solde de quatre livres par mois.

On ne peut disconvenir que les francs-archers n'aient été très-utiles à l'État. Leur bonne réputation, et sur-tout les franchises dont ils jouissoient, déterminèrent beaucoup de jeunes gens des villes, qui n'étoient point nobles, mais qui étoient riches, à prendre parti dans cette milice. Pour obvier à cet inconvénient, qui faisoit refluer sur le pauvre une assez forte portion de l'impôt, Charles VII, par une des dispositions de son ordonnance du 3 avril avant Pâques, 1459 (1460 *n. st.*), relative à l'assiette des tailles, défendit de recevoir dans la charge d'archer les gros marchands des villes et autres personnes riches.

C'est sûrement cet abus qui aura déterminé le Roi Louis XI à supprimer, en 1480, les francs-archers, et à remplacer cette milice par un autre corps d'infanterie à sa solde, et par un grand nombre de Suisses que ce Prince fit venir en France.

Diverses familles prétendoient, dit-on, à la noblesse, par cela seul qu'elles étoient descendues de francs-archers; mais, quelques recherches que j'aie faites à cet égard, je n'ai rien trouvé qui pût justifier cette prétention. Les exemptions dont jouissoient les francs-archers, n'étoient, ce me semble, que personnelles, et nullement héréditaires : c'étoit une indemnité qu'ils recevoient à raison d'un service extraordinaire, et de l'équipement qu'ils étoient tenus de faire à leurs propres frais.

CHAPITRE VI.

De la Noblesse des Secrétaires du Roi et des Officiers de chancellerie.

L'ÉTABLISSEMENT des clercs, notaires ou secrétaires du Roi, remonte à la naissance de la chancellerie de France. Dans les premiers temps, ces officiers, placés auprès de la personne du Roi, écrivoient et signoient les ordres du monarque, ses chartes, diplômes, lettres patentes, &c. Valentien paroît être le premier qui ait signé les chartes royales en qualité de notaire ou secrétaire : il remplit cette importante fonction sous Childebert, fils de Clovis et Roi de Paris. Le Prince a quelquefois élevé à l'éminente charge de chancelier de France ou référendaire un notaire ou secrétaire du Roi. Algrin, par exemple, après avoir rempli les fonctions de notaire-secrétaire sous le règne de Louis-le-Gros, fut promu par Louis-le-Jeune à la charge de chancelier. Les notaires ou secrétaires du Roi ont aussi quelquefois exercé par *interim* cette grande charge, et ont eu la garde du sceau. Le sceau de l'État est, comme on sait, une des principales marques de l'autorité royale.

Parmi les nombreux actes de la puissance souveraine rendus en faveur des secrétaires du Roi réunis en collége, et qui avoient le Roi pour chef et souverain protecteur, on distingue sur-tout l'édit de Louis XI du mois de novembre 1482, portant confirmation des priviléges qui leur avoient été accordés par ses prédécesseurs, et attribution de priviléges nouveaux ; et les lettres patentes du mois de février 1484, par lesquelles Charles VIII, en approuvant et ratifiant les priviléges et prérogatives des secrétaires du Roi, les anoblit, en tant que besoin seroit, eux, leurs enfans nés et à naître en loyal mariage et leur postérité, les déclarant capables de recevoir tous ordres de chevalerie, comme si leur noblesse étoit d'ancienneté et qu'elle remontât au-delà de quatre générations. Ce privilége de noblesse fut confirmé par François I.er, en 1541 ; Henri II, en 1549 ; Louis XIV, en 1704, &c.

Le nombre des secrétaires du Roi a beaucoup varié : il avoit été porté jusqu'à trois cent quarante par l'édit du mois de mars 1704, au lieu de deux cent quarante, nombre fixé par l'édit du mois de janvier 1672, et c'est à ce dernier nombre de deux cent quarante qu'ils avoient été réduits par l'édit du mois de juillet 1724 ; mais ensuite le Roi en porta le nombre à trois cents par son édit du mois d'octobre 1727. Anciennement le collége des secrétaires du Roi n'étoit que de cinquante-neuf membres, comme on le voit par les lettres patentes de Charles VI en daté du 2 août 1418. Il falloit qu'un secrétaire du Roi eût exercé pendant vingt années, ou qu'il fût décédé revêtu de son office, pour que le privilége de noblesse dont il jouissoit, devînt transmissible à sa descendance.

Il est incontestable qu'une infinité de familles ont tiré leur noblesse de cette charge ; mais ce seroit une erreur de prétendre que tous les individus indistinctement qui en ont été revêtus, n'ont dû leur noblesse qu'à l'exercice de cette même charge. Les secrétaires du Roi étant exempts des droits de lods et ventes, beaucoup d'anciens gentilshommes, et même des princes, s'en sont fait revêtir momentanément pour jouir de cette exemption.

On n'ignore pas non plus que les secrétaires d'état, pour pouvoir signer les lettres ordinaires du sceau, devoient indispensablement être pourvus d'une charge de secrétaire du Roi ; et c'est la raison pour laquelle on trouve dans la liste des secrétaires du Roi, des personnages qui ont été secrétaires d'état. Les charges de secrétaires d'état furent créées en 1547. Une déclaration du Roi, du 6 avril 1704, portoit que les officiers de la grande chancellerie jouiroient de tous les droits et exemptions accordés aux secrétaires du Roi ; et une autre, du 13 mai suivant, a rendu ces droits et exemptions applicables aux quatre chauffe-cire-scelleurs-héréditaires de la grande chancellerie. Enfin un édit du mois d'octobre, aussi de la même année, a accordé la noblesse aux garde-scels des chancelleries près les cours.

Outre les charges de secrétaires du Roi de la grande chancellerie, supprimées par la loi du 27 avril-25 mai 1791, il y avoit encore les charges de secrétaires du Roi des chancelleries établies près les cours et les conseils supérieurs, &c., et dont les titulaires jouissoient également du privilége de noblesse, ainsi qu'il résulte de deux édits des mois de février 1703 et décembre 1727.

Quant à la finance des charges de secrétaires du Roi, elle n'étoit réellement qu'un prêt à intérêt fait à l'État par les titulaires, lesquels, en résignant leurs offices après vingt années d'exercice, se trouvoient remboursés de la finance par leurs successeurs.

Ainsi, par la charge de secrétaire du Roi, on acquéroit la noblesse héréditaire et tous les priviléges pécuniaires, qui étoient très-considérables, moyennant une modique somme versée au trésor royal pour droit de marc d'or, conformément à l'édit du mois de décembre 1770, &c.

CHAPITRE VII.

De la Noblesse civile ou de magistrature, et de la Noblesse comitive.

S'IL est glorieux de verser son sang pour la patrie, il ne l'est pas moins sans doute de la servir en consacrant sa vie entière à l'étude des lois et à l'administration de la justice.

La magistrature, cet antique et respectable corps auquel les d'Aguesseau, les d'Aligre, les Harlay, les l'Hôpital, les Lamoignon, les Molé, les Montholon, les Nicolaï, les d'Ormesson, les Pasquier, les Potier, les Seguier, les Talon, &c. ont donné un si grand lustre, a eu, comme toutes les autres institutions, ses époques critiques. L'une des plus désastreuses peut-être a été l'introduction de la vénalité des offices : on en trouve les premiers germes sous le règne de S. Louis. Par l'art. 19 d'une ordonnance de ce Prince de l'année 1256, il est expressément défendu à tous ceux qui tiennent prévôtés royales, vicomtés, mairies, baillies et autres offices, de les vendre sans la permission du Roi. Charles VIII toléra en quelque sorte la vénalité des offices entre particuliers, afin d'indemniser les titulaires du défaut de remboursement des avances qu'ils avoient faites à l'État ; et François Ier, forcé par les malheurs du temps, l'établit tout-à-fait.

En vain la vénalité des charges de judicature fut-elle abolie par l'article 39 de l'ordonnance d'Orléans du mois de janvier 1560, et par l'article 100 de celle de Blois du mois de mai 1579 ; elle s'est perpétuée jusqu'en 1789, époque à laquelle elle a été supprimée par la loi du 3 novembre de cette année : dix mois après, le 11 septembre 1790, la suppression des parlemens et autres cours supérieures fut prononcée.

Dans tous les temps, et en vertu de plusieurs lettres patentes, les anciennes cours souveraines ont joui des priviléges affectés à la noblesse : ces priviléges, suivant l'usage pratiqué jusqu'en 1640, devenoient héréditaires dans la descendance des titulaires, après vingt années d'exercice, mais bien plus sûrement après que la charge avoit été occupée de père en fils pendant trois générations consécutives, conformément à l'ancienne maxime de la cour des aides et à l'article 25 de l'édit du mois de mars 1600. Dans tous les temps aussi le Prince a voulu que le corps de la noblesse fournît des membres à ces mêmes cours : c'est ce qui est textuellement prescrit par les ordonnances de Philippe V dit *le Long*, du 3 novembre 1319 ; Charles VI, du 7 janvier 1400 (1401 *n. st.*) ;

Charles VII, du 7 janvier 1407, et autres. L'article 262 de l'ordonnance de Blois porte que lorsque les parlemens présenteront des sujets au Roi pour remplir des offices vacans dans leurs corps, ils inscriront toujours un gentilhomme sur leurs listes, pourvu qu'il ait les qualités requises. Mais par la suite on excéda la volonté du monarque à cet égard : les parlemens ne recevoient plus que des nobles ; notamment celui de Bretagne, qui refusa d'enregistrer la loi par laquelle la noblesse étoit accordée à ceux qui seroient pourvus d'offices dans cette cour. Il y a beaucoup de lois de cette nature rendues dans les XVII.ᵉ et XVIII.ᵉ siècles, en faveur des membres des cours et tribunaux ; entre autres, pour le parlement de Paris, les édits de 1641, 1644, 1659, 1669, 1690, 1691 et 1704.

Les docteurs-régens et professeurs en droit acquéroient aussi la noblesse à leurs familles après vingt ans d'exercice, ainsi qu'il résulte de plusieurs lettres patentes de nos Rois, et plus particulièrement de celles que Henri IV accorda, au mois de septembre 1607, à Claude Froment, professeur en droit à Valence en Dauphiné ; et c'est ce qu'on appelle *noblesse comitive*.

Au reste, la noblesse d'épée et la noblesse de robe n'ont formé pendant plusieurs siècles qu'une seule et même noblesse, puisqu'il est vrai que toutes les anciennes familles militaires ont, pour ainsi dire, fourni des membres à la magistrature, et *vice versâ*.

En effet, on trouve, dans les xiv.ᵉ et xv.ᵉ siècles, au nombre des membres tant du parlement de Paris que de la chambre des comptes et de la cour des aides de cette ville, de grands et illustres personnages, dont la plupart étoient de la plus haute naissance, tels que les d'Albret, les d'Arcy, les Beauvau, les Conflans, les Couci, les Croy, les d'Estouteville, les Luxembourg, les Mailly, les Marigny, les Melun, les Pompadour, les Saarbruck, les Scepeaux, les Sully, et tant d'autres anciens gentilshommes qui ont été membres non-seulement des cours souveraines, mais encore des justices inférieures. Je dirai plus, c'est que dans ces anciens temps, où régnoit généralement la plus grande simplicité, et où sur-tout on n'étoit point imbu, comme on l'a été depuis, de faux préjugés, fruit de la corruption et du luxe, les nobles de race ne dédaignoient pas même d'exercer les moindres charges ou offices de judicature, ainsi qu'on peut s'en convaincre en jetant les yeux sur nos ordonnances du xiv.ᵉ siècle, et notamment sur celles du Roi Philippe V dit *le Long*.

C'étoit probablement pour faire revivre l'ancien principe, que, par deux édits royaux des mois de mars 1691 et juillet 1702, il avoit été créé, dans les présidiaux, cours de justice et bureaux des finances, des offices de *chevaliers d'honneur*, exclusivement réservés à la noblesse; mais il intervint peu de temps après, le 8 décembre 1703, une déclaration du Roi portant que ces offices pouvoient être acquis par des individus non nobles, lesquels seroient anoblis par l'exercice de vingt années, ou par le décès dans l'office.

Enfin les charges des parlemens qui donnoient la noblesse, s'élevoient à plus de mille; celles du grand conseil, des chambres des comptes et des cours des aides, de la cour des monnoies et du bureau des finances de Paris, qui la conféroient, montoient à neuf cent soixante-quatorze; et celles des bureaux des finances des autres généralités, qui la donnoient au deuxième degré, étoient de six cent cinquante.

Le premier président et le procureur général de la cour de cassation, de la cour des comptes et des cours royales, peuvent, aux termes de l'article 8 du statut du 1.er mars 1808, obtenir, après dix ans d'exercice, le titre personnel de *baron*, titre qu'ils ont la faculté de rendre héréditaire en fondant un majorat. Cette prérogative et cette faculté sont aussi accordées par le même article aux présidens des collèges électoraux de département qui ont présidé le collège pendant trois sessions.

Les autres membres de ces colléges qui ont assisté à trois sessions, peuvent, en vertu de l'article 10 du même statut, se pourvoir en obtention dudit titre personnel de baron, avec faculté de le rendre également héréditaire en fondant un majorat.

CHAPITRE VIII.

De la Noblesse militaire, ou des Anoblissemens par les armes.

J'AI dit plus haut que c'étoit à la gloire des armes que la noblesse avoit dû son origine. En effet, cette noble profession, qui chaque jour enfante des héros, conféroit d'elle-même la noblesse.

Dix années consécutives de service militaire suffisoient, dans le XVIe siècle, pour faire jouir les non-nobles des exemptions réservées aux nobles, ainsi que le porte un arrêt de la cour des aides de Paris, rendu, le 17 juillet 1583, sur l'édit de Henri III du mois de mars de la même année. Mais les discordes intestines donnèrent lieu à une infinité d'usurpations de la qualité de noble : parmi le très-grand nombre d'individus de toute sorte de professions qui avoient accidentellement pris les armes pendant les troubles, il y en eut beaucoup qui se jetèrent dans l'armée, et notamment dans les compagnies d'ordonnance, où l'on ne recevoit habituellement que des gentils-hommes, afin de se procurer, après un service souvent de très-courte durée, des certificats à la faveur desquels ils jouissoient de ces priviléges ou exemptions.

Henri IV, voulant réprimer un abus aussi préjudiciable aux intérêts de ses peuples, dont il étoit réellement le père, déclara, par l'article 27 de son édit du mois de mars 1600, que ceux-là seuls qui justifieroient de vingt années de service militaire, soit dans le grade de capitaine, soit dans celui de lieutenant ou d'enseigne, jouiroient des exemptions des nobles, tant qu'ils resteroient sous les drapeaux ; et qu'après ces vingt années ils pourroient, par lettres vérifiées à la cour des aides, être dispensés du service militaire, et jouir des mêmes exemptions leur vie durant, en signe de reconnoissance de leur vertu et de leur mérite. Cette noblesse personnelle devenoit héréditaire dans la descendance de ceux qui, de père en fils, et pendant trois générations consécutives, avoient porté les armes : c'est ce qui résulte des dispositions de l'article 25 du même édit.

Ainsi c'étoit un principe consacré par une jurisprudence constante, que, pour mériter le titre de noble, il falloit vivre noblement, et être issu d'un père et d'un aïeul qui eussent fait profession des armes ou exercé des charges honorables. Mais ce principe même ne put résister à la cupidité des traitans : ils obtinrent, à force d'importunités, divers arrêts qui détruisirent totalement cet ancien et salutaire usage, qui n'agrégeoit au corps de la noblesse que des hommes réellement dignes d'en faire partie par leurs vertus, leurs lumières et leurs belles actions.

CHAPITRE VIII.

La noblesse graduelle ainsi détruite fut solennellement rétablie au milieu du XVIII.ᵉ siècle, mais en faveur de l'armée seulement. Louis XV, voulant récompenser un grand nombre de glorieux exploits dont il avoit été témoin pendant la guerre, créa, à cet effet, une noblesse militaire, par édit du mois de novembre 1750, enregistré au parlement, à la chambre des comptes et à la cour des aides : « Les
» grands exemples de zèle et de courage, y est-il dit,
» que la noblesse de notre royaume a donnés pendant
» le cours de la dernière guerre, ont été si dignement suivis par ceux qui n'avoient pas les mêmes
» avantages du côté de la naissance, que nous ne
» perdrons jamais le souvenir de la généreuse émulation avec laquelle nous les avons vus combattre
» et vaincre nos ennemis. Nous leur avons déjà donné
» des témoignages authentiques de notre satisfaction,
» par les grades, les honneurs et les autres récompenses que nous leur avons accordés : mais nous
» avons considéré que ces grâces, personnelles à
» ceux qui les ont obtenues, s'éteindront un jour avec
» eux; et rien ne nous a paru plus digne de la bonté
» du Souverain, que de faire passer jusqu'à leur postérité les distinctions qu'ils ont si justement acquises
» par leurs services.

» La noblesse la plus ancienne de nos États, qui
» doit sa première origine à la gloire des armes;

» verra sans doute avec plaisir que nous regardons
» la communication de ses priviléges comme le prix
» le plus flatteur que puissent obtenir ceux qui ont
» marché sur ses traces pendant la guerre. Déjà anoblis
» par leurs actions, ils ont le mérite de la noblesse,
» s'ils n'en ont pas encore le titre; et nous nous
» portons d'autant plus volontiers à le leur accorder,
» que nous suppléerons par ce moyen à ce qui pouvoit
» manquer à la perfection des lois précédentes, en
» établissant dans notre royaume une noblesse mili-
» taire, qui puisse s'acquérir de droit par les armes,
» sans lettres particulières d'anoblissement. Le Roi
» Henri IV avoit eu le même objet dans l'article 25
» de l'édit qu'il donna en 1600; mais, la disposition
» de cet article ayant essuyé plusieurs changemens
» par des lois postérieures, nous avons cru devoir, en
» y statuant de nouveau par une loi expresse, ren-
» fermer cette grâce dans de justes bornes, &c. »

Cet édit, en quatorze articles, porte, entre autres dispositions, que tous les officiers généraux non nobles qui sont actuellement au service, seront et demeureront anoblis, avec toute leur postérité née et à naître en légitime mariage; qu'à l'avenir le grade d'officier général conférera la noblesse de droit à ceux qui y parviendront, et à leur postérité légitime, lors née et à naître; que tout officier non noble, d'un grade inférieur à celui de maréchal-de-camp; qui aura été créé chevalier de l'ordre royal et militaire de Saint-Louis; et qui se retirera après trente ans de services non interrompus, dont il aura passé vingt avec la commission de capitaine, jouira, sa vie durant, de l'exemption de la taille; que l'officier dont le père aura été ainsi exempt de la taille, profitera des mêmes avantages en quittant le service du Roi, s'il a satisfait aux précédentes dispositions; que Sa Majesté réduit les vingt années de commission de capitaine qui sont exigées, à dix-huit ans pour ceux qui auront eu la commission de lieutenant-colonel, à seize pour ceux qui auront eu celle de colonel, et à quatorze pour ceux qui auront eu le grade de brigadier; que les officiers devenus capitaines et chevaliers de l'ordre de Saint-Louis, et que leurs blessures mettroient hors d'état de continuer leurs services, obtiendront, de droit, la dispense des années qui leur manqueroient encore pour compléter le temps prescrit par les ordonnances; que ceux qui mourront au service du Roi après être parvenus au grade de capitaine, mais sans avoir satisfait aux autres conditions ci-dessus imposées, seront censés les avoir remplies; que tout officier né en légitime mariage, dont le père et l'aïeul auront acquis l'exemption de la taille en exécution des dispositions ci-dessus, sera noble de droit, après toutefois qu'il aura été créé chevalier de Saint-Louis, qu'il aura servi le temps prescrit, ou qu'il pourra se prévaloir de la dispense ci-dessus accordée; que la noblesse acquise en vertu des présentes passera de droit aux enfans légitimes de ceux qui y sont parvenus, même à ceux qui seront nés avant que leurs pères soient devenus nobles, &c.

Des dispositions additionnelles à cet acte font la matière d'une déclaration du Roi du 22 janvier 1752.

Il est à propos de remarquer ici que la noblesse transmissible fut aussi attribuée aux commissaires des guerres, &c. et aux commissaires des troupes de la maison du Roi, aux conditions exprimées dans les édits ou déclarations de mars 1704, octobre 1709, juillet 1710 et mai 1711.

On a dit qu'une des principales causes de la révolution avoit été le réglement du 22 mai 1781, qui réservoit exclusivement aux nobles les emplois d'officiers dans les divers régimens, et qu'ainsi l'on avoit éteint toute émulation et fermé la porte au mérite personnel et aux talens. Jamais en France, mais absolument jamais, la carrière n'a cessé un seul instant d'être ouverte au vrai mérite; dans tous les temps on a vu de valeureux Français s'élever d'eux-mêmes, du simple mais honorable rang de soldat, aux grades supérieurs, et quelquefois même aux premières dignités de l'armée; et, si l'on s'étoit arrêté moins à la lettre qu'à l'esprit de ce réglement, on n'auroit pas tardé à s'apercevoir qu'il n'avoit réellement été fait que dans l'intérêt du peuple, auquel il importoit de ne pas voir augmenter de jour en jour le nombre des privilégiés. C'étoit donc uniquement dans cette vue que la mesure avoit été prise. En effet, la profession des armes étant devenue un moyen par lequel on pouvoit acquérir la noblesse d'une manière légale, les riches non nobles ne manquèrent pas de la faire embrasser à leurs enfans : ceux-ci, d'ordinaire, y débutoient par le grade de sous-lieutenant, et jouissoient ainsi d'une noblesse personnelle, qui pouvoit bientôt, comme on l'a vu, être transformée en noblesse héréditaire ; ce qui procuroit aux biens, souvent très-considérables, de ces officiers, les franchises si désastreuses pour le reste de la nation. Nul doute qu'il n'eût été indispensable de maintenir dans toute sa vigueur le réglement du 22 mai, si, postérieurement, on n'eût prononcé l'abolition des priviléges pécuniaires ; abolition, au reste, qui a totalement désintéressé la masse des citoyens sur le nombre plus ou moins grand des nobles, qu'il importe cependant à l'État de ne pas laisser trop diminuer.

Il s'en faut bien que l'énumération que j'ai faite dans ce chapitre et dans les précédens, soit un relevé complet de tous les moyens de parvenir à la noblesse. Il y avoit encore d'autres charges et fonctions qui la donnoient, sans parler d'une grande quantité d'offices qui faisoient jouir ceux qui en étoient revêtus, non de la noblesse transmissible, mais de la noblesse personnelle; ce qui revenoit à-peu-près au même pour l'État, puisqu'à un officier décédé succédoit un autre officier qui jouissoit à son tour des priviléges attribués au corps de la noblesse. Les commensaux des maisons royales, par exemple, étoient dans ce dernier cas, ainsi qu'on peut le voir dans une déclaration du Roi du mois de février 1671, en vertu de laquelle les titulaires, bien qu'ils ne fussent plus en fonction, jouissoient néanmoins, viagèrement, après vingt ans d'exercice, des priviléges dont il s'agit, de même que leurs veuves tant qu'elles ne contractoient pas un nouveau mariage.

Certes, si, comme aujourd'hui, des titres et des distinctions purement honorifiques eussent été alors les seules prérogatives héréditaires de l'ordre de la noblesse, et si sur-tout les lettres de noblesse n'eussent été constamment accordées qu'*avec connoissance de cause et sur de véritables motifs*, il n'y auroit pas eu le même inconvénient à augmenter, comme on l'a fait, le nombre des membres de cet ordre: mais, on le demande à tout homme de bonne foi, étoit-il possible que, dans cet état de choses, la noblesse, en France, n'éprouvât pas, tôt ou tard, une catastrophe! Les gens sensés l'avoient prévue depuis long-temps: elle étoit le fruit inévitable d'abus prolongés pendant plusieurs siècles.

Le mal politique auquel il n'est pas remédié à

temps, s'aggrave à un tel point, que plus tard, lorsqu'on veut le détruire, on emploie presque toujours des moyens extrêmes qui compromettent souvent le salut de l'État : c'est ce qui est arrivé ; car, au lieu d'abolir la noblesse, ainsi que l'avoit fait la loi du 19-23 juin 1790, loi qui détruisoit entièrement le système d'hérédité, si essentiel dans une monarchie, on auroit pu se borner à supprimer les seuls droits ou privilèges pécuniaires, qui, primitivement, n'avoient été accordés aux nobles qu'à de certaines conditions, et pour les indemniser, en quelque sorte, des services gratuits, charges et devoirs militaires auxquels ils étoient tenus envers le Roi et l'État, et dont insensiblement ils furent affranchis (1). Mais, en même temps qu'on auroit prononcé cette suppression, il auroit fallu maintenir les nobles, avec plus de force encore, s'il eût été possible, dans un état inhérent à leurs personnes et dans leurs prérogatives honorifiques.

Cette sage modification eût tout concilié ; car la noblesse française, aussi désintéressée que loyale,

---

(1) Aux termes des anciennes lois du royaume, et notamment des lettres patentes ou ordonnances royales de 1214, des 3 mai 1385, 23 février 139$\frac{1}{7}$, 4 janvier 139$\frac{1}{2}$, 28 mars 139$\frac{1}{4}$, 30 janvier 140$\frac{1}{4}$, 14 mars 1466, &c., les nobles *qui ne portoient point les armes*, étoient assujettis, comme les non-nobles, au paiement des aides, tailles et autres impôts.

n'auroit certainement pas balancé à abandonner des priviléges devenus insupportables au peuple, en ce que, chaque jour, ils faisoient refluer de plus en plus sur lui l'impôt dont cet ordre étoit exempt. On se rappelle avec quel dévouement et quelle touchante générosité les députés de la noblesse aux États généraux proposèrent, le 4 août 1789, de renoncer à ces mêmes priviléges, qui furent abolis par la loi du 3 novembre suivant. La chute de la noblesse entraîna celle du trône, qui, relevé ensuite par la force des circonstances, rétablit bientôt cette même noblesse, son principal appui. *Point de monarque, point de noblesse; point de noblesse, point de monarque.*

Les abus que je viens de décrire succinctement, et qui ont eu de si funestes effets, ne pourront plus désormais se reproduire; notre *Charte constitutionnelle* les a détruits pour toujours.

« Les Français sont égaux devant la loi, quels
» que soient d'ailleurs leurs titres et leurs rangs. »
(*Art. 1.er*)

« Ils contribuent indistinctement, dans la propor-
» tion de leur fortune, aux charges de l'État. »
(*Art. 2.*)

« Ils sont tous également admissibles aux emplois
» civils et militaires. » (*Art. 3.*)

« La noblesse ancienne reprend ses titres; la

CHAPITRE VIII.

» nouvelle conserve les siens. Le Roi fait des nobles
» à volonté ; mais il ne leur accorde que des rangs et
» des honneurs, sans aucune exemption des charges
» et des devoirs de la société (1). » *(Art. 71.)*

Ainsi la noblesse, dont la renaissance est due à la restauration du trône, se trouve dégagée des droits et priviléges qui lui avoient suscité tant d'ennemis : elle rentre dans toute sa pureté, qui est sa véritable essence ; et les anoblissemens ne sont et ne peuvent

---

(1) Qu'il me soit permis de rapprocher de ces articles de la Charte un passage du discours que Louis XVI prononça à l'Assemblée nationale, le jeudi 4 février 1790 :

« Un jour, j'aime à le croire (c'est le Roi qui parle), tous les
» Français indistinctement reconnoîtront l'avantage de l'entière
» suppression des différences d'ordre et d'état, lorsqu'il est question
» de travailler en commun au bien public, à cette prospérité de la
» patrie qui intéresse également tous les citoyens ; et chacun doit
» voir sans peine que, pour être appelé dorénavant à servir l'État
» de quelque manière, il suffira de s'être rendu remarquable par
» ses talens ou par ses vertus.

» En même temps, néanmoins, tout ce qui rappelle à une nation
» l'ancienneté et la continuité des services d'une race honorée, est
» une distinction que rien ne peut détruire ; et, comme elle s'unit
» aux devoirs de la reconnoissance, ceux qui, dans toutes les classes
» de la société, aspirent à servir efficacement leur patrie, et ceux
» qui ont eu déjà le bonheur d'y réussir, ont un intérêt à respecter
» cette transmission de titres ou de souvenirs, le plus beau de tous
» les héritages qu'on puisse faire passer à ses enfans. »

(*Collection générale des lois* dite du LOUVRE, in-4.º, tome Ier, pag. 512 et suiv., et *Procès-verbal de l'Assemblée nationale*; tome XII, n.º 192, pag. 8 et suiv.)

plus être, aux yeux du peuple français, qu'un moyen salutaire, propre à exciter et conserver toutes les vertus, à récompenser la fidélité, le mérite, les services ; à alimenter ce sentiment d'honneur inné chez lui, et qui est et sera toujours la marque distinctive de son caractère. *L'honneur*, dit Montesquieu, *étant le principe de ce gouvernement, il faut que les lois travaillent à soutenir cette NOBLESSE, dont l'honneur est, pour ainsi dire, l'enfant et le père.*

CHAPITRE IX.

De la Création de la Légion d'honneur.

L'ASSEMBLÉE NATIONALE, en abolissant, par la loi du 6 août 1791, tous les ordres de chevalerie, au nombre desquels étoient l'ordre royal et militaire de Saint-Louis et l'institution du Mérite militaire, s'étoit réservé de statuer sur l'établissement d'une décoration nationale, destinée à récompenser les vertus, les talens et les services rendus à l'État : en attendant qu'elle eût statué sur cet objet, les militaires étoient autorisés par l'article 2 de la loi à continuer de porter et de recevoir comme décoration militaire la croix de Saint-Louis. On sentoit qu'en détruisant cette ancienne et utile institution, on ne pouvoit se dispenser de la remplacer, sur-tout chez un peuple si sensible à la gloire, et pour lequel l'honneur est le premier des biens : mais les affaires du temps et les troubles survenus dans l'intérieur ne permirent plus de s'occuper de l'exécution de ce noble projet.

Cependant les Français, par leurs grandes actions guerrières, acquéroient de jour en jour plus de titres à la reconnoissance nationale, qui doit récompenser ceux qui se dévouent pour leur pays et lui rendent des services signalés. Il devenoit urgent de faire l'application d'un principe qui, en jetant dans les ames le germe des vertus, attache les citoyens à la défense de l'État. Cette matière fit l'objet de deux lois rendues l'une et l'autre le 11 vendémiaire an VIII [3 octobre 1799], et de l'article 87 de l'acte constitutionnel du 22 frimaire an VIII [13 décembre 1799], conçu en ces termes : « Il sera décerné des » récompenses nationales aux guerriers qui auront » rendu des services éclatans en combattant pour la » patrie. » Deux arrêtés du Gouvernement, des 4 nivôse an VIII [25 décembre 1799] et 27 thermidor an VIII [15 août 1800], pris en vertu du même article 87 de l'acte des constitutions, réglèrent le mode et la nature des récompenses à décerner aux militaires : ces récompenses étoient des armes d'honneur.

Cette manière de récompenser les services, toute glorieuse qu'elle étoit en elle-même, parut encore insuffisante sous plusieurs rapports ; d'ailleurs elle ne s'accordoit ni avec nos idées, ni avec les institutions des autres peuples de l'Europe : on voulut une décoration personnelle, suivant nos mœurs et nos anciens usages, qui étoient le fruit de la sagesse et de l'expérience.

Ainsi se forma la Légion d'honneur, qui, toujours en exécution de l'article 87 de l'acte que je viens de citer, fut créée par la loi du 29 floréal an X [19 mai 1802]. Son maintien est garanti par la déclaration du Roi du 2 mai 1814, portant que *la Légion d'honneur, dont Sa Majesté déterminera la décoration, sera maintenue*, et par l'article 72 de la Charte constitutionnelle, conçu en ces termes: *La Légion d'honneur est maintenue: le Roi déterminera les réglemens intérieurs et la décoration.*

La Légion d'honneur est, comme on voit, une institution fondamentale. *Combien de traits honorables a révélés l'ambition d'y être admis! Que de trésors la France a dans cette institution et celles du même genre, pour encourager, pour récompenser les services et les vertus!*

Parmi les diverses ordonnances royales relatives à la Légion d'honneur, on remarque sur-tout celles des 19 juillet 1814 et 26 mars 1816, qui sont très-importantes. Je vais donner les principales dispositions de la première, et rapporter en entier la seconde comme formant le code de la Légion: c'est le plus bel éloge que je puisse faire de cette grande institution, dont le Roi s'est déclaré chef souverain et grand-maître, et qui est destinée à récompenser tous les genres de services rendus au prince et à la patrie.

Extrait de l'Ordonnance du Roi, du 19 Juillet 1814.

LOUIS, par la grâce de Dieu, Roi de France et de Navarre, à tous ceux qui ces présentes verront, SALUT.

Dès que la Providence nous eut replacés sur le trône de nos ancêtres, au milieu des acclamations d'un peuple que notre cœur a toujours chéri, nous nous fîmes un devoir de maintenir cette Légion d'honneur, qui récompense d'une manière analogue aux mœurs des Français tous les genres de services rendus à la patrie.

Pouvions-nous voir avec indifférence une institution qui donne à l'autorité souveraine le plus noble motif d'influence sur le caractère national, multiplie parmi les guerriers ces prodiges dont les armes françaises ont reçu tant d'éclat, et produit dans toutes les classes de citoyens une émulation qui ne peut qu'ajouter à la gloire de la monarchie! En adoptant cette institution pour nous et nos successeurs, nous en faisons notre propre ouvrage, et nous sommes persuadés que le nom de Henri IV, qu'aucun Français ne prononce sans attendrissement, la rendra plus chère à la nation, que ce Prince a si glorieusement gouvernée.

En confirmant l'institution de la Légion d'honneur, nous nous sommes plu à donner à nos sujets une nouvelle marque de notre affection royale.

Nous avons en conséquence ordonné et ordonnons ce qui suit:

Nous avons approuvé et confirmé, approuvons et confirmons l'institution de la Légion d'honneur, dont nous nous déclarons, pour nous et nos successeurs, chef souverain et grand-maître. (*Art. 1.er*)

Toutes les prérogatives honorifiques attribuées à

la Légion d'honneur et à ses membres sont maintenues. *(Art. 2.)*

La décoration de la Légion d'honneur portera à l'avenir, d'un côté, l'effigie de notre aïeul Henri IV de glorieuse mémoire, avec cet exergue, *Henri IV, Roi de France et de Navarre*, et de l'autre côté trois fleurs-de-lis avec cet exergue, *Honneur et Patrie.* Il n'est d'ailleurs rien changé à la forme de la décoration. *(Art. 6.)*

ORDONNANCE DU ROI *concernant l'Organisation, la Composition et l'Administration de la Légion d'honneur, sous le titre d'*Ordre royal de la Légion d'honneur; *du 26 Mars 1816.*

LOUIS, par la grâce de Dieu, Roi de France et de Navarre, à tous ceux qui ces présentes verront, SALUT.

Considérant que les dispositions des lois, statuts et actes relatifs à la Légion d'honneur, se trouvent éparses dans différentes ordonnances, et qu'il est important d'en former une seule qui, les renfermant toutes, devienne ainsi le code de la Légion;

Sur le rapport de notre cousin le maréchal duc *de Tarente,* grand chancelier de la Légion d'honneur;

De l'avis du Conseil de nos ministres,

Nous avons ordonné et ordonnons:

TITRE I.er
Organisation et Composition de la Légion d'honneur.

Art. 1.er La Légion d'honneur est instituée pour récompenser les services civils et militaires.

2. Le Roi est chef souverain et grand-maître de la Légion d'honneur.

3. La Légion prend le titre d'*Ordre royal de la Légion d'honneur*; les commandans, celui de *commandeurs*; et les grands-cordons, celui de *grand'-croix*.

4. L'ordre royal de la Légion d'honneur est composé de chevaliers, d'officiers, de commandeurs, de grands-officiers et de grand'croix.

5. Les membres de la Légion sont à vie.

6. Le nombre des chevaliers est illimité.
 Celui des officiers est fixé à deux mille;
 Celui des commandeurs, à quatre cents;
 Celui des grands officiers, à cent soixante;
 Celui des grand'croix, à quatre-vingts.

7. Le nombre des grand'croix, grands officiers, commandeurs et officiers, dépassant celui fixé par l'article 6, ceux qui sont revêtus de ces grades les conservent; mais par les extinctions nous pourrons les réduire.

8. Les Princes de la famille royale et de notre sang et les étrangers auxquels nous conférerons la grande décoration, ne sont point compris dans le nombre fixé par l'article 6.

9. Les étrangers sont admis et non reçus, et ne prêtent aucun serment.

CHAPITRE IX.

TITRE II.

Forme de la Décoration, et manière de la porter.

10. La décoration de l'ordre royal de la Légion d'honneur consiste dans une étoile à cinq rayons doubles, surmontée de la couronne royale. Le centre de l'étoile, entouré d'une couronne de chêne et de laurier, présente, d'un côté, l'effigie d'Henri IV avec cet exergue, *Henri IV, Roi de France et de Navarre;* et de l'autre, trois fleurs-de-lis avec cet exergue, *Honneur et Patrie.*

11. L'étoile émaillée de blanc est en argent pour les chevaliers, et en or pour les grand'croix, les grands officiers, les commandeurs et les officiers.

12. Les chevaliers portent la décoration en argent à une des boutonnières de leur habit, attachée par un ruban moiré rouge sans rosette. Les officiers la portent en or à une des boutonnières de leur habit, attachée par un ruban moiré rouge avec une rosette.

Les commandeurs portent la décoration en sautoir, attachée à un ruban moiré rouge, un peu plus large que celui des officiers.

Les grands officiers portent, sur le côté droit de leur habit, une plaque semblable à celle des grand'-croix, brodée en argent, mais du diamètre de sept centimètres deux millimètres. Cette plaque est substituée au large ruban qu'ils portent actuellement, et ils continuent en outre de porter la simple croix en or à la boutonnière gauche.

Les grand'croix portent un large ruban moiré rouge, passant de l'épaule droite au côté gauche, et au bas duquel est attachée une grande étoile en or; ils portent en même temps une plaque brodée en argent, du diamètre de dix centimètres quatre millimètres, attachée sur le côté gauche des habits et des manteaux, et au milieu de laquelle est l'effigie de Henri IV, avec l'exergue *Honneur et Patrie*.

Ils cessent, ainsi que les commandeurs, de porter la simple croix en or, lorsqu'ils sont décorés des marques distinctives de leurs grades : néanmoins cette croix leur est permise, lorsqu'ils ne les portent pas extérieurement.

13. Les membres de l'ordre royal de la Légion d'honneur portent toujours la décoration.

14. Les grand'croix, grands officiers, commandeurs, officiers et chevaliers, ne peuvent porter que les marques distinctives de leurs grades; le Roi *seul* porte chacune d'elles à sa volonté. Tous nos sujets membres de l'ordre royal de la Légion d'honneur sont toujours décorés selon leurs grades; quand ils paroissent devant nous et devant les Princes de la famille royale et de notre sang; lorsque, dûment convoqués par les autorités, et d'après les réglemens

sur les préséances, ils assistent, soit en notre présence, soit en notre absence, aux grandes audiences, aux grandes réceptions, aux cérémonies politiques, religieuses et civiles, aux revues, aux grandes parades, &c.

TITRE III.

Admission et Avancement dans la Légion.

15. En temps de paix, pour être admis dans la Légion d'honneur, il faut avoir exercé pendant vingt-cinq ans des fonctions civiles ou militaires avec la distinction requise.

16. Nul ne peut être admis dans la Légion qu'avec le premier grade de chevalier.

17. Pour être susceptible de monter à un grade supérieur, il est indispensable d'avoir passé dans le grade inférieur, savoir :

1.° Pour le grade d'officier, quatre ans dans celui de chevalier ;

2.° Pour le grade de commandeur, deux ans dans celui d'officier ;

3.° Pour le grade de grand officier, trois ans dans celui de commandeur ;

4.° Enfin pour le grade de grand'croix, cinq ans dans celui de grand officier.

18. Chaque campagne est comptée double aux militaires dans l'évaluation des années exigées par les

articles 15 et 16; mais on ne peut jamais compter qu'une campagne par année, sauf les cas d'exception qui doivent être déterminés par une ordonnance spéciale.

19. En temps de guerre, les actions d'éclat et les blessures graves peuvent dispenser des conditions exigées par les articles 15 et 16 pour l'admission ou l'avancement dans l'ordre royal de la Légion d'honneur.

20. En temps de guerre, comme en temps de paix, les services extraordinaires rendus à nous et à l'État dans les fonctions civiles ou militaires, les sciences et les arts, peuvent également dispenser de ces conditions, mais sous la réserve expresse de ne franchir aucun grade.

21. Pour donner lieu aux dispenses mentionnées dans les articles précédens, les actions d'éclat, blessures et services extraordinaires doivent être dûment constatés; savoir:

1.° Dans les régimens de toutes armes, par un certificat signé de tous les officiers du corps présens à l'affaire, et visé par le chef du corps ou du détachement, par le chef d'état-major de la division et le chef d'état-major de l'armée;

2.° Pour les officiers de l'état-major général de l'artillerie et du génie, les ingénieurs-géographes, le corps des inspecteurs aux revues, celui des com-

-missaires des guerres, les gardes de l'artillerie et du génie, et les employés des administrations militaires, par un certificat signé de cinq militaires du même corps que le sujet proposé, parmi lesquels devront se trouver nécessairement ceux qui sont revêtus, dans la Légion, du grade sollicité pour lui : ce certificat sera signé, en outre, par le chef de l'état-major de la division, pour les officiers d'état-major; par le chef de l'artillerie ou celui du génie, pour les militaires de ces deux armes; par l'inspecteur en chef aux revues ou l'ordonnateur en chef, pour les personnes de leur administration, et visé par le chef de l'état-major général de l'armée;

3.° Pour les militaires de nos armées navales, par un certificat signé de cinq militaires du même équipage que le sujet proposé, parmi lesquels devront se trouver ceux de l'équipage revêtus, dans la Légion, du grade sollicité pour lui : ce certificat devra être visé par le commandant du bâtiment ou des ports, et par le commandant en chef de l'escadre, quand ce bâtiment n'aura pas été employé isolément;

4.° Pour tout individu non militaire, par un certificat signé de cinq personnes exerçant des fonctions analogues à celles du sujet proposé, et, autant que faire se pourra, revêtues, dans la Légion, du grade sollicité pour lui : ce certificat, visé par son supérieur immédiat, ou par le préfet du département, pour les personnes qui ne sont soumises à aucune hiérarchie, sera annexé au rapport spécial que nous fera pour cet objet le ministre compétent, et qui nous sera soumis par notre grand chancelier.

22. Outre les cas extraordinaires mentionnés aux précédens articles, il pourra y avoir une ou deux nominations et promotions par année, mais seulement aux époques fixées ci-après ; savoir :

Une au 1.ᵉʳ janvier,

Et une au 15 juillet, jour de Saint Henri, patron de notre auguste aïeul Henri IV.

23. La répartition des nominations et promotions dans la Légion d'honneur, entre les divers ministères, a lieu dans la proportion suivante ; savoir :

Un quarantième, au ministère de la maison du Roi ;

Deux quarantièmes, au ministère de la justice ;

Un quarantième, au ministère des affaires étrangères ;

Six quarantièmes, au ministère de l'intérieur ;

Deux quarantièmes, au ministère des finances ;

Vingt quarantièmes, au ministère de la guerre ;

Cinq quarantièmes, au ministère de la marine ;

Un demi-quarantième, au ministère de la police générale ;

Deux quarantièmes et demi, à la grande chancellerie de la Légion d'honneur.

CHAPITRE IX.

24. Dans le mois qui précédera les deux époques indiquées dans l'article 22, notre grand chancelier, d'après l'avis de nos ministres, prendra nos ordres; et si nous jugeons convenable de faire des nominations et promotions, nous déterminerons le nombre des décorations pour chaque grade : notre grand chancelier en fera la répartition à nos ministres, conformément à l'article 23.

25. Sur l'avis que notre grand chancelier leur donnera, nos ministres lui adresseront la liste des personnes qu'ils jugeront avoir mérité cette distinction.

26. De la réunion de ces listes notre grand chancelier formera un corps d'ordonnance, qu'il soumettra à notre approbation.

27. Nos ministres, après chaque nomination ou promotion, expédient des lettres d'avis à toutes les personnes nommées dans leurs ministères. Ces lettres d'avis leur prescrivent de se pourvoir auprès de notre grand chancelier pour obtenir l'autorisation nécessaire de se faire recevoir, d'être décorées, et l'expédition du brevet.

28. Toutes demandes de nomination et de promotion qui nous seront adressées ou soumises par quelque personne que ce soit, autre que nos ministres, seront renvoyées à notre grand chancelier, qui en fera le rapport, et nous présentera des projets d'ordonnance, s'il y a lieu.

29. A l'avenir, nul ne pourra porter la décoration du grade auquel il aura été nommé ou promu, qu'après sa réception.

TITRE IV.

Modes de réception des Membres de la Légion, et du Serment.

30. Les Princes de la famille royale, de notre sang, et les grand'croix, prêtent serment entre nos mains, et reçoivent de nous les décorations.

31. En cas d'empêchement, nous désignons les Princes de notre famille et de notre sang, ou notre grand chancelier, pour recevoir le serment et procéder aux réceptions des grand'croix. Dans l'un et l'autre cas, notre grand chancelier prend nos ordres.

32. Notre grand chancelier désigne, pour procéder aux réceptions des chevaliers, officiers, commandeurs, grands officiers et grand'croix, un membre de la Légion d'un grade au moins égal à celui du récipiendaire.

33. Les militaires de tous grades et de toutes armes de terre et de mer, les membres des administrations qui en dépendent, et les gardes nationales, sont reçus à la parade.

34. Les personnes appartenant au civil sont reçues en séance publique des cours royales ou tribunaux d'arrondissement, lorsqu'elles ne pourront pas l'être

par notre grand chancelier ou la personne qu'il aura déléguée.

35. Le récipiendaire des troupes de terre et de mer prête à genoux le serment ci-après : « Je jure
» d'être fidèle au Roi, à l'honneur et à la patrie; de
» révéler à l'instant tout ce qui pourroit venir à ma
» connoissance et qui seroit contraire au service de
» Sa Majesté et au bien de l'État ; de ne prendre aucun
» service et de ne recevoir aucune pension ni traite-
» ment d'un prince étranger, sans le consentement
» exprès de Sa Majesté ; d'observer les lois, ordon-
» nances et réglemens, et généralement de faire tout
» ce qui est du devoir d'un brave et loyal chevalier
» de la Légion d'honneur. »

36. L'officier chargé de la réception d'un militaire, après avoir reçu son serment, le frappe d'un coup de plat d'épée sur chaque épaule, et, en lui remettant son brevet ainsi que sa décoration, lui donne l'accolade en notre nom.

37. Il est adressé au grand chancelier un procès-verbal de chaque réception ; des réglemens particuliers déterminent les modèles de procès-verbaux de réception.

38. A la guerre, les militaires de nos armées de terre et de mer, et les personnes qui dépendent de ces deux administrations, nommés ou promus, pourront être autorisés par notre grand chancelier à porter le ruban en attendant la réception.

39. En temps de guerre, comme en temps de paix, il ne pourra être porté cumulativement avec nos ordres royaux aucun ordre étranger sans notre autorisation expresse, transmise par notre grand chancelier.

TITRE V.

Des Séries de numéros et des Brevets.

40. Les séries de numéros formées depuis la fondation de la Légion d'honneur jusqu'à ce jour, sont supprimées.

41. Il sera commencé une seule et unique série de numéros, à laquelle seront assujetties toutes les nominations faites depuis l'établissement de la Légion d'honneur, et toutes celles que nous pourrons faire dans la suite.

42. Toutes les lettres d'avis, diplomes ou brevets délivrés depuis l'établissement de la Légion d'honneur jusqu'à ce jour, seront remplacés par de nouveaux brevets dont nous avons arrêté les modèles; ils seront signés de notre main, et contre-signés par notre grand chancelier.

43. A la demande de notre grand chancelier, tous les membres de l'ordre sont tenus de lui envoyer les pièces mentionnées au précédent article; et après s'être assuré de l'identité des titulaires, il leur expédiera la formule de serment conforme à l'article 35, qu'ils devront signer, savoir :

1.° Les militaires de toutes armes et de tous grades, en activité dans l'armée de terre et de mer, en présence des conseils d'administration, qui certifieront les signatures et l'identité des titulaires;

2.° Les militaires et membres des administrations de terre et de mer, en demi-solde et en retraite, dans la même formule que pour les certificats de vie où feuilles de revue;

3.° Les états-majors des gouvernemens, des divisions militaires, des départemens, des places et colonies, des armées de terre et de mer, et les membres des administrations qui en dépendent, devant les inspecteurs ou sous-inspecteurs ou commissaires de la marine;

4.° Dans les ministères, directions et administrations, devant les chefs de division, dans les formes usitées pour les certificats et les légalisations.

5.° Enfin pour le civil, et pour les Français dans l'étranger, les certificats seront donnés dans les formes usitées.

44. Tout individu qui n'obéira point aux dispositions de l'article qui précède, ou qui ne justifiera pas, par acte de notoriété, de l'impossibilité de représenter ses anciennes lettres, diplome ou brevet, sera, après une enquête faite à ce sujet, rayé des registres-matricules de l'ordre, et il en sera donné avis aux autorités du ressort de l'individu.

TITRE VI.

Droits et Prérogatives des Membres de l'Ordre, Fêtes et Cérémonies publiques.

45. Les grand'croix et les grands officiers de la Légion jouissent, dans nos palais et dans les grandes cérémonies, des mêmes droits, honneurs et prérogatives que les grand'croix de l'ordre de Saint-Louis.

46. Les grand'croix et les grands officiers prennent rang, dans les cérémonies publiques, avec les grand'croix de l'ordre de Saint-Louis, par ancienneté de nomination; les commandeurs après eux; et les officiers et chevaliers, avec les chevaliers de Saint-Louis, également par ancienneté de nomination (1).

47. La fête de l'ordre est fixée au 15 juillet, jour de Saint Henri, fête de notre auguste aïeul.

48. Les grand'croix, les grands officiers, les com-

---

(1) Une dernière ordonnance du Roi, en date du 22 mai 1816 (Bull. 89, 7.º série, n.º 760), contient les dispositions suivantes:

« Art. 4. Les grand'croix de l'ordre royal de Saint-Louis et du » Mérite militaire prendront rang, dans les cérémonies publiques, » avec les grand'croix de la Légion d'honneur, par ancienneté » de nomination;

» Les grands officiers de la Légion, avec les commandeurs de » Saint-Louis, également par ancienneté de nomination;

» Les commandeurs de la Légion, après les précédens;

» Les officiers de la Légion, avec les chevaliers de Saint-Louis, » par ancienneté de nomination, et avant les chevaliers de la » Légion d'honneur. »

mandeurs, officiers et chevaliers qui sont convoqués et assistent aux cérémonies publiques, religieuses ou civiles, y occupent, concurremment avec les mêmes grades de l'ordre de Saint-Louis, des places particulières qui leur sont assignées par les autorités constituées, conformément au réglement sur les préséances.

49. Pour les honneurs funèbres et militaires, les grand'croix et les grands officiers de la Légion d'honneur sont traités comme les lieutenans généraux employés, lorsqu'ils n'ont point un grade militaire supérieur; les commandeurs comme les colonels, les officiers comme les capitaines, les chevaliers comme les lieutenans.

50. Des grand'croix et des grands officiers de la Légion assistent aux grandes cérémonies publiques, civiles ou religieuses et funèbres. Le grand maître des cérémonies de France prend chaque fois nos ordres à cet égard, et les transmet au grand chancelier, lequel convoque parmi les grand'croix et les grands officiers les personnes que nous avons désignées.

51. On porte les armes aux grands officiers, commandeurs, officiers et chevaliers; on les présente aux grand'croix.

52. Le grand chancelier nous propose, pour les légionnaires sous-officiers et soldats retirés de l'armée active, des gratifications annuelles, dont le montant

est déterminé d'après l'âge du légionnaire, ses blessures, ses infirmités, son revenu personnel, l'état de sa famille, et la population du lieu de sa résidence.

TITRE VII.
Discipline des Membres de l'Ordre.

53. La qualité de membre de la Légion d'honneur se perd par les mêmes causes que celles qui font perdre la qualité de citoyen français.

54. L'exercice des droits et des prérogatives des membres de la Légion d'honneur est suspendu par les mêmes causes que celles qui suspendent les droits de citoyen français.

55. Les ministres secrétaires d'état de la justice, de la guerre et de la marine, transmettent au grand chancelier des copies de tous les jugemens en matière criminelle, correctionnelle et de police, relatifs à des membres de la Légion.

56. Toutes les fois qu'il y aura un recours en cassation contre un jugement rendu en matière criminelle, correctionnelle et de police, relatif à un légionnaire, le procureur général du Roi auprès de la cour de cassation en rend compte sans délai au ministre secrétaire d'état de la justice, qui en donne avis au grand chancelier de la Légion d'honneur.

57. Les procureurs généraux du Roi auprès des cours royales, et les rapporteurs auprès des conseils

CHAPITRE IX.

de guerre, ne peuvent faire exécuter aucune peine infamante contre un membre de la Légion qu'il n'ait été dégradé.

58. Pour cette dégradation, le président de la cour royale, sur le réquisitoire de l'avocat général, ou le président du conseil de guerre, sur le réquisitoire du rapporteur, prononce, immédiatement après la lecture du jugement, la formule suivante : *Vous avez manqué à l'honneur ; je déclare, au nom de la Légion, que vous avez cessé d'en être membre.*

59. Les chefs militaires de terre et de mer, et les commandans des corps et bâtimens de l'État, rendent aux ministres secrétaires d'état de la guerre et de la marine un compte particulier de toutes les peines de discipline qui ont été infligées à des légionnaires sous leurs ordres. Ces ministres transmettent des copies de ce compte au grand chancelier.

60. La cassation d'un chevalier de la Légion sous-officier en activité, et le renvoi d'un soldat ou d'un marin chevalier de la Légion, ne peuvent avoir lieu que d'après l'autorisation des ministres secrétaires d'état de la guerre ou de la marine ; ces ministres ne peuvent donner cette autorisation qu'après en avoir informé le grand chancelier, qui prendra nos ordres.

61. Le Roi peut suspendre en tout ou en partie l'exercice des droits et prérogatives attachés à la qualité de membre de la Légion d'honneur, et même

exclure de la Légion, lorsque la nature du délit et la gravité de la peine prononcée correctionnellement paroissent rendre cette mesure nécessaire.

62. Un règlement particulier détermine les peines à infliger pour les actions qui ne peuvent être l'objet d'aucune poursuite de la part des tribunaux ou des conseils de guerre, et qui cependant attentent à l'honneur d'un membre de la Légion.

TITRE VIII.

Administration de l'Ordre.

63. L'administration de l'ordre est confiée à un grand chancelier, qui travaille directement avec nous. Il entre au Conseil de nos ministres, toutes les fois que nous jugeons convenable de l'y appeler pour discuter les intérêts de l'ordre.

64. Le grand chancelier sera toujours choisi parmi les grands officiers de la Légion.

65. Un secrétaire général, nommé par nous, est attaché à la grande chancellerie : il a la signature en cas d'absence ou de maladie du grand chancelier, et le représente.

66. Le grand chancelier est dépositaire du sceau de l'ordre.

67. Tous les ordres étrangers sont dans les attributions du grand chancelier de l'ordre royal de la Légion d'honneur.

CHAPITRE IX.

68. Nos ordonnances relatives à cet ordre sont contre-signées par le président du Conseil de nos ministres, et visées par notre grand chancelier pour leur exécution.

69. Notre grand chancelier nous présente,

1.° Les rapports, projets d'ordonnance, réglemens et décisions concernant l'ordre de la Légion et les ordres étrangers;

2.° Les candidats désignés par nos ministres, par d'autres personnes ou par lui, pour les nominations et promotions;

3.° Présente les diplomes ou brevets à notre signature;

4.° Prend nos ordres à l'égard des ordres étrangers conférés à nos sujets, qui l'en informent;

5.° Transmet les autorisations de les accepter et de les porter;

6.° Soumet à notre approbation le travail relatif aux gratifications extraordinaires des chevaliers de l'ordre, ainsi qu'à l'admission et la révocation des élèves pensionnaires et gratuites dans les maisons royales de Saint-Denis et des orphelines de nos ordres royaux;

7.° Dirige et surveille toutes les parties de l'administration de l'ordre et ses établissemens, la perception des revenus, les paiemens et dépenses;

8.° Nous présente annuellement les projets de budget, préside les assemblées de canaux, &c.

70. Notre cour des comptes sera chargée de l'apurement et réglement des comptes des dépenses annuelles relatives à la Légion d'honneur.

71. Toutes les dispositions antérieures, contraires à celles de la présente ordonnance, sont abrogées.

72. Nos ministres, et notre grand chancelier de l'ordre royal de la Légion d'honneur, sont chargés, chacun en ce qui le concerne, de l'exécution de la présente ordonnance.

Donné au château des Tuileries, le 26 Mars de l'an de grâce 1816.

Une autre ordonnance du Roi, aussi très-importante, et dont je crois devoir rapporter toutes les dispositions, en ce qu'elles rentrent positivement dans la matière que je traite, est celle du 8 octobre 1814. En voici la teneur:

« LOUIS, par la grâce de Dieu, Roi de France et de Navarre;

» Nous étant fait rendre compte des réglemens relatifs au titre de chevalier, nous avons reconnu que, par les articles 11 et 12 du décret du 1.er mars 1808, il avoit été statué que les membres de la Légion d'honneur porteroient le titre de chevalier, et que ce titre seroit transmissible à la descendance directe légitime, de mâle en mâle, par ordre de primogéniture, de celui qui en auroit été revêtu et qui justifieroit d'un revenu net de trois mille francs au moins; mais que depuis, et par l'article 22 d'un autre décret du 3 mars 1810, la transmissibilité a été restreinte à l'aîné de ceux qui auroient réuni une dotation au titre de chevalier; et à la charge d'obtenir confirmation jusqu'à la troisième génération, sans que ce même décret ait pourvu au sort du titre des chevaliers non dotés. Voulant réparer l'insuffisance de ces dispositions à cet égard, fixer les prérogatives d'une institution destinée à perpétuer dans les familles le zèle pour le bien de l'État par d'honorables souvenirs, et y attacher un mode d'hérédité plus conforme aux anciennes lois et usages qui régissent la noblesse de notre royaume, et déjà établi pour l'ordre de Saint-Louis;

» Sur le rapport de notre amé et féal chevalier, chancelier de France, le sieur Dambray,

» Nous avons ordonné et ordonnons ce qui suit:

» Art. 1.er Il continuera d'être expédié des lettres patentes conférant le titre personnel de chevalier et des armoiries aux membres de la Légion d'honneur, qui se retireront à cet effet devant le chancelier de France, et qui justifieront qu'ils possèdent un revenu net de trois mille francs au moins, en biens immeubles situés en France.

» 2. Lorsque l'aïeul, le fils et le petit-fils auront été successivement membres de la Légion d'honneur, et auront obtenu des lettres patentes conformément à l'article précédent, le petit-fils sera noble de droit, et transmettra la noblesse à toute sa descendance.

» 3. Les dispositions contraires aux présentes sont abrogées.

» 4. Notre amé et féal chevalier chancelier de France est chargé de l'exécution des présentes.

» Donné à Paris, le 8 Octobre de l'an de grâce 1814, et de notre règne le vingtième. »

C'est ici le cas de rappeler celles de nos anciennes lois qui établissent que de tout temps, en France, la noblesse héréditaire étoit acquise à une famille dont le chef, pendant trois générations consécutives (ce qui suppose un siècle de durée), avoit honorablement passé sa vie dans l'exercice d'un emploi civil ou militaire. En effet, et comme on l'a vu dans les précédens chapitres, ce principe a été consacré par l'ordonnance de S. Louis de l'an 1270, par celle de Charles VIII de l'an 1484, par les lettres patentes de Henri III du 8 mai 1583, par l'édit de Henri IV du mois de mars 1600, par un arrêt du Conseil d'état du 13 avril 1641, par la déclaration de Louis XIV du 16 janvier 1714, par l'édit de Louis XV du mois de novembre 1750, par l'ancienne jurisprudence de la cour des aides, exclusivement compétente en cette matière, enfin par les coutumes de diverses provinces, et, entre autres, celles de Bretagne, &c.

Quant aux autres actes relatifs à la Légion d'honneur, je les rapporte sommairement dans la table chronologique qui suit.

Table chronologique des Lois, Sénatus-consultes, Arrêtés, Décrets et Ordonnances royales concernant la Légion d'honneur.

DATES DES ACTES.	TITRES OU SOMMAIRES.	NUMÉROS du BULLETIN des lois.
29 floréal an X [19 mai 1802].	Loi portant création d'une Légion d'honneur. Il existe une circulaire du ministre de la justice aux tribunaux, en date du 11 fructidor an XI, sur la prestation de serment prescrite par cette loi aux membres de la Légion d'honneur.	Bull. 192, 3.e série, n.° 1604.
13 messidor an X [2 juillet 1802].	Arrêté relatif à l'organisation de la Légion d'honneur.	Bull. 201, n.° 1808.
23 messidor an X [12 juillet 1802].	Arrêté relatif à l'administration des biens affectés à la Légion d'honneur. Il a été rendu, le 5 messidor an XII [24 juin 1804], un décret relatif à un bien qui avoit été affecté à la Légion d'honneur. Bull. 7, n.° 68.	Bull. 201, n.° 1815.
27 messidor an X [16 juillet 1802].	Arrêté portant que les militaires qui ont obtenu des armes d'honneur, seront répartis dans les seize cohortes de la Légion d'honneur, conformément aux tableaux y annexés. *Nota.* Ces tableaux, qui n'ont point été insérés au Bulletin des lois, se trouvent dans le Moniteur : ils forment neuf supplémens à la feuille du 12 thermidor an X, n.° 312. Voyez aussi l'avis du Conseil d'état en date du 5 brumaire an XIII [27 octobre	Bull. 207, n.° 1877.

DATES DES ACTES.	TITRES OU SOMMAIRES.	NUMÉROS du BULLETIN des lois.
	1804], inséré au Moniteur, n.° 53, et relatif à l'usage que l'on doit faire de l'épée et des armes d'honneur des militaires après leur décès.	
3 thermidor an X [22 juillet 1802].	ARRÊTÉ portant (art. 6) qu'après vingt-cinq ans de service effectif révolus, les caporaux et soldats seront, pour le fait seul de la durée de leurs services, susceptibles d'être admis dans la Légion d'honneur. *Nota.* Une semblable disposition en faveur des sous-officiers et soldats de la marine fait l'objet de l'article 23 de l'arrêté du 15 floréal an XI [5 mai 1803], inséré au Bull. 282, n.° 2775.	Bull. 203, n.° 1848.
16 thermidor an X [4 août 1802].	SÉNATUS-CONSULTE organique contenant (art. 27) des dispositions relatives aux membres de la Légion d'honneur. *Voir* aussi les articles 43, 57, 62 et 64 du même sénatus-consulte.	Bull. 206, n.° 1876.
28 frimaire an XII [20 déc. 1803].	SÉNATUS-CONSULTE organique sur la nomination des membres du grand conseil de la Légion d'honneur (art. 36 et 37).	Bull. 331, n.° 3458.
13 pluviôse an XII [3 février 1804].	ARRÊTÉ qui fixe le chef-lieu de plusieurs cohortes de la Légion d'honneur. *Nota.* Cet arrêté n'a pas été inséré au	

DATES DES ACTES.	TITRES. OU SOMMAIRES.	NUMÉROS du BULLETIN des lois.
	Bulletin des lois; il se trouve dans le Moniteur de l'année, n.° 151.	
24 ventôse an XII [15 mars 1804].	ARRÊTÉ relatif à la perte de la qualité et à la suspension de l'exercice des droits de membre de la Légion d'honneur.	Bull. 134, 4.ᵉ série, n.° 2170.
	Voyez dans le Bulletin 334, n.° 6210, un jugement rendu le 15 novembre 1810, en vertu de cet arrêté, par le conseil de guerre permanent de la 16.ᵉ division militaire.	
28 floréal an XII [18 mai 1804].	SÉNATUS - CONSULTE organique contenant (art. 99) des dispositions relatives aux membres de tous les grades de la Légion d'honneur.	Bull. 1.ᵉʳ 4.ᵉ série, n.° 1.ᵉʳ
	Voir aussi les articles 36, 53 et 54 de ce sénatus-consulte.	
3 prairial an XII [23 mai 1804].	EXTRAIT des procès-verbaux des séances du grand conseil de la Légion d'honneur. Les étrangers qui seront nommés membres de la Légion d'honneur, seront *admis et non reçus*. Ils porteront la décoration; mais ils ne prêteront pas le serment prescrit aux légionnaires; ils ne seront pas compris dans le nombre fixé pour les différens grades de la Légion d'honneur; ils	

DATES DES ACTES.	TITRES OU SOMMAIRES.	NUMÉROS du BULLETIN des lois.
	ne jouiront pas des droits politiques attribués aux membres de la Légion par le sénatus-consulte organique du 28 floréal an XII [18 mai 1804]. Cet extrait se trouve inséré au Moniteur du 23 messidor an XII, n.° 293.	
21 messidor an XII [10 juillet 1804].	DÉCRET portant que la grande décoration de la Légion d'honneur est placée autour et au bas du sceau. Ce décret n'a pas été imprimé.	
22 messidor an XII [11 juillet 1804].	DÉCRET sur la décoration des membres de la Légion d'honneur.	Bull. 9, n.° 107.
24 messidor an XII [13 juillet 1804].	DÉCRET relatif aux cérémonies publiques, préséances, honneurs civils et militaires. Pour les membres de la Légion d'honneur, *voyez* les articles 1.er, 4, 6 et 8 du titre Ier, et les articles 1.er, 2 et 3 du titre XI de ce décret.	Bull. 10, n.° 110.
6 frimaire an XIII [27 nov. 1804].	DÉCRET relatif aux honneurs militaires dans les ports et arsenaux de la marine. Pour les membres de la Légion d'honneur, *voyez* l'art. 36 du titre X de ce décret.	Bull. 22, n.° 409.
11 pluviôse an XIII [31 janvier 1805].	LOI concernant la dotation définitive de la Légion d'honneur.	Bull. 31, n.° 516.
21 pluviôse an XIII [10 février 1805].	CÉRÉMONIE qui a eu lieu au sujet	

DATES DES ACTES.	TITRES OU SOMMAIRES.	NUMÉROS du BULLETIN des lois.
	de la première promotion de grands cordons de la Légion d'honneur. *Voyez* le Moniteur du 22 pluviôse an XIII, n.° 142.	
8 prairial an XIII [28 mai 1805].	DÉCRET portant que le nombre des membres de la Légion d'honneur est augmenté de deux mille légionnaires. Moniteur du 13 thermidor an XIII, n.° 313.	
16 therm. an XIII [4 août 1805].	DÉCRET qui autorise les membres de la Légion d'honneur payés sur revues, à déléguer leur traitement lorsqu'ils s'embarquent pour le service de l'État.	Bull. 52, n.° 868.
24 frim. an XIV [15 déc. 1805].	DÉCRET relatif à l'établissement de maisons d'éducation pour les filles des membres de la Légion d'honneur. Moniteur de l'année, n.° 100.	
17 janvier 1806.	DÉCRET contenant (art. 4 et 6) des dispositions sur le domicile et l'exercice des droits politiques des membres de la Légion d'honneur.	Bull. 72, n.° 1255.
20 février 1806.	DÉCRET contenant (art. 8) des dispositions sur la sépulture des grands officiers de la Légion d'honneur.	Bull. 75, n.° 1336.
22 février 1806.	SÉNATUS-CONSULTE relatif aux grands officiers, commandans, officiers et membres de la Légion d'honneur.	Bull. 76, n.° 1349.

CHAPITRE IX.

DATES DES ACTES.	TITRES OU SOMMAIRES.	NUMÉROS du BULLETIN des lois.
13 mai 1806.	DÉCRET contenant (art. 1.ᵉʳ) des dispositions relatives aux membres de la Légion d'honneur.	Bull. 92, n.º 1552.
18 sept. 1806.	DÉCRET concernant l'administration des parcs et jardins clos de murs et faisant partie des chefs-lieux de cohorte de la Légion d'honneur.	Bull. 147, n.º 2432.
3 juin 1807.	CIRCULAIRE par laquelle le ministre de la justice recommande aux tribunaux de veiller à ce que les officiers de l'état civil insèrent la qualité de membre de la Légion d'honneur dans les actes des légionnaires.	
2 février 1808.	AVIS du Conseil d'état sur l'inaliénabilité des soldes de retraite, des traitemens de réforme, et des pensions militaires et de la Légion d'honneur.	Bull. 182, n.º 3069.
1.ᵉʳ mars 1808.	DÉCRET portant (art. 11) que les membres de la Légion d'honneur, et ceux qui à l'avenir obtiendront cette distinction, porteront le titre de *chevalier*.	Bull. 186, n.º 3206.
1.ᵉʳ mars 1808.	DÉCRET portant (art. 18) que celui qui obtiendra des lettres patentes portant institution de majorat,	Bull. 186, n.º 3207.

DATES DES ACTES.	TITRES OU SOMMAIRES.	NUMÉROS du BULLETIN des lois.
	sera tenu de verser dans la caisse de la Légion d'honneur une somme égale au cinquième d'une année des revenus du majorat; que moitié de cette somme appartiendra à la Légion d'honneur, et que l'autre moitié sera affectée aux frais du sceau.	
29 mars 1809.	STATUTS pour l'organisation des maisons d'éducation des filles et parentes des membres de la Légion d'honneur. Moniteur, n.° 92.	
11 avril 1809.	DÉCRET concernant la place des membres de la Légion d'honneur dans les cérémonies publiques, civiles et religieuses.	Bull. 233, n.° 4305.
4 mai 1809.	DÉCRET portant (art. 14) que le successeur appelé à recueillir un majorat sera tenu de se présenter au Conseil du sceau des titres, de faire sa soumission de remplir les charges portées aux articles 50 et 52 du statut du 1.er mars 1808, de joindre ses quittances du paiement du cinquième d'une année de revenu du majorat entre les mains des trésoriers de la Légion d'honneur et du sceau des titres.	Bull. 270, n.° 5251.

DATES DES ACTES.	TITRES OU SOMMAIRES.	NUMÉROS du BULLETIN des lois.
4 juin 1809.	DÉCRET portant (art. 4) que si le titulaire d'un majorat et celui d'un titre de droit sont en même temps ou deviennent membres de la Légion d'honneur, ils joindront à leur titre de droit, ou à celui de leur majorat, le titre de *chevalier*.	Bull. 238, n.° 4431.
3 mars 1810.	DÉCRET portant (art. 22) que, lorsque pour des services rendus il aura été accordé une dotation à un membre de la Légion d'honneur auquel auront été conférées des lettres patentes de *chevalier*, et qui ne se trouvera revêtu d'aucun autre titre, ledit titre ne sera transmissible à l'aîné de ses descendans qui ne seroit pas membre de la Légion d'honneur, jusques et y compris la troisième génération, qu'autant qu'il en auroit obtenu la confirmation, et qu'à cet effet il se seroit pourvu devant le Conseil du sceau des titres ; mais, après trois confirmations consécutives, la transmission dudit titre aura lieu sans autre formalité que celle du *visa* du Conseil du sceau des titres. *Voyez* l'ordonnance du Roi en date du 8 octobre 1814.	Bull. 270, n.° 5249.

DATES DES ACTES.	TITRES OU SOMMAIRES.	NUMÉROS du BULLETIN des lois.
3 mars 1810.	DÉCRET contenant (art. 4) quelques dispositions en faveur des membres de la Légion d'honneur relativement à la dotation et à la formation de majorat du titre de *chevalier*. *Voyez* aussi les articles 16 et 20 du même décret.	Bull. 270, n.° 5250.
20 avril 1810.	LOI portant (art. 10) que, lorsque les grands officiers de la Légion d'honneur seront prévenus de délits de police correctionnelle, les cours de justice en connoîtront de la manière prescrite par l'article 479 du Code d'instruction criminelle.	Bull. 282, n.° 5351.
15 juillet 1810.	DÉCRET qui crée des maisons d'éducation pour les orphelines des membres de la Légion d'honneur. Ce décret a été inséré, sous la fausse date du 15 janvier 1810, dans le Moniteur du 20 juillet 1810, n.° 201.	
22-25 mars 1811.	DÉCISION du Gouvernement portant que les permis de port d'armes seront délivrés gratuitement aux membres de la Légion d'honneur, à la charge seulement par eux de payer *un franc* pour frais de timbre et papier (Non imprimée). Cette décision a été rapportée par une ordonnance du Roi du 17 juillet 1816, Bulletin 101, 7.° série, n.° 915.	

CHAPITRE IX.

DATES DES ACTES.	TITRES OU SOMMAIRES.	NUMÉROS du BULLETIN des lois.
25 mars 1811.	DÉCRET portant (art. 2, S. 4) qu'une retenue de deux pour cent sur les traitemens et pensions accordés par la Légion d'honneur, aura lieu pour la dotation des militaires invalides. *Voyez* aussi l'art. 5 de ce décret.	Bull. 358, n.º 6584.
18 octobre 1811.	DÉCRET portant que les limites de la Légion d'honneur ayant été dépassées, il est créé un ordre de la Réunion.	Bull. 415, n.º 7606.
5 février 1813.	SÉNATUS-CONSULTE organique contenant (art. 33, 34 et 35) des dispositions relatives au maintien de l'institution de la Légion d'honneur.	Bull. 474, n.º 8668.
2 mai 1814.	DÉCLARATION du Roi contenant les bases de la Charte constitutionnelle, qui porte que la Légion d'honneur, dont Sa Majesté déterminera la décoration, sera maintenue.	Bull. 8, 5.ᵉ série, n.º 89.
4 juin 1814.	CHARTE constitutionnelle. Art. 72. *La Légion d'honneur est maintenue. Le Roi déterminera les réglemens intérieurs et la décoration.*	Bull. 17, n.º 133.
21 juin 1814.	ORDONNANCE du Roi relative aux changemens adoptés dans la décoration de la Légion d'honneur.	Bull. 21, n.º 175.
19 juillet 1814.	ORDONNANCE du Roi par laquelle Sa Majesté approuve et confirme	

DATES DES ACTES.	TITRES OU SOMMAIRES.	NUMÉROS du BULLETIN des lois.
	l'institution de la Légion d'honneur, dont elle se déclare, pour elle et ses successeurs, chef souverain et grand-maître. *Moniteur de l'année, n.° 201.* *Nota.* Quelques dispositions de cette importante ordonnance se trouvent rapportées ci-dessus, *pag. 92.*	
3 août 1814.	ORDONNANCE du Roi relative aux états de propositions à faire par les ministres pour les nominations et promotions de la Légion d'honneur, à l'égard de toutes personnes qui ressortissent à leurs départemens respectifs. *Moniteur de l'année, n.° 239.*	
27 août 1814.	ORDONNANCE du Roi portant que les militaires membres de la Légion d'honneur, admis à la solde de retraite pour cause d'infirmités, autres que celles provenant du feu ou du fer de l'ennemi, avant vingt ans de service effectif, ne sont pas assujettis, jusqu'à l'âge de cinquante ans, à la visite annuelle des officiers de santé, prescrite par l'article 15 de la présente ordonnance.	Bull. 36, n.° 268.
27 septem. 1814.	ORDONNANCE du Roi relative à la conservation des établissemens formés pour l'éducation des orphelines de la Légion d'honneur.	Bull. 46, n.° 370.

DATES DES ACTES.	TITRES OU SOMMAIRES.	NUMÉROS du BULLETIN des lois.
8 octobre 1814.	ORDONNANCE du Roi qui prescrit les justifications à faire pour l'expédition et la délivrance de lettres patentes conférant le titre personnel de *chevalier* aux membres de la Légion d'honneur, et détermine le cas dans lequel la noblesse leur sera acquise héréditairement. Cette ordonnance est textuellement rapportée plus haut, *pag. 112.*	Bull. 43, n.° 338.
8 octobre 1814.	ORDONNANCE du Roi qui fixe les droits de sceau auxquels sont assujetties les lettres patentes de chevalier pour les membres de la Légion d'honneur.	Bull. 43, n.° 339.
5 décembre 1814.	LOI contenant (art. 10) quelques dispositions relatives aux actions représentant la valeur des canaux de navigation, affectées aux dépenses de la Légion d'honneur.	Bull. 58, n.° 488.
17 février 1815.	ORDONNANCE du Roi contenant règlement sur la Légion d'honneur.	Bull. 79, n.° 688.
17 février 1815.	ORDONNANCE du Roi qui fixe la répartition des grades de la Légion d'honneur entre les divers ministères.	Bull. 83, n.° 734.
15 mars 1815.	LOI concernant les militaires membres de la Légion d'honneur.	Bull. 95, n.° 831.

DATES DES ACTES.	TITRES OU SOMMAIRES.	NUMÉROS du BULLETIN des lois.
16 mars 1815.	ORDONNANCE du Roi relative aux promotions dans la Légion d'honneur.	Bull. 96, n.º 832.
13 juillet 1815.	ORDONNANCE du Roi contenant (art. 9) des dispositions relatives à l'adjonction des membres de la Légion d'honneur aux colléges électoraux.	Bull. 3, 7.ᵉ série, n.º 9.
28 juillet 1815.	ORDONNANCE du Roi qui annulle toutes les nominations faites dans la Légion d'honneur depuis le 27 février 1815 jusqu'au 7 juillet suivant.	Bull. 79, n.º 568.
3 mars 1816.	ORDONNANCE du Roi concernant l'organisation définitive de la maison royale de Saint-Denis. *Nota.* Cette ordonnance a été publiée sous la fausse date du 9 mars 1816.	Bull. 79, n.º 565.
3 mars 1816.	ORDONNANCE du Roi qui nomme la surintendante de la maison royale de Saint-Denis pour l'éducation des filles des membres de la Légion d'honneur, &c.	Bull. 79, n.º 566.
26 mars 1816.	DÉCISION du Roi qui nomme les Dames dignitaires de la maison royale de Saint-Denis. *Nota.* La décoration des Dames de la maison royale de Saint-Denis consiste en une croix pattée, émaillée de blanc, anglée de fleurs-de-lis et surmontée de la cou-	Bull. 79, n.º 567.

CHAPITRE IX.

DATES DES ACTES.	TITRES OU SOMMAIRES.	NUMÉROS du BULLETIN des lois.
	ronne royale, au milieu de laquelle se trouvent deux médaillons : sur l'un, la Vierge dans son assomption, avec ces mots autour, *Dieu, le Roi, la Patrie*; sur l'autre, les armes de France, et tout autour les mots, *Maison royale de Saint-Denis*.	
26 mars 1816.	ORDONNANCE du Roi concernant l'organisation et l'administration de la Légion d'honneur, sous le titre d'*Ordre royal de la Légion d'honneur*. *Voyez* cette ordonnance ci-dessus, pag. 93.	Bull. 79, n.º 563.
16 mai 1816.	ORDONNANCE du Roi relative à l'organisation des succursales de la maison royale de Saint-Denis.	Bull. 89, n.º 759.
22 mai 1816.	ORDONNANCE du Roi relative au rang que prendront, dans les cérémonies publiques, les membres de l'ordre royal de la Légion d'honneur.	Bull. 89, n.º 760.
3 juillet 1816.	ORDONNANCE du Roi par laquelle Sa Majesté, pour donner un nouvel éclat à l'ordre royal de la Légion d'honneur, confère la grand'croix de l'ordre aux Princes de la famille royale et aux Princes du sang.	Bull. 100, n.º 895.
24 juillet 1816.	ORDONNANCE du Roi qui annulle les obligations dites *annuités*, échues et non payées, qui ont été souscrites	Bull. 103, n.º 954.

DATES DES ACTES.	TITRES OU SOMMAIRES.	NUMÉROS du BULLETIN des lois.
	au profit de l'ordre royal de la Légion d'honneur, pour les titulaires de dotations situées hors du royaume. *Avis.* Son Exc. le grand chancelier de l'ordre royal de la Légion d'honneur devant être informé officiellement du décès des membres de l'ordre, des instructions ont en conséquence été données aux officiers de l'état civil et aux membres des conseils d'administration des corps militaires, en vertu de circulaires ministérielles en date des 4 et 25 juillet 1817 et 22 janvier 1818. Il a aussi été notifié officiellement aux receveurs généraux des finances des départemens, que les certificats de vie des membres de l'ordre royal de la Légion d'honneur, et les procurations à la suite, dont la production est nécessaire pour faire opérer le paiement de leur traitement ou de leur gratification, ne sont sujets ni à la formalité du timbre, ni à celle de l'enregistrement.	
28 décemb. 1816.	ORDONNANCE du Roi relative à la réduction des traitemens des membres de la Légion d'honneur. Cette ordonnance et une autre du 13 juillet 1814, sur la même matière, sont citées dans le Moniteur du 17 avril 1818, pag. 480, 1.re colonne.	

CHAPITRE X.

De la Pairie, et de la Chambre des Pairs.

L'ORIGINE de la pairie en France paroît remonter au IX.ᵉ ou X.ᵉ siècle, époque de l'introduction des seigneuries héréditaires, destinées à être exclusivement le partage des aînés, afin de maintenir les familles dans leur première illustration : mais, bien avant l'établissement de la pairie, il y avoit des pairs qui étoient juges de leurs concitoyens. La pairie de la couronne n'étoit composée, dans les premiers temps, que de six pairs ecclésiastiques et de six pairs laïcs (1); le nombre

---

(1) Le nombre des pairs laïcs augmenta successivement; on le trouve porté à neuf dès la fin du XIV.ᵉ siècle, comme on va le voir par le passage suivant que j'ai extrait des registres du parlement de Paris :

« Le 4 décembre 1378, les pairs ou pers de France adjournés » pour le fait de J. de Montfort, duc de Bretagne, le 9.ᵉ de ce mois » ils assistent à une assemblée tenue par le Roi présent, en la » chambre de parlement, pour le fait dudit Montfort. Les laïs y » sont qualifiés de barons. Il se voit qu'il y avoit alors neuf pairs » laïs qui y sont qualifiés barons : quatre présens, les ducs de Bour- » gogne et de Bourbon, les comtes d'Estampes et d'Anjou ; et » cinq absens, le duc de Berri, les comtes de Flandre et d'Alen- » çon, la comtesse d'Artois et la duchesse d'Orléans. Les six prélats » y sont cotés. » Par les *barons* on entendoit alors les vassaux qui relevoient immédiatement du Roi.

de ces derniers avoit été fixé par Louis-le-Jeune. Ces anciennes pairies laïques, éteintes depuis long-temps, ont été réunies à la couronne avec les duchés de Bourgogne, de Normandie, de Guienne, les comtés de Flandre, de Toulouse et de Champagne, auxquels elles étoient attachées. Les six pairies ecclésiastiques dépendoient de l'archevêché de Reims, et des évêchés de Laon, de Langres, de Beauvais, de Châlons et de Noyon. Les douze pairs de France assistèrent au sacre et couronnement de Philippe-Auguste, qui eut lieu, du vivant de son père Louis-le-Jeune, le jeudi, fête de la Toussaint, 1179.

De nouvelles pairies ont succédé aux anciennes : elles furent érigées en faveur des Enfans de France et des Princes du sang, pour leur servir d'apanage, sous la réserve, toutefois, de réversion à la couronne. C'est dans le XVI.e siècle, sous Louis XII et François I.er, que la pairie commença à être communiquée à des personnes qui n'étoient point du sang royal ; et c'est encore dans le même siècle, sous Henri II, qu'il fut déclaré que cette dignité ne seroit transmissible que dans la ligne directe et masculine. Quelques années plus tard, sous Charles IX, les demandes d'érection de terre en fiefs de dignité s'étant multipliées, ce Prince, pour ralentir l'empressement de ceux qui sollicitoient de pareilles faveurs, ordonna, par un édit du mois de juillet 1566, que toute érection de terre en duché, marquisat ou comté, emporteroit, à l'avenir, la condition *qu'à défaut d'hoirs et successeurs mâles du titulaire, procréés de son corps en légitime mariage*, la terre érigée en l'un ou l'autre de ces titres seroit et demeureroit unie et incorporée au domaine du Roi. Cet édit se trouve confirmé par l'article 279 de l'ordonnance de Blois du mois de mai 1579. Mais ces dispositions restèrent sans exécution, ainsi que l'édit de 1582, qui rendoit toutes les pairies personnelles. Cependant il est certain qu'il y a eu anciennement des pairies personnelles; et même nos Rois ont, à diverses époques, conféré temporairement la dignité de pair à quelques gentilshommes, pour assister en cette qualité à de grandes solennités. Nous en avons plusieurs exemples; je n'en citerai qu'un. En 1429, George de la Trémoille, qui avoit été gouverneur de Charles VII, fut fait pair pour le sacre et couronnement de ce Prince seulement, et sa pairie finit avec cette auguste cérémonie.

Voici un passage tiré des registres du parlement, et relatif au serment que prêtoient les pairs au moment de leur réception.

Serment et Réception d'iceux (les Pairs de France).

« Le 3 décembre 1473, messire Charles de
» Luxembourg, évêque duc de Laon et pair de

» France, a fait le serment de bien et loyaument
» conseiller le Roi en la cour, et de tenir les délibé-
» rations et conseils d'icelle secrets, selon la forme
» et manière qu'ont accoutumé les autres pairs.

» 18 septembre 1576, arrêt portant que messire
» Nicolas de Lorraine, duc de Mercœur, pair de
» France, ayant laissé son épée à la porte, fera le
» serment de pair de France; puis, ayant repris son
» épée, est rentré, et a pris sa place.

» 13 et 14 novembre 1595, de messire Henri de
» Montmorency, pair et connétable, sans, lors du
» serment, quitter son épée de connétable (1).

» 8 août 1613, d'Henri de Montmorency (fils
» du précédent), lequel reçu, a repris son épée et a
» assisté tant au conseil qu'à l'audience.

» 30 septembre 1614, de Charles de Lorraine
» d'Elbœuf, qui a repris son épée et rang après sa
» réception.

» 14 novembre 1619, forme du serment ainsi

---

(1) Ce Henri, duc de Montmorency, premier baron, pair et connétable de France, connu dans l'histoire sous le nom de *seigneur de Damville*, étoit fils d'Anne duc de Montmorency, premier baron, aussi connétable, lequel avoit été élevé à la dignité de pair par des lettres patentes du Roi Henri II, données à Nantes au mois de juillet 1551, vérifiées au parlement de Paris le 4 août suivant, et portant érection de la baronie de Montmorency en duché-pairie en faveur du même Anne de Montmorency, connétable de France.

CHAPITRE X.

» qu'il a été fait par Charles d'Albert, et porte ces
» clauses : *a juré et promis bien et fidèlement exercer
» ladite charge et dignité ; servir, assister et conseiller
» le Roi en ses très-hautes, très-grandes et très-im-
» portantes affaires ; garder les ordonnances en séant
» en la cour ; y rendre la justice aux pauvres comme
» aux riches ; tenir les délibérations closes et secrètes,
» et en tout se comporter comme appartient à un bon,
» vertueux et magnanime pair de France ;* y a été reçu
» et placé, et a assisté en icelle. »

Les mêmes registres font aussi mention des bouquets de roses que, suivant un ancien usage, les pairs de France donnoient au parlement. Cette cérémonie, d'ailleurs assez pompeuse, dont parlent nos historiens, a cessé d'avoir lieu dans le XVII.ᵉ siècle.

Extrait des Registres du Parlement.

« Roses par eux (les pairs) présentées à la cour :
» Le 30 mai 1560, par le duc de Montpensier ;
» Le 2 juin 1561, par le Roi de Navarre, duc de
» Vendôme (père d'Henri IV).
» Le 15 juin 1575, arrêt de la cour portant que
» les ducs et pairs ne présenteront point de roses en
» public pour cette année, à cause de la difficulté
» pour la préséance.
» Le 22 juin 1576, arrêt portant qu'une pré-
» sentation de roses ne se fera en public pour cette

» année par les pairs de France, jusqu'à ce que l'ap-
» pointé au conseil soit vidé (1).

» Le 22 juin 1579, les chambres assemblées,
» le duc de Montpensier, pair de France, a fait pré-
» senter à la cour les chapeaux et bouquets de roses.

» Le 16 juin 1580, présent à la cour, de roses
» et chapeaux, de la part du prince dauphin, duc
» de Saint-Fargeau, pair de France (François de
» Bourbon, duc de Montpensier, dauphin d'Au-
» vergne). »

---

(1) Les pairs de France qui n'étoient pas de la maison royale et qui possédoient d'anciennes pairies, prétendoient autrefois précéder les princes du sang dont les pairies étoient nouvellement érigées. Cette question se présenta au sacre de Henri II, qui adjugea par provision, par sa déclaration du 15 juillet 1547, la préséance à François de Lorraine, duc de Guise, et à François de Clèves, duc de Nevers, sur Louis de Bourbon, prince du sang et duc de Montpensier, parce que les pairies de Guise et de Nevers étoient plus anciennes que celle de Montpensier : mais cela fut réparé incontinent après; et l'on trouve dans les registres du parlement les séances des 2 juillet 1549, 12 février 1551, 23 et 25 juin et 25 juillet 1561, et 17 mai 1563, dans lesquelles le même duc de Montpensier et les autres princes du sang sont placés avant les ducs de Guise et de Nevers. Enfin Henri III décida cette question en faveur des princes du sang par un édit précis, donné à Blois au mois de décembre 1576, registré au parlement le 8 janvier suivant; et depuis ce temps, tous les princes du sang précèdent, en tous lieux et en toutes cérémonies, tous les princes et autres grands du royaume. (*État général de la France par le comte de Waroquier*, 1789, tom. II, pag. 1 et 2.)

Indépendamment des duchés-pairies et des comtés-pairies, il y avoit encore anciennement des baronies-pairies, comme Montpellier, Châteauneuf-en-Thimerais, Beaujolois, &c. qui ont été réunies à la couronne.

Parmi les autres actes anciens et nombreux de la puissance royale sur la pairie et les pairs de France, ou contenant quelques dispositions qui y soient relatives, on remarque l'ordonnance du Roi Jean du mois de décembre 1363, celle de Charles VII du 12 avril (après Pâques) 1452, les déclarations de Louis XI des 13 octobre 1463 et 14 décembre 1464, celles d'Henri IV du mois de septembre 1596 et du 15 avril 1610, la déclaration de Louis XIV du 5 mai 1694, et notamment le célèbre édit de ce Prince, donné à Marly au mois de mai 1711, enregistré le 21 du même mois, portant réglement général pour les duchés-pairies. Je vais le rapporter comme étant un document historique, et comme ayant alors réglé toutes les difficultés qui s'étoient élevées entre les titulaires touchant les rang et préséance.

Édit du Roi portant Réglement général sur les Duchés-pairies, du mois de Mai 1711.

LOUIS, &c.

Art. 1.ᵉʳ Les princes du sang royal seront honorés et distingués en tous lieux, suivant la dignité de leur sang et l'élévation de leur naissance. Ils représenteront les anciens pairs de France aux sacres des Rois, et auront droit d'entrée, séance et voix délibérative en nos cours de parlement à l'âge de quinze ans, tant aux audiences qu'au conseil, sans aucune formalité, encore qu'ils ne possèdent aucune pairie.

2. Nos enfans légitimés, et leurs enfans et descendans mâles, qui posséderont des pairies, représenteront pareillement les anciens pairs aux sacres des Rois, après et au défaut des princes du sang, et auront droit d'entrée et voix délibérative en nos cours de parlement, tant aux audiences qu'au conseil, à l'âge de vingt ans, en prêtant le serment ordinaire des pairs, avec séance immédiatement après lesdits princes du sang, conformément à notre déclaration du 5 mai 1694; et ils y précéderont tous les ducs et pairs, quand même leurs duchés et pairies seroient moins anciennes que celles desdits ducs et pairs; et en cas qu'ils aient plusieurs pairies et plusieurs enfans mâles, leur permettons (en se réservant une pairie pour eux) d'en donner une à chacun de leursdits enfans, si bon leur semble, pour en jouir, par eux, aux mêmes honneurs, rang, préséance et dignité que ci-dessus, du vivant même de leur père.

(Les dispositions de cet article ont été révoquées par l'édit du mois d'août 1718. Voyez encore, sur le même sujet, les édits et déclarations de juillet 1714, 23 mai 1715, 10 mai 1716, juillet 1717, 26 août 1718 et 26 avril 1723.)

3. Les ducs et pairs représenteront aux sacres les anciens pairs lorsqu'ils y seront appelés au défaut des princes du sang, et des princes légitimés qui auront des pairies; ils auront rang et séance entre eux, avec droit d'entrée et voix délibérative, tant aux audiences qu'au conseil de nos cours de parlement, du jour de la première réception et prestation de serment en notre cour de parlement de Paris, après l'enregistrement des lettres d'érection, et seront reçus audit parlement à l'âge de vingt-cinq ans, en la manière accoutumée.

4. Par les termes d'*hoirs* et *successeurs*, et par les termes d'*ayant-cause*, tant insérés dans les lettres d'érection ci-devant accordées, qu'à insérer dans celles qui pourroient être accordées à l'avenir, ne seront et ne pourront être entendus que les enfans mâles descendans de celui en faveur de qui l'érection aura été faite, et que les mâles qui en seront descendus de mâle en mâle, en quelque ligne et degré que ce soit.

5. Les clauses générales insérées ci-devant dans quelques lettres d'érection de duchés-pairies en faveur des femelles, et qui pourroient l'être en d'autres à l'avenir, n'auront aucun effet qu'à l'égard de celle qui descendra et sera de la maison et du nom de celui en faveur duquel les lettres auront été accordées, et à la charge qu'elle n'épousera qu'une per-

sonne que nous jugerons digne de posséder cet honneur, et dont nous aurons agréé le mariage par des lettres patentes qui seront adressées au parlement de Paris, et qui porteront confirmation du duché en sa personne et descendans mâles, et n'aura, ce nouveau duc, rang et séance, que du jour de sa réception audit parlement sur nosdites lettres.

6. Permettons à ceux qui ont des duchés et pairies d'en substituer à perpétuité le chef-lieu, avec une certaine partie de leur revenu, jusqu'à 15,000 livres de rente, auquel le titre et dignité desdits duchés et pairies demeurera annexé, sans pouvoir être sujet à aucunes dettes ni détractions, de quelque nature qu'elles puissent être, après que l'on aura observé les formalités prescrites par les ordonnances pour la publication des substitutions ; à l'effet de quoi dérogeons au surplus à l'ordonnance d'Orléans et à celle de Moulins, et à toutes autres ordonnances, usages et coutumes qui pourroient être contraires à la présente disposition.

7. Permettons à l'aîné des mâles descendans en ligne directe de celui en faveur duquel l'érection des duchés et pairies aura été faite, ou, à son défaut ou refus, à celui qui le suivra immédiatement, et ensuite à tout autre mâle de degré en degré, de les retirer des filles qui se trouveront en être propriétaires, en leur en remboursant le prix dans six mois, sur le pied

du denier vingt-cinq du revenu actuel, et sans qu'ils puissent être reçus en ladite dignité, qu'après en avoir fait le paiement réel et effectif, et en avoir rapporté la quittance.

8. Ordonnons que ceux qui voudront former quelques contestations sur le sujet desdits duchés et pairies, et des rangs, honneurs et préséances accordés par nous auxdits ducs et pairs, princes et seigneurs de notre royaume, seront tenus de nous représenter, chacun en particulier, l'intérêt qu'ils prétendent y avoir, afin d'obtenir de nous la permission de le poursuivre, et de procéder en notre parlement de Paris pour y être jugés, si nous ne trouvons pas à propos de les décider par nous-mêmes; et en cas qu'après y avoir renvoyé une demande, les parties veuillent en former d'autres incidemment, ou qui soient différentes de la première, elles seront tenues pareillement d'en obtenir de nouvelles permissions, et sans qu'en aucun cas ces sortes de contestations et de procès puissent en être tirés par la voie des évocations.

9. Voulons que notre cousin le duc de Luxembourg et de Piney ait rang, tant en notre cour de parlement de Paris, qu'en tous autres lieux, du 22 mai 1662, jour de la réception du feu duc de Luxembourg, son père, en conséquence de nos lettres du mois de mars de l'an 1661, et que les arrêts rendus le

20 de mai 1662 et 13 avril 1696 soient exécutés définitivement, sans que notredit cousin puisse prétendre d'autre rang, sous quelque titre et prétexte que ce puisse être. Et à l'égard du marquis d'Antin, voulons pareillement qu'il n'ait rang et séance que du jour de sa réception, sur les nouvelles lettres que nous lui accorderons.

10. Voulons et ordonnons que ce qui est porté par le présent édit pour les ducs et pairs, ait lieu pareillement pour les ducs non pairs, en ce qui peut les regarder.

Si donnons en mandement &c.

CHAPITRE X. 143

LISTE nominative des Duchés-pairies laïcs suivant le rang que les Titulaires avoient au Parlement, dressée d'après l'État général de la France, publié en 1789, et l'Almanach royal de la même année.

Années.	NOMS des DUCHÉS-PAIRIES.	NOMS DE FAMILLE des Titulaires.
1572.	Uzès	De Crussol.
1582.	Elbœuf	De Lorraine-Lambesc.
1595.	Montbazon	De Rohan.
1599.	Thouars	De la Trémoille.
1606.	Sully	De Béthune.
1619.	Luynes	D'Albert.
1620.	Brissac	De Cossé.
1631.	Richelieu	Du Plessis-Richelieu.
1634.	Fronsac	Idem.
1652.	Albret et Château-Thierry	De la Tour - d'Auvergne - Bouillon.
1652.	Rohan	De Rohan-Chabot.
1662.	Piney ou Luxembourg	De Montmorency.
1663.	Gramont	D'Aure de Gramont.
1663.	Villeroy	De Neufville.
1663.	Mortemart	De Rochechouart.
1663.	Saint-Aignan	De Beauvilliers.
1663.	Tresmes ou Gesvres	De Potier.
1663.	Noailles	De Noailles.
1665.	Aumont	D'Aumont.
1690.	Béthune-Charost	De Béthune-Charost.
1690.	Saint-Cloud	L'Archevêque de Paris.

Années.	NOMS des DUCHÉS-PAIRIES.	NOMS DE FAMILLE des Titulaires.
1710.	Harcourt............	D'Harcourt.
1710.	Fitz-James..........	De Fitz-James.
1711.	Chaulnes............	D'Albert.
1716.	Villars-Brancas.......	De Brancas.
1716.	Valentinois..........	De Grimaldi-Monaco.
1721.	Nivernois...........	De Mancini-Mazarini.
1723.	Biron..............	De Gontaut.
1731.	Aiguillon...........	De Vignerot du Plessis.
1736.	Fleury.............	De Rosset de Rocozel.
1757.	Duras..............	De Durfort.
1759.	La Vauguyon........	De Quelen-Stuer.
1762.	Praslin.............	De Choiseul.
1770.	La Rochefoucauld....	De la Rochefoucauld-Roye.
1775.	Clermont-Tonnerre...	De Clermont-Tonnerre.
1777.	Aubigny............	De Lenox de Richemont.
1787.	Choiseul............	De Choiseul-Beaupré.
1787.	Coigny.............	De Franquetot.

Il n'est surement pas nécessaire de faire remarquer que ces duchés-pairies n'étoient pas les seuls qui eussent été créés depuis le XVI.ᵉ siècle. Il y en a eu, à partir de cette époque, beaucoup d'autres qui ont fini par l'extinction, soit des maisons, soit des branches seulement en faveur desquelles ils avoient été érigés ; ce qui a donné lieu plusieurs fois à de nouvelles créations de duchés-pairies dans une même famille, ainsi que je pourrois en trouver divers exemples dans les maisons mêmes qui, en 1789, étoient investies de cette dignité.

CHAMBRE DES PAIRS.

Extrait de la Charte constitutionnelle, donnée à Paris au mois de Juin 1814, proclamée en la séance royale du 4 du même mois.

LOUIS, par la grâce de Dieu, Roi de France et de Navarre, à tous ceux qui ces présentes verront, SALUT.

En même temps que nous reconnoissions qu'une constitution libre et monarchique devoit remplir l'attente de l'Europe éclairée, nous avons dû nous souvenir aussi que notre premier devoir envers nos peuples étoit de conserver, pour leur propre intérêt, les droits et les prérogatives de notre couronne. Nous avons espéré qu'instruits par l'expérience, ils seroient convaincus que l'autorité suprême peut seule donner aux institutions qu'elle établit, la force, la permanence et la majesté dont elle est elle-même revêtue ; qu'ainsi, lorsque la sagesse des rois s'accorde librement avec le vœu des peuples, une charte constitutionnelle peut être de longue durée ; mais que, quand la violence arrache des concessions à la foiblesse du Gouvernement, la liberté publique n'est pas moins en danger que le trône même. Nous avons enfin cherché les principes de la charte constitutionnelle dans le caractère français, et dans les monumens vénérables des siècles passés. Ainsi nous avons vu dans le renouvellement de la pairie une institution vraiment nationale, et qui doit lier tous les souvenirs à toutes les espérances, en réunissant les temps anciens et les temps modernes.

De la Chambre des Pairs.

Art. 24. La chambre des pairs est une portion essentielle de la puissance législative.

25. Elle est convoquée par le Roi en même temps que la chambre des députés des départemens. La session de l'une commence et finit en même temps que celle de l'autre.

26. Toute assemblée de la chambre des pairs qui seroit tenue hors du temps de la session de la chambre des députés, ou qui ne seroit pas ordonnée par le Roi, est illicite et nulle de plein droit.

27. La nomination des pairs de France appartient au Roi. Leur nombre est illimité : il peut en varier les dignités, les nommer à vie ou les rendre héréditaires, selon sa volonté.

28. Les pairs ont entrée dans la chambre à vingt-cinq ans, et voix délibérative à trente ans seulement.

29. La chambre des pairs est présidée par le chancelier de France, et, en son absence, par un pair nommé par le Roi.

CHAPITRE X.

30. Les membres de la famille royale et les princes du sang sont pairs par le droit de leur naissance. Ils siégent immédiatement après le président; mais ils n'ont voix délibérative qu'à vingt-cinq ans.

31. Les princes ne peuvent prendre séance à la chambre que de l'ordre du Roi, exprimé pour chaque session par un message, à peine de nullité de tout ce qui auroit été fait en leur présence (1).

32. Toutes les délibérations de la chambre des pairs sont secrètes.

33. La chambre des pairs connoît des crimes de haute trahison et des attentats à la sûreté de l'État, qui seront définis par la loi.

34. Aucun pair ne peut être arrêté que de l'autorité de la chambre, et jugé que par elle en matière criminelle.

Ordonnance du Roi qui affecte à la Chambre des Pairs de France le palais du Luxembourg, et contient plusieurs dispositions relatives à cette Chambre; du 4 Juin 1814.

LOUIS, par la grâce de Dieu, Roi de France et de Navarre, à tous ceux qui ces présentes verront, SALUT.

Voulant pourvoir à ce que la chambre des pairs de

---

(1) Les deux premières ordonnances royales rendues en exécution de cet article 31, sont des 6 octobre 1815 et 5 novembre 1816; celle-ci se trouve dans le Bulletin des lois n.° 120, pag. 321.

France soit environnée, dès son entrée en fonctions, de tout ce qui peut annoncer à nos sujets la hauteur de sa destination,

Nous avons déclaré et déclarons, ordonné et ordonnons ce qui suit :

Art. 1.ᵉʳ Le palais du Luxembourg, et ses dépendances, telles qu'elles seront par nous désignées, sont affectés à la chambre des pairs, tant pour y tenir ses séances, y déposer ses archives, que pour le logement des officiers, ainsi que le tout sera par nous réglé et établi.

2. La garde du palais de la chambre des pairs, celle de ses archives, le service de ses messagers d'état et huissiers, sont sous la direction d'un pair de France choisi par nous, sous la dénomination de *grand Référendaire de la chambre des pairs.*

3. Il résidera au palais, et ne pourra s'en absenter sans notre permission expresse, transmise par le chancelier de France.

4. Le grand référendaire de la chambre des pairs transmettra à ses membres les lettres de convocation, d'après nos ordres contre-signés par l'un de nos secrétaires d'état et visés par le chancelier de France.

5. Il apposera le sceau de la chambre à tous les actes émanés d'elle, et aux expéditions de ceux déposés dans les archives.

6. Ses fonctions seront révocables à notre volonté.

7. Conformément à l'article 29 de la Charte constitutionnelle, le comte Barthélemy est nommé vice-président de la chambre des pairs, pour en exercer les fonctions jusqu'à ce qu'il ait été par nous autrement dit et ordonné.

8. Conformément à la présente déclaration, le comte de Semonville est nommé grand référendaire de la chambre des pairs.

Donné à Paris, le 4 Juin, l'an de grâce 1814.

Ordonnance du Roi concernant l'Hérédité de la Pairie; du 19 Août 1815.

LOUIS, par la grâce de Dieu, Roi de France et de Navarre, à tous ceux qui ces présentes verront, SALUT.

Voulant donner à nos peuples un nouveau gage du prix que nous mettons à fonder de la manière la plus stable les institutions sur lesquelles repose le gouvernement que nous leur avons donné, et que nous regardons comme le seul propre à faire leur bonheur; convaincus que rien ne consolide plus le repos des États que cette hérédité des sentimens qui s'attache dans les familles à l'hérédité des hautes fonctions publiques, et qui crée ainsi une succession non interrompue de sujets dont la fidélité et le dévouement au prince et à la patrie sont garantis par les principes et les exemples qu'ils ont reçus de leurs pères;

A ces causes, usant de la faculté que nous nous sommes réservée par l'article 27 de la Charte,

Nous avons déclaré et déclarons, ordonné et ordonnons ce qui suit :

Art. 1.ᵉʳ La dignité de pair est et demeurera héréditaire, de mâle en mâle, par ordre de primogéniture, dans la famille des pairs qui composent actuellement notre chambre des pairs.

2. La même prérogative est accordée aux pairs que nous nommerons à l'avenir.

3. Dans le cas où la ligne directe viendroit à manquer dans la famille d'un pair, nous nous réservons d'autoriser la transmission du titre dans la ligne collatérale qu'il nous plaira de désigner ; auquel cas, le titulaire ainsi substitué jouira du rang d'ancienneté originaire de la pairie dont il se trouvera revêtu.

4. Pour l'exécution de l'article ci-dessus, il nous sera présenté incessamment un projet d'ordonnance portant réglement, tant sur la forme dans laquelle devra être tenu le registre-matricule où seront inscrites, par ordre de dates, les nominations de pairs qu'il nous a plu ou qu'il nous plaira de faire, que sur le mode d'expédition et sur la forme des lettres patentes qui devront être délivrées aux pairs, en raison de leur élévation à la pairie.

5. Les lettres patentes délivrées en exécution de

CHAPITRE X.

l'article ci-dessus porteront toutes collation d'un titre sous lequel sera instituée chaque pairie.

6. Ces titres seront ceux de baron, vicomte, comte, marquis et duc.

7. Nous nous réservons, suivant notre bon plaisir, de changer le titre d'institution des pairies, en accordant un titre supérieur à celui de la pairie originaire.

8. Notre président du Conseil des ministres est chargé de l'exécution de la présente ordonnance.

Donné à Paris, au château des Tuileries, le 19 Août de l'an grâce 1815, et de notre règne le vingt-unième.

Ordonnance du Roi relative aux Formes d'admission dans la Chambre des Pairs, de ceux de ses membres qui y sont appelés par droit d'hérédité; du 23 Mars 1816.

LOUIS, par la grâce de Dieu, Roi de France et de Navarre, à tous ceux qui ces présentes verront, SALUT.

Voulant, à l'exemple des Rois nos prédécesseurs, pourvoir à tout ce qui peut rehausser la pairie héréditaire créée par notre ordonnance du 19 août 1815, nous avons jugé qu'il importe que ceux qui sont appelés à la pairie par leur naissance, soient, avant d'être admis à l'honneur d'exercer leurs droits, reconnus dignes d'en remplir les hautes et importantes fonctions.

En conséquence, nous avons ordonné et ordonnons ce qui suit :

Art. 1.ᵉʳ Le décès d'un pair arrivant, son successeur à la pairie se pourvoira près de nous pour obtenir notre agrément, à l'effet de poursuivre sa réception.

2. Il présentera ensuite sa requête à la chambre des pairs. Elle sera accompagnée des actes établissant son droit à la pairie, ainsi que d'une liste de douze pairs choisis par lui pour lui servir de garans.

3. La requête et les pièces seront remises aux archives : il en sera fait mention sur le registre.

4. La requête présentée à la chambre des pairs sera lue dans une de ses plus prochaines séances : il sera nommé, par la voie du sort, une commission de trois membres, à l'effet de procéder à la vérification des titres justificatifs.

5. Sur le rapport fait par un des membres de la commission, et les titres étant jugés valables par la chambre, il sera choisi, par la voie du sort, six pairs sur les douze portés dans la liste présentée par le nouveau pair.

6. Le président interrogera les six pairs séparément, et leur demandera de déclarer, sur leur honneur, si le nouveau pair est digne d'être admis à prêter serment et à prendre séance.

7. Sur leur déclaration affirmative, unanime et

CHAPITRE X.

signée d'eux, de laquelle il sera rendu compte à la chambre par le président, la chambre fixera un jour pour la réception du nouveau pair, et il y sera procédé conformément à l'article 78 du réglement intérieur (1).

8. En cas que leur déclaration ne soit pas unanime, le président en rendra compte à la chambre, et la réception du nouveau pair pourra être ajournée.

9. Aucune des dispositions ci-dessus ne sauroit porter préjudice au droit d'hérédité et de successibilité à la pairie.

10. Notre secrétaire d'état au département des affaires étrangères, président du Conseil des ministres, est chargé de l'exécution de la présente ordonnance.

Donné à Paris, le 23 Mars, l'an de grâce 1816, et de notre règne le vingt-unième.

---

(1) Art. 78. « Au jour déterminé, immédiatement après la lecture
» du procès-verbal, le président annonce que le nouveau pair de-
» mande à être admis. Deux membres, désignés par le président,
» vont recevoir le nouveau pair, et rentrent avec lui, précédés de
» deux huissiers. Le président ordonne au garde des registres, de
» lire les lettres de nomination. Après cette lecture, pendant laquelle
» le nouveau pair se tient debout, il prête serment, et va prendre
» place parmi les autres pairs.

» Ce serment est celui qui a été prêté dans la séance royale du
» 4 juin 1814, et qui est conçu dans les termes suivans :

» *Je jure d'être fidèle au Roi, d'obéir aux lois du royaume, et de me
» conduire en tout comme il appartient à un bon et loyal pair de France.* »

Ordonnance du Roi sur la formation des Majorats à instituer par les Pairs ; du 25 Août 1817.

LOUIS, par la grâce de Dieu, Roi de France et de Navarre, à tous ceux qui ces présentes verront, SALUT.

Suivant l'article 896 du Code civil (1), les biens libres formant la dotation d'un titre héréditaire que nous aurions érigé en faveur d'un chef de famille, peuvent être transmis héréditairement. Il nous appartient, soit pour récompenser de grands services, soit pour exciter une utile émulation, soit pour concourir à l'éclat du trône, d'autoriser un chef de famille à substituer ses biens libres pour former la dotation d'un titre héréditaire que nous aurions érigé en sa faveur, et la transmissibilité de ces biens et de ce titre à son fils né ou à naître, et à ses descendans en ligne directe de mâle en mâle par ordre de primogéniture. Prenant ces dispositions en considération, et les rapprochant de celles de la Charte constitutionnelle relatives à l'érection d'une chambre des pairs, et de notre ordonnance du 19 août 1815, nous avons

---

(1) Art. 896. « Les substitutions sont prohibées. Néanmoins les
» biens libres formant la dotation d'un titre héréditaire que le Roi
» auroit érigé en faveur d'un prince ou d'un chef de famille, pour-
» ront être transmis héréditairement, ainsi qu'il est réglé par l'acte
» du 30 mars 1806 et par celui du 14 août suivant. »

reconnu que l'institution de la pairie héréditaire rendoit nécessaire l'établissement des majorats autorisés par les lois du royaume dans les familles honorées de cette dignité, afin d'assurer à perpétuité à ceux qui seront successivement revêtus de la pairie, les moyens de la soutenir convenablement, comme il appartient aux membres du premier corps de l'État.

A ces causes, nous avons résolu de n'appeler dorénavant à la dignité de pair de France que ceux qui auront préalablement institué dans leur famille un majorat qui puisse devenir la dotation héréditaire de leur titre, ne doutant pas d'ailleurs que les pairs actuels ne s'empressent, ainsi que nous les y invitons, pour le plus grand avantage de l'État, de la pairie et de notre service, à former de semblables majorats, toutes les fois que la disponibilité et la situation de leurs biens le comporteront.

En conséquence, vu l'article 896 du Code civil et notre ordonnance du 19 août 1815,

Nous avons ordonné et ordonnons ce qui suit :

Art. 1.er A l'avenir, nul ne sera par nous appelé à la chambre des pairs, les ecclésiastiques exceptés, s'il n'a, préalablement à sa nomination, obtenu de notre grâce l'autorisation de former un majorat, et s'il n'a institué ce majorat.

2. Il y aura trois classes de majorats de pairs : ceux attachés au titre de duc, lesquels ne pourront

être composés de biens produisant moins de trente mille francs de revenu net; ceux attachés aux titres de marquis et de comte, qui ne pourront s'élever à moins de vingt mille francs de revenu net; et ceux attachés aux titres de vicomte et de baron, lesquels ne pourront s'élever à moins de dix mille fr. de revenu net.

3. Les majorats de pairs seront transmissibles à perpétuité, avec le titre de la pairie, au fils aîné, né ou à naître, du fondateur du majorat, et à la descendance naturelle et légitime de celui-ci de mâle en mâle et par ordre de primogéniture, de telle sorte que le majorat et la pairie soient toujours réunis sur la même tête.

4. Il ne pourra entrer dans la formation des majorats de pairs que des immeubles libres de tous priviléges et hypothèques, et non grevés de restitutions en vertu des articles 1048 et 1049 du Code civil (1),

---

(1) Art. 1048. « Les biens dont les pères et mères ont la faculté
» de disposer, pourront être par eux donnés, en tout ou en partie,
» à un ou plusieurs de leurs enfans, par actes entre-vifs ou testa-
» mentaires, avec la charge de rendre ces biens aux enfans nés et
» à naître, au premier degré seulement, desdits donataires.

Art. 1049. » Sera valable, en cas de mort sans enfans, la dispo-
» sition que le défunt aura faite par acte entre-vifs ou testamen-
» taire, au profit d'un ou plusieurs de ses frères ou sœurs, de
» tout ou partie des biens qui ne sont point réservés par la loi dans
» sa succession, avec la charge de rendre ces biens aux enfans nés
» et à naître, au premier degré seulement, desdits frères ou sœurs
» donataires. »

et des rentes sur l'État, après toutefois qu'elles auront été immobilisées.

5. Les effets de la création des majorats des pairs relativement aux biens qui les composent, les formes de l'autorisation nécessaire pour l'aliénation de ces biens et du remploi de leur prix, seront et demeureront réglés conformément aux dispositions des lois et réglemens actuellement en vigueur sur la matière des majorats.

6. Toute personne qui voudra former un majorat, adressera, à cet effet, une requête à notre garde des sceaux de France.

L'affaire sera suivie et les justifications nécessaires auront lieu dans les formes et de la manière prescrites par les lois et réglemens précités.

7. Les actes de constitution de majorats seront, par les ordres de notre chancelier de France, président de la chambre des pairs, sur la présentation de l'instituant et sous la surveillance du grand référendaire, transcrits sur un registre qui sera tenu à cet effet et déposé dans les archives de la chambre des pairs.

8. Les droits d'enregistrement et de transcription seront perçus d'après les bases établies par le décret du 24 juin 1808. (*Voyez* le chapitre XI.)

9. Les membres actuels de la chambre des pairs qui désireront instituer un majorat dans leur famille,

ainsi que nous les y invitons, procéderont à cette institution en se conformant aux règles prescrites par la présente ordonnance.

10. En ce cas seulement, le majorat de chaque titre de pairie pourra être formé successivement et par parties, par les divers titulaires qui se succéderont audit titre, jusqu'à ce qu'il ait été élevé au *minimum* fixé par la présente ordonnance pour la classe à laquelle il appartiendra.

11. Notre président du Conseil des ministres, et notre garde des sceaux, ministre secrétaire d'état de la justice, sont chargés de l'exécution de la présente ordonnance.

Donné à Paris, au château des Tuileries, le 25.ᵉ jour du mois d'Août de l'an de grâce 1817, et de notre règne le vingt-troisième.

Ordonnance du Roi sur la Délivrance des Lettres patentes portant collation des Titres de pairie; du 25 Août 1817.

LOUIS, par la grâce de Dieu, Roi de France et de Navarre, à tous ceux qui ces présentes verront, SALUT.

Vû l'article 4 de notre ordonnance du 19 août 1815,

Nous avons ordonné et ordonnons ce qui suit:

Art. 1.ᵉʳ Notre garde des sceaux de France, ministre secrétaire d'état au département de la justice, fera expédier par notre commission du sceau aux membres de la chambre des pairs, sur la demande qui lui en sera faite par le ministère d'un référendaire au sceau, les lettres patentes portant institution du titre de pair de France créé en leur faveur.

2. Ces lettres patentes seront rédigées sur parchemin, selon le modèle qui est joint à la présente, contre-signées par notre garde des sceaux, visées par le président de notre Conseil des ministres, et scellées du grand sceau.

3. Elles contiendront,

1.° La date de l'acte portant nomination de l'impétrant à la pairie, et les motifs de cette nomination, s'il y en a d'énoncés en cet acte;

2.° Le titre affecté par nous à la pairie érigée en faveur de l'impétrant, et qui déterminera son rang dans la chambre;

3.° La concession du droit exclusif de placer leurs armoiries sur un manteau d'azur doublé d'hermines; et de les timbrer d'une couronne de pair ou bonnet d'azur cerclé d'hermines et surmonté d'une houppe d'or.

4. Ces lettres patentes seront transcrites en entier sur un registre spécialement consacré à cet usage, et qui demeurera déposé aux archives de la commission du sceau. Il sera fait mention du tout sur lesdites lettres patentes par le secrétaire du sceau.

5. Ces lettres patentes seront, à la diligence tant de notre procureur général que de l'impétrant, et sur le réquisitoire du ministère public, publiées et enregistrées à la cour royale et au tribunal de première instance du domicile de l'impétrant. Les greffiers de ces cours et tribunaux feront mention, sur l'original des lettres, de la publication à l'audience et de la transcription sur les registres. Elles seront en outre insérées au Bulletin des lois. Les frais de publication et d'enregistrement seront à la charge de l'impétrant.

6. Elles seront données en communication à la chambre des pairs par notre garde des sceaux; il lui sera donné acte de cette communication.

7. Elles seront ensuite transcrites en entier sur le registre-matricule en parchemin, intitulé *Livre de la Pairie*; paraphées sur le *recto* par notre chancelier de France, président de la chambre des pairs, et sur le *verso* par le grand référendaire. Ce registre sera ouvert par un procès-verbal de vérification contenant le nombre des pages et l'usage du livre : ce procès-verbal sera dressé par notredit chancelier et le grand référendaire. Le livre sera clos au bas de la dernière page en la même forme.

8. Le livre de la pairie sera déposé aux archives de la chambre des pairs : le grand référendaire en aura la garde, et il certifiera les expéditions qui seront délivrées des pièces qui y seront transcrites.

CHAPITRE X.

9. Tout pair de France sera tenu d'adresser au grand référendaire expédition en bonne forme des actes de l'état civil qui le concerneront, ou ses descendans directs, ou les appelés à la pairie dont il est titulaire, selon l'ordre légitime de succession. En cas de minorité d'un pair, cette obligation est imposée au tuteur du pair mineur.

Ces actes seront transcrits sur un registre tenu à cet effet sous la surveillance du grand référendaire et déposé aux archives de la chambre.

10. Dans toutes les cérémonies publiques et réunions civiles ou administratives, un pair de France qui aura été invité en sa qualité de pair, et qui sera revêtu de l'habit de pair, prendra toujours, et sur toute personne, la droite de l'autorité, quelle qu'elle soit, qui aura la préséance.

11. Il est enjoint à tous les officiers publics de ne donner aux pairs de France d'autres qualifications ou titres honorifiques que ceux auxquels ils ont droit en vertu des lettres patentes portant institution de leur titre de pairie.

12. Le fils d'un duc et pair portera, de droit, le titre de marquis; celui d'un marquis et pair, le titre de comte; celui d'un comte et pair, le titre de vicomte; celui d'un vicomte et pair, le titre de baron; celui d'un baron et pair, le titre de chevalier.

Les fils puînés de tous les pairs porteront, de droit, le titre immédiatement inférieur à celui que portera leur frère aîné;

Le tout sans préjudice des titres personnels que lesdits fils de pair pourroient tenir de notre grâce, ou dont ils seroient actuellement en possession, en exécution de l'article 71 de la Charte. (1).

13. Lorsque la chambre des pairs sera appelée à siéger en notre présence royale, et dans les autres occasions solennelles seulement, il sera préparé dans le lieu habituel de ses séances, ou dans celui destiné à la réunion de ses membres, des places ou bancs séparés pour chaque ordre de titres : les pairs également titrés se placeront sur le même banc, selon l'ordre de leur promotion ou de l'ancienneté de leur titre.

14. Le premier de tous les bancs sera destiné aux Princes de notre sang. Les pairs ecclésiastiques occuperont, de droit, les premières places des bancs où ils seront appelés en vertu du titre qui leur est conféré par nos lettres patentes d'institution.

15. Notre président du Conseil des ministres, et notre garde des sceaux, ministre secrétaire d'état.

---

(1) Les dispositions de l'article 71 de la Charte se trouvent chap. VIII, pag. 87.

de la justice, sont chargés de l'exécution de la présente ordonnance.

Donné à Paris, au château des Tuileries, le 25.e jour du mois d'Août de l'an de grâce 1817, et de notre règne le vingt-troisième.

Modèle de Lettres patentes du titre de Pair de France.

LOUIS, par la grâce de Dieu, Roi de France et de Navarre, à tous ceux qui ces présentes verront, SALUT.

Par l'article 27 de la Charte constitutionnelle, nous nous sommes réservé la nomination des pairs de France, et nous avons élevé, par notre ordonnance du à la dignité de *Pair de France*, notre

En conséquence, et en vertu de cette ordonnance, notre

s'étant retiré par-devant notre garde des sceaux de France, ministre secrétaire d'état au département de la justice, afin d'obtenir de notre grâce les lettres patentes qui lui sont nécessaires pour jouir de l'institution de son titre de pairie, nous avons, par ces présentes, signées de notre main, déclaré que la pairie de notredit

est et demeure instituée sous le titre héréditaire de que nous lui avons conféré et conférons, pour en jouir par lui et ses descendans directs, naturels et légitimes, de mâle en mâle, par ordre de primogéniture, ou par la ligne collatérale qu'il nous a plu ou qu'il nous plaira d'y appeler.

Ordonnons que notredit   prendra rang à la chambre des pairs parmi les   ; lui permettons de se dire et qualifier   dans tous actes et contrats, tant en jugement que dehors; voulons qu'il soit reconnu par-tout en ladite qualité, qu'il jouisse des honneurs attachés à ce titre, et que tous les officiers publics le qualifient en outre, en tous actes et contrats le concernant et dans lesquels il interviendra, *de très-noble et très-illustre Pair de France.*

Concédons à lui et à ses successeurs le droit de placer ses armoiries telles qu'elles se comportent,   sur un manteau d'azur, doublé d'hermines, et de le timbrer d'une couronne de pair ou bonnet d'azur, cerclé d'hermines, et surmonté d'une houppe d'or.

Chargeons notre garde des sceaux, ministre secrétaire d'état au département de la justice, de donner communication des présentes à la chambre des pairs, et d'en surveiller l'insertion au Bulletin des lois.

Mandons à nos procureurs généraux près nos cours royales, et à tous autres nos procureurs près les tribunaux de première instance sur les lieux, de faire enregistrer et publier les présentes en l'audience de la cour royale ou du tribunal du domicile de notredit   et par-tout où besoin sera: car tel est notre bon plaisir; et afin que ce soit chose ferme et stable à toujours, notre garde des sceaux y a fait apposer notre sceau, en présence de notre commission du sceau, et nous y avons apposé notre seing royal.

Donné à &c.

CHAPITRE X.

Ordonnance du Roi sur l'expédition des Lettres patentes des Titres de pairie; du 31 Août 1817.

LOUIS, par la grâce de Dieu, Roi de France et de Navarre, à tous ceux qui ces présentes verront, SALUT.

Vu nos ordonnances du 19 août 1815 et du 25 août 1817;

Voulant pourvoir à la prompte expédition des lettres patentes portant institution des titres de pairie qu'il nous a plu créer et instituer dans la descendance directe, masculine et légitime des membres actuels de la chambre des pairs,

Nous avons ordonné et ordonnons ce qui suit :

Art. 1.er Les lettres patentes qui seront expédiées, en vertu de nos ordonnances, aux pairs de France dont les noms suivent, porteront institution du titre de *Duc*. En conséquence, ce titre sera et demeurera uni à la pairie dont nous les avons pourvus, et ils en jouiront eux et leurs successeurs à ladite pairie, ainsi que de tous les droits, honneurs et prérogatives qui y sont attachés, savoir :

Le cardinal de Talleyrand-Périgord,
Le cardinal de la Luzerne,
Le cardinal de Bayane,
Le cardinal de Bausset,

Le duc d'Uzès,
Le duc d'Elbœuf,
Le duc de Montbazon,
Le duc de la Trémoille,
Le duc de Chevreuse,

Le duc de Brissac,	Le duc de Clermont-Tonnerre,
Le duc de Richelieu,	Le duc de Choiseul,
Le duc de Rohan,	Le maréchal duc de Coigny,
Le duc de Luxembourg,	Le prince de Talleyrand (1),
Le duc de Gramont,	Le duc de Croï,
Le duc de Mortemart,	Le duc de Broglie,
Le duc de Saint-Aignan,	Le duc de Laval-Montmorency,
Le duc de Noailles,	Le duc de Montmorency,
Le duc d'Aumont,	Le duc de Beaumont,
Le duc d'Harcourt,	Le duc de Lorges,
Le duc de Fitz-James,	Le duc de Croï-d'Havré,
Le duc de Brancas,	Le duc de Polignac,
Le duc de Valentinois,	Le duc de Levis,
Le duc de Duras,	Le duc de Maillé,
Le duc de la-Vauguyon,	Le duc de Saulx-Tavannes,
Le duc de la Rochefoucauld,	Le duc de la Force.

---

(1) La dignité de pair du royaume et le titre de prince dont est revêtu le prince de Talleyrand, sont, à défaut de descendans mâles issus de lui, déclarés transmissibles, et après son décès passeront, avec les rang, honneurs et prérogatives y attachés, à son frère M. le comte Archambaud-Joseph de Talleyrand-Périgord, et à la descendance directe, légitime et naturelle, de mâle en mâle, par ordre de primogéniture, de sondit frère. (*Ordonnance du Roi du 25 décembre 1815, Bull. 54, 7.e série, n.o 324.*)

Le même comte Archambaud-Joseph de Talleyrand-Périgord prendra, en avancement d'hoirie, le titre de duc de Talleyrand. (*Ordonnance du Roi du 28 octobre 1817, Bull. 180, n.o 3002.*)

Un décret du Roi des Deux-Siciles, inséré dans le Moniteur du 12 janvier 1818, n.o 12, porte que le prince de Talleyrand est nommé duc de Dino, et que le titre de ce duché sera porté dès à présent par son neveu et héritier le comte Edmond de Périgord, pour être par lui transmis à son successeur immédiat lorsqu'il sera appelé à prendre les titres dont il jouit en France.

CHAPITRE X. 167

Le duc de Castries,
Le prince de Poix,
Le duc de Doudeauville,
Le prince de Chalais,
Le duc de Serent,
Le maréchal duc de Tarente,
Le maréchal duc de Raguse,
Le maréchal duc de Reggio,
Le maréchal duc de Valmy,
Le maréchal duc de Feltre,
Le prince de Wagram,
Le duc d'Istrie,
Le prince de Bauffremont,
Le maréchal duc de Bellune,
Le duc de Caylus,
Le duc de Dalberg,
Le duc de Montebello,
Le duc de Crillon,
Le duc de la Châtre,
Le duc de Damas-Crux,
Le duc de Narbonne-Pelet,
Le duc de Massa,
Le duc d'Avaray.

2. Les lettres patentes qui seront expédiées, en exécution de nos ordonnances, aux pairs de France dont les noms suivent, porteront institution du titre de *Marquis*. En conséquence, ce titre sera et demeurera uni à la pairie dont nous les avons pourvus, et ils en jouiront eux et leurs successeurs à ladite pairie, ainsi que des droits, honneurs et prérogatives qui y sont attachés, savoir :

Le marquis d'Harcourt,
Le marquis de Clermont-Gallerande,
Le marquis d'Albertas,
Le marquis d'Aligre,
Le marquis de Boisgelin,
Le marquis de Boissy du Coudray,
Le marquis de Bonnay,
Le marquis de Brézé,
Le comte Victor de Caraman,
Le marquis de Chabannes,
Le marquis de Contaut-Biron,
Le marquis de la Guiche,
Le marquis de Grave,
Le marquis d'Herbouville,
Le marquis de Juigné,
Le marquis de Louvois,
Le marquis de Mortemart,
Le marquis de Mathan,
Le marquis d'Osmond,
Le marquis de Rougecourt,

Le marquis de Rougé,
Le marquis de la Roche-Jacquelein,
Le marquis de Rivière,
Le marquis de la Suze,
Le marquis de Talaru,
Le marquis de Vence,
Le marquis de Vibraye,
Le maréchal comte Gouvion-Saint-Cyr,
Le comte Barthélemy,
Le maréchal comte de Beurnonville,
Le comte Barbé de Marbois,
Le comte Chasseloup-Laubat,
Le comte d'Aguesseau,
Le comte de Fontanes,
Le comte Garnier,
Le comte de Jaucourt,
Le comte Laplace,
Le comte de Maleville,
Le comte de Pastoret,
Le maréchal comte Pérignon,
Le comte de Semonville (1),
Le comte Maison,
Le comte Dessolle,
Le comte Victor de la Tour-Maubourg,
Le maréchal comte de Vioménil,
Le comte de Clermont-Tonnerre,
Le comte de Lally-Tollendal (2),
Le comte de Lauriston,
Le comte de Mun,
Le comte de Nicolaï,
Le comte de la Tour du Pin Gouvernet,
Le vicomte Olivier de Vérac.

(1) Les rang, titre et qualité de pair du royaume, accordés par le Roi à M. de Semonville, seront transmis héréditairement au comte Louis-Desiré de Montholon, son beau-fils, dans le cas où M. de Semonville, titulaire actuel, viendroit à décéder sans postérité mâle, naturelle et légitime. *(Ordonnance royale du 8 novembre 1815, Bull. 41, n.º 229.)*

(2) Les rang, titre et qualité de pair du royaume, accordés par le Roi à M. de Lally-Tollendal, seront transmis héréditairement à M. Henri-Raimond comte Patron d'Aux de Lescout, gendre de M. de Lally-Tollendal, dans le cas où ce dernier viendroit à décéder sans postérité mâle, naturelle et légitime ; et alors M. d'Aux s'appelleroit le marquis d'Aux-Lally, et joindroit, dans son écusson, à ses propres armes, celles de son beau-père. *(Ordonnance royale du 13 décembre 1815, Bull. 50, n.º 304.)*

3. Les lettres patentes qui seront expédiées, en vertu de nos ordonnances, aux pairs de France dont les noms suivent, porteront institution du titre de *Comte*. En conséquence, ce titre sera et demeurera uni à la pairie dont nous les avons pourvus, et ils en jouiront eux et leurs successeurs à ladite pairie, ainsi que des droits, honneurs et prérogatives qui y sont attachés, savoir :

M. de Clermont-Tonnerre, ancien évêque de Châlons-sur-Marne ;
Le comte Bourlier, évêque d'Évreux ;
L'abbé de Montesquiou (1) ;
M. Cortois de Pressigny, ancien évêque de Saint-Malo ;
Le comte Abrial,
Le comte de Beauharnois,
Le comte de Beaumont,
Le comte Berthollet,
Le comte de Canclaux,
Le comte Cholet,
Le comte Colaud,
Le comte Cornet,
Le comte d'Aboville,
Le comte Davous,
Le comte Demont,
Le comte de Croix,
Le comte Dembarrère,
Le comte Depère,
Le comte Destutt de Tracy,
Le comte d'Haubersart,
Le comte d'Hédouville,
Le comte Dupont,
Le comte Dupuy,
Le comte Emmery,
Le comte de Gouvion,
Le comte Herwyn de Nevele,
Le comte Klein,
Le comte de la Martillière,
Le comte Lanjuinais,
Le comte Lecouteulx de Canteleu,
Le comte Lebrun de Rochemont,
Le comte Lemercier,

---

(1) Les rang, titre et qualité de pair du royaume, accordés par le Roi à M. l'abbé de Montesquiou, seront transmis héréditairement à M. le vicomte de Montesquiou-Fezensac, son neveu. (*Ordonnance royale du 12 septembre 1817, Bull. 174, n.º 2774.*)

Le comte Lenoir-Laroche,
Le comte de Monbadon,
Le comte Péré,
Le comte Porcher de Richebourg,
Le comte de Sainte-Suzanne,
Le comte de Saint-Vallier,
Le maréchal comte Sérurier,
Le comte Soulès,
Le comte Shée (1),
Le comte de Tascher,
Le comte de Vaubois,
Le comte Vernier,
Le comte de Villemanzy,
Le comte Vimar,
Le comte de Volney,
Le comte Curial,
Le comte de Vaudreuil,
Le comte Charles de Damas,
Le comte Charles d'Autichamp,
Le comte de Boissy d'Anglas,
Le comte de la Bourdonnaye de Blossac,
Le comte de Brigode,
Le comte de Blacas,
Le comte du Cayla,
Le comte de Castellane,
Le comte de Choiseul-Gouffier,
Le comte de Contades,
Le général comte Compans,
Le comte de Durfort,
Le comte d'Ecquevilly,
Le comte François d'Escars,
Le comte Ferrand,
Le comte de la Ferronays,
Le comte de Gand,
Le comte Gantheaume,
Le comte d'Haussonville,
Le comte de Machault d'Arnouville,
Le comte Molé,
Le comte de Mailly,
Le comte du Muy,
Le comte de Sainte-Maure-Montausier,
Le comte de Noé;

_____

(1) Le titre de pair du royaume et celui de comte dont est revêtu M. Shée, sont déclarés transmissibles, et après son décès passeront, avec les rang, honneurs et prérogatives y attachés, à son petit-fils Edmond Dalton de Lignières, né, le 1.er juin 1810, de Jacques-Wulfran baron Dalton, et de Françoise Shée, aujourd'hui sa veuve. Edmond Dalton de Lignières est autorisé à joindre à son nom propre celui de son aïeul maternel, et à prendre dès à présent le titre de baron sous la dénomination de *baron Dalton-Shée de Lignières*, en attendant qu'il recueille l'effet des précédentes dispositions. (*Ordonnance du Roi du 26 décembre 1815*, Bull. 55 n.° 339.)

CHAPITRE X. 171

Le comte d'Orvilliers,
Le comte Jules de Polignac,
Le comte Ricard,
Le comte de la Roche-Aymon,
Le comte de Saint-Roman,
Le comte de Rully,
Le comte de Sabran,
Le comte de Suffren-Saint-Tropez,
Le comte de Saint-Priest,
Le comte Auguste de Talleyrand,
Le comte Lynch,
M. de Sèze.

4. Les lettres patentes qui seront expédiées, en vertu de nos ordonnances, aux pairs de France dont les noms suivent, porteront institution du titre de *Vicomte*. En conséquence, ce titre sera et demeurera uni à la pairie dont nous les avons pourvus, et ils en jouiront eux et leurs successeurs à ladite pairie, ainsi que des droits, honneurs et prérogatives qui y sont attachés; savoir:

Le vicomte de Châteaubriant,
Le vicomte Mathieu de Montmorency,
Le vicomte du Bouchage;
M. Le Peletier de Rosambo,
M. Christian de Lamoignon,
M. Emmanuel Dambray.

5. Les lettres patentes qui seront expédiées, en vertu de nos ordonnances, aux pairs de France dont les noms suivent, porteront institution du titre de *Baron*. En conséquence, ce titre sera et demeurera uni à la pairie dont nous les avons pourvus, et ils en jouiront eux et leurs successeurs à ladite pairie, ainsi que des droits, honneurs et prérogatives qui y sont attachés, savoir:

Le baron Boissel de Monville, Le baron de la Rochefoucauld,

Le baron Séguier,   M. Morel de Vindé.
Le chevalier d'Andigné,

6. Pour cette fois seulement, les lettres patentes portant institution du titre de pairie ne seront soumises qu'aux droits suivans :

	Droit de sceau.	Droit de référendaire.
De duc...............	200^f	75^f
De marquis...........	150.	50.
De comte.............	100.	50.
De vicomte...........	100.	50.
De baron.............	50.	25.

7. Notre président du Conseil des ministres, et notre garde des sceaux de France, ministre et secrétaire d'état au département de la justice, sont chargés de l'exécution de la présente ordonnance.

Donné à Paris, en notre château des Tuileries, le 31.e jour du mois d'Août de l'an de grâce 1817, et de notre règne le vingt-troisième.

Membres de la Chambre des Pairs de France.

M. le Chancelier de France, président (Messire Charles-Henri Dambray, chevalier, grand-officier commandeur de l'ordre du Saint-Esprit).

MONSIEUR, frère du Roi................ ⎫
S. A. R. le duc d'Angoulême............ ⎬ Fils de France;
S. A. R. le duc de Berry............... ⎭

S. A. S. le duc d'Orléans............... ⎫ Princes du sang.
S. A. S. le duc de Bourbon, prince de Condé. ⎭

CHAPITRE X.

Nominations de MM. les Pairs de France, du 4 Juin 1814:

Le cardinal duc de Talleyrand-Périgord,
Le cardinal duc de la Luzerne,
Le comte de Clermont-Tonnerre, ancien évêque de Châlons,
Le duc d'Uzès,
Le duc d'Elbœuf,
Le duc de Montbazon,
Le duc de la Trémoille,
Le duc de Chevreuse,
Le duc de Brissac,
Le duc de Richelieu,
Le duc de Rohan,
Le duc de Luxembourg,
Le duc de Gramont,
Le duc de Mortemart,
Le duc de Saint-Aignan,
Le duc de Noailles,
Le duc d'Harcourt,
Le duc de Fitz-James,
Le duc de Brancas,
Le duc de Valentinois,
Le duc de Duras,
Le duc de la Vauguyon,
Le duc de la Rochefoucauld,
Le duc de Clermont-Tonnerre,
Le duc de Choiseul,
Le maréchal duc de Coigny,
Le prince duc de Talleyrand,
Le duc de Croï,
Le duc de Broglie,
Le duc de Laval-Montmorency,
Le duc de Montmorency,
Le duc de Beaumont,
Le duc de Lorges,
Le duc de Croï-d'Havré,
Le duc de Polignac,
Le duc de Levis,
Le duc de Maillé,
Le duc de Saulx-Tavannes,
Le duc de la Force,
Le duc de Castries,
Le prince duc de Poix,
Le duc de Doudeauville,
Le prince duc de Chalais,
Le duc de Serent,
Le maréchal duc de Tarente,
Le maréchal marquis de Gouvion Saint-Cyr,
Le maréchal duc de Raguse,
Le maréchal duc de Reggio,
Le comte Abrial,
Le marquis Barthélemy,
Le cardinal duc de Bayane,
Le comte de Beauharnois,
Le comte de Beaumont,
Le comte Berthollet,
Le maréchal marquis de Beurnonville,
Le marquis de Marbois,
Le comte Bourlier, évêque d'Évreux,
Le marquis de Chasseloup-Laubat,
Le comte Cholet,
Le comte Colaud,

Le comte Cornet,
Le comte d'Aboville,
Le marquis d'Aguesseau,
Le comte Davous,
Le comte Demont,
Le comte de Croix,
Le comte Dembarrère,
Le comte Depère,
Le comte Destutt de Tracy,
Le comte d'Haubersart,
Le comte d'Hédouville,
Le comte Dupont,
Le comte Dupuy,
Le comte Emmery,
Le marquis de Fontanes,
Le marquis Garnier,
Le comte de Gouvion,
Le comte Herwyn de Nevele,
Le marquis de Jaucourt,
Le comte Klein,
Le comte de Lamartillière,
Le comte Lanjuinais,
Le marquis Laplace,
Le comte Lecouteulx de Canteleu,
Le comte Lebrun de Rochemont,
Le comte Lemercier,
Le comte Lenoir-Laroche,
Le marquis de Maleville,
Le comte de Monbadon,

Le marquis de Pastoret,
Le comte Péré,
Le maréchal marquis Pérignon,
Le comte de Richebourg,
Le comte de Sainte-Suzanne,
Le comte de Saint-Vallier,
Le marquis de Semonville,
Le maréchal comte Sérurier,
Le comte Soulès,
Le comte Shée,
Le comte de Tascher,
Le maréchal-duc de Valmy,
Le comte de Vaubois,
Le comte Vernier,
Le comte de Villemanzy,
Le comte Vimar,
Le comte de Volney,
Le marquis Maison,
Le marquis Dessolle,
Le marquis Victor de la Tour-Maubourg,
Le maréchal duc de Feltre,
Le comte Curial,
Le maréchal marquis de Vioménil,
Le comte de Vaudreuil,
Le marquis d'Harcourt,
Le marquis de Clermond-Gallerande,
Le comte Charles de Damas.

Du 17 Août 1815.

Le marquis d'Albertas,
Le marquis d'Aligre,

Le duc d'Aumont,
Le comte Charles d'Autichamp,

CHAPITRE X.

Le duc d'Avaray,
Le cardinal duc de Bausset,
Le prince duc de Wagram,
Le duc d'Istrie,
Le comte Boissy d'Anglas,
Le marquis de Boisgelin (Bruno),
Le comte de la Bourdonnaye de Blossac,
Le marquis de Boissy du Coudray,
Le baron Boissel de Monville,
Le marquis de Bonnay,
Le marquis de Brézé,
Le comte de Brigode,
Le comte de Blacas,
Le prince duc de Bauffremont,
Le maréchal duc de Bellune,
Le marquis de Clermont-Tonnerre,
Le duc de Caylus,
Le comte du Cayla,
Le comte de Castellane,
Le vicomte de Châteaubriand,
Le comte de Choiseul-Gouffier,
Le comte de Contades,
Le duc de Crillon,
Le marquis Victor de Caraman,
Le marquis de Chabannes,
Le duc de la Châtre,
Le général comte Compans,
Le comte de Durfort,
Le vicomte Emmanuel Dambray,
Le duc de Damas-Crux,
Le baron d'Andigné,
Le duc de Dalberg,
Le comte d'Ecquevilly,
Le comte d'Escars,
Le comte Ferrand,
Le comte de la Ferronays,
Le comte de Gand,
Le marquis de Gontaut-Biron,
Le marquis de la Guiche,
Le marquis de Grave,
L'amiral comte Gantheaume,
Le comte d'Haussonville,
Le marquis d'Herbouville,
Le marquis de Juigné,
Le marquis de Lally-Tollendal,
Le duc de Montebello,
Le marquis de Louvois,
Le vicomte Christian de Lamoignon,
Le marquis de la Tour du Pin Gouvernet,
Le marquis de Lauriston,
Le comte de Machault d'Arnouville,
Le marquis de Mortemart,
Le comte Molé,
Le marquis de Mathan,
Le comte de Mailly,
Le vicomte Mathieu de Montmorency,
Le marquis de Mun,
Le comte du Muy,
Le comte de Sainte-Maure-Montausier,
L'abbé comte de Montesquiou,
Le marquis de Nicolaï,
Le comte de Noé,
Le duc de Narbonne-Pelet,

Le comte d'Orvilliers,
Le marquis d'Osmond,
Le comte Jules de Polignac,
Le marquis de Raigecourt,
Le baron de la Rochefoucauld,
Le marquis de Rougé,
Le marquis de la Roche-Jacquelein,
Le général comte Ricard,
Le marquis de Rivière,
Le comte de la Roche-Aymon,
Le comte de Saint-Roman,
Le comte de Rully,
Le vicomte Le Peletier-Rosambo,
Le comte de Sabran,
Le comte de Sèze,
Le baron Seguier,
Le comte de Suffren-Saint-Tropez,
Le marquis de la Suze,
Le comte de Saint-Priest,
Le marquis de Talaru,
Le comte Auguste de Talleyrand,
Le marquis de Vence,
Le marquis de Vibraye,
Le marquis Olivier de Vérac,
Le baron Morel de Vindé.

Du 17 Septembre 1815.

Le comte Lynch.

Du 20 Avril 1816.

Le comte Cortois de Pressigny.

Du 10 Juillet 1816.

Le duc de Massa.

Du 23 Juin 1817.

Le vicomte du Bouchage.

Du 31 Janvier 1818.

Le comte Decazes.

Garde des Registres de la Chambre, rédacteur des Procès-verbaux des séances.

Le chevalier Cauchy.

Enfin des ordonnances du Roi relatives à la nomination, au personnel, &c. des membres de la chambre des pairs, sont des

4 juin 1814, Bull. 18, n.° 147, 5.ᵉ série;

CHAPITRE X.

24 juillet 1815, Bull. 9, n.° 40, 7.e série;
10 août 1815, Moniteur, n.° 224;
14 août 1815, Moniteur, n.° 228;
17 août 1815, Bull. 18, n.° 86;
17 septembre 1815, Moniteur, n.° 269;
9 décembre 1815, Bull. 54, n.° 332;
20 décembre 1815, Bull. 54, n.° 336;
27 décembre 1815, Bull. 58, n.° 352;
20 avril 1816, Bull. 82, n.° 629;
10 juillet 1816, Bull. 168, n.° 2583;
23 juin 1817, Bull. 161, n.° 2336;
25 juin 1817, Bull. 162, n.° 2351;
31 janvier 1818, Bull. 195, n.° 3545.

CHAPITRE XI.

Des Majorats et Titres héréditaires, et des Dotations.

L'ÉTABLISSEMENT des *majorats* est en France une institution nouvelle, empruntée des Espagnols, chez lesquels ce mot signifie *droit d'aînesse*.

Les majorats ont pour objet de conserver la fortune dans les principales familles par l'inaliénabilité des biens qui en forment les dotations, afin que ces familles puissent constamment soutenir avec éclat et honneur les titres héréditaires qui y sont attachés et dont elles ont été investies.

Cette substitution graduelle de propriété, qui se perpétue jusqu'à l'extinction de la race masculine directe dans laquelle a été fondé le majorat, a quelque chose de nos anciennes substitutions graduelles et perpétuelles, dont l'usage nous étoit venu des Romains, chez qui elles avoient pour but de conserver dans les familles des monumens de la piété filiale, propres à perpétuer le souvenir de grandes et généreuses actions.

Mais nos lois des XVI.ᵉ et XVII.ᵉ siècles, notamment l'ordonnance d'Orléans du mois de janvier

1560, art. 59, et celle de Moulins du mois de février 1566, art. 57, posèrent des bornes au-delà desquelles ces substitutions ne pouvoient plus être étendues. Cependant il y eut quelques exceptions à cette règle; car il étoit permis de faire des *substitutions perpétuelles* des duchés-pairies, sans qu'elles fussent assujetties aux réductions prononcées par ces deux ordonnances : cette permission étoit sur-tout accordée par l'article 6 de l'édit de Louis XIV du mois de mai 1711, rapporté en entier *page 137*.

Si l'institution des majorats nous est venue de l'étranger, on ne peut disconvenir que le principe ne s'en trouve, ainsi qu'on vient de le voir, dans nos propres lois et dans nos institutions anciennes, lesquelles ne sont qu'une conséquence de l'hérédité du trône. La monarchie ainsi constituée ne peut se soutenir que par des établissemens analogues. Cette éternelle et constante vérité, reconnue de tout temps, chez tous les peuples de l'Europe, vient encore de recevoir un solennel hommage par l'ordonnance royale du 19 août 1815 sur l'hérédité de la pairie. « Convaincu (c'est » le Roi qui parle) que rien ne consolide plus le » repos des États que cette hérédité des sentimens » qui s'attache dans les familles à l'hérédité des » hautes fonctions publiques, et qui crée ainsi une » succession non interrompue de sujets dont la fidé- » lité et le dévouement au prince et à la partie sont

» garantis par les principes et les exemples qu'ils ont
» reçus de leurs pères. » (*Voyez* chap. x, pag. 149.)

Les statuts concernant les majorats et les titres sont du 1.ᵉʳ mars 1808 ; ils ont été faits en exécution des décrets fondamentaux du 30 mars 1806, et de l'article 5 du sénatus-consulte du 14 août même année. Je n'entreprendrai pas d'en donner ici les dispositions, puisque ces actes, et beaucoup d'autres sur cette matière, sont insérés dans le Bulletin des lois ; mais, comme ils se trouvent épars dans un assez grand nombre de volumes, j'en ai dressé, ainsi que j'ai fait pour la Légion d'honneur, la table chronologique rapportée à la fin de ce chapitre.

Il y a deux espèces de dotations : les dotations fondées avec les propres biens du titulaire, lesquels sont inaliénables tant que subsiste la descendance masculine du fondateur ; et les dotations formées des biens provenant du domaine extraordinaire, que les titulaires tiennent de la munificence du Souverain, à raison de services rendus à l'État, avec droit de retour au domaine extraordinaire lors de l'extinction de leur descendance masculine, et comme il est prescrit au surplus par les actes et décrets relatifs à l'institution.

Voici le tableau complet des majorats attachés, soit au titre de *comte*, soit au titre de *baron*, qui ont été formés avec les propres biens des titulaires.

CHAPITRE XI.

Table chronologique des Lettres patentes portant institution de Majorats attachés au titre de Comte, *et dont les Dotations ont été formées avec les propres biens des Titulaires.*

DATES des LETTRES PATENTES.	NOMS ET PRÉNOMS DES TITULAIRES.	NUMÉROS du BULLETIN des lois.
	COMTES. MM.	
21 décemb. 1808.	Alphonse-Claude-Charles-Bernardin *Perregaux*.	Bull. 233, 4.ᵉ série, n.º 4309.
28 janvier 1809.	Antoine-René-Charles-Mathurin *Laforest*.	Idem.
2 février 1809.	Gabriel-Thomas-Marie *Darjuzon*.	Idem.
24 février 1809.	Joseph-François-Marie-Antoine-Ignace-Hubert *Salm-Dyck*.	Bull. 238, n.º 4444.
28 mai 1809.	Érasme-Gaspar *de Contades*.	Idem.
Idem.	Adrien-Godard *Daucour de Plancy*.	Idem.
Idem.	Louis-Nicolas *Lemercier*.	Idem.
18 juin 1809.	Alexandre-Louis-René-Toussaint *Galard-Béarn*.	Bull. 244, n.º 4588.
5 août 1809.	Antoine-Léon-Pierre *Saint-Simon-Courtomer*.	Idem.
20 août 1809.	Louis-Marie-Joseph *de Brigode*.	Idem.
29 septemb. 1809.	Mathieu-Louis *Molé*.	Bull. 248, n.º 4780.
Idem.	Ph.-Fiacre-Ghislain *Vischer de Celles*.	Idem.
Idem.	Jean-Antoine-Claude-Adrien *de Mun*.	Idem.
12 novemb. 1809.	Joseph-Constant-Fidèle *Duval*, comte *de Beaulieu*.	Bull. 260, n.º 5124.

DATES des LETTRES PATENTES.	NOMS ET PRÉNOMS DES TITULAIRES.	NUMÉROS du BULLETIN des lois.
	COMTES.	
19 décemb. 1809.	Auguste-Jean *Germain*, comte de Montforton.	Bull. 260, n.° 5124.
9 mars 1810.	Christophe *Chabrol-Crousol*.	Bull. 278, n.° 5315.
Idem.	Alexandre-Franç.-Louis *Girardin*.	Idem.
Idem.	Anaclet-Henri *de Cardevac-d'Havrincourt*.	Idem.
25 mars 1810.	Jean-Antoine *Chaptal*.	Bull. 278, n.° 5316.
Idem.	François-Joseph-Charles-Marie *de Mercy-Argenteau*.	Idem.
Idem.	Jean-Gaspar-Louis *Cassagnes-Beaufort de Miramon*.	Idem.
3 mai 1810.	Alexandre-Emmanuel-Louis *de Bauffremont-Listenois*.	Bull. 288, n.° 5465.
17 mai 1810.	Anne-Charles-François *de Montmorency*.	Bull. 295, n.° 5584.
Idem.	Anne-Ch.-Louis *de Montmorency*.	Idem.
Idem.	Anne-Victurnien-René-Roger *de Rochechouart de Mortemart*.	Idem.
4 juin 1810.	Eustache-Nicolas *Muiron*.	Idem.
11 juin 1810.	Charles-Louis-David *Le Peletier d'Aunay*.	Bull. 305, n.° 5792.
Idem.	Alexis-Paul-Michel *Tanneguile-Veneur*.	Idem.
21 novemb. 1810.	Dominique *Clément de Ris*, comte de Mauny.	Bull. 329, n.° 6142.
16 décemb. 1810.	Jacques-François *Begouen*.	Bull. 339, n.° 6343.

CHAPITRE XI.

DATES. des LETTRES PATENTES.	NOMS ET PRÉNOMS DES TITULAIRES.	NUMÉROS du BULLETIN des lois.
	COMTES.	
13 avril 1811.	Louis-Desiré *de Montholon-Semonville.*	Bull. 366, n.° 6717.
30 août 1811.	Antoine-Jean-François-Marie-Ignace-Louis *Brignole-Sale.*	Bull. 389, n.° 7205.
23 octobre 1811.	Laurent *Lafaurie de Monbadon.*	Bull. 406, n.° 7480.
20 février 1812.	Augustin-Marie-Paul-Pétronille-Timoléon *de Cossé-Brissac.*	Bull. 423, n.° 7750.
Idem.	Jean-Philippe *Garran de Coulon.*	Idem.
20 mars 1812.	Antoine-Philippe *Merlin.*	Bull. 427, n.° 7861.
17 avril 1812.	Jacques-Wulfran *d'Alton.* Ce majorat a été érigé par complément de celui auquel est attaché le titre de comte dont est revêtu M. Shée, beau-père de M. d'Alton.	Bull. 431, n.° 7922.
1.er janvier 1813.	Claude-Henri-Gabriel *de Mornay de Montchevreuil.*	Bull. 468, n.° 8574.
13 mars 1813.	Jean-Jacques-Ignace *Jacqueminot,* comte *de Ham.*	Bull. 489, n.° 9060.
19 juin 1813.	Emman.-Marie-Louis *de Noailles.*	Bull. 510, n.° 9415.
Idem.	Adélaïde-Blaise-François *le Lièvre de la Grange.*	Idem.
3 juillet 1813.	Pierre-Gaétan *Galli,* comte *de la Loggia.*	Bull. 513, n.° 9431.
14 août 1813.	Louis-Marie *de Mesgrigny.*	Bull. 520, n.° 9573.
25 novemb. 1813.	Anne-Claude *de la Bonnière de Beaumont.*	Bull. 542, n.° 9921.

DATES des LETTRES PATENTES.	NOMS ET PRÉNOMS DES TITULAIRES.	NUMÉROS du BULLETIN des lois.
	COMTES.	
30 novemb. 1816.	Jean-Baptiste *de Gouey de la Besnardière*.	Bull. 174, 7.e série, n.° 2778.
31 janvier 1818.	Élie *Decazes*.	Bull. 200, n.° 3697.
14 février 1818.	Jean-Henri-Louis *de Greffulhe*.	Idem.
	VICOMTE.	
29 mai 1818.	Jean-Pierre *Fabre*.	Bull. 217, n.° 4246.

CHAPITRE XI.

TABLEAU CHRONOLOGIQUE des Lettres patentes portant institution de Majorats attachés au titre de Baron, et dont les Dotations ont été formées avec les propres biens des Titulaires.

DATES des LETTRES PATENTES.	NOMS ET PRÉNOMS DES TITULAIRES.	NUMÉROS du BULLETIN des lois.
	BARONS. MM.	
10 septemb. 1808.	Antoine-Ignace *Anthoine*, baron de Saint-Joseph.	Bull. 214, 4.ᵉ série, n.º 3939.
28 janvier 1809.	Marie-Joseph-Auguste-Emmanuel-Dieudonné *Lascases*.	Bull. 233, n.º 4309.
Idem.	Antoine-Jean-Mathieu *Seguier*.	Idem.
Idem.	Nicolas-Félix *Desportes*.	Idem.
10 février 1809.	Daniel *Roger*.	Idem.
25 mars 1809.	Emmanuel-Jean-Baptiste *Freteau*.	Idem.
1.ᵉʳ avril 1809.	And.-Jean-Sim. *Nougarède de Fayet*.	Idem.
28 mai 1809.	Jacques-Pierre-Prothade *d'Astorg*.	Bull. 238, n.º 4444.
Idem.	Jean-Louis *Girod*.	Idem.
Idem.	Bernard-Charles-Louis-Victor *Lostanges-Beduer*.	Idem.
Idem.	Ch.-Gustav. *Montguyon-Hardouin*.	Idem.
18 juin 1809.	Frédéric-Christophe *d'Houdetot*.	Bull. 244, n.º 4588.
18 juin 1809 et 1.ᵉʳ mai 1812.	Guillaume *Thabaud*, baron de Surins.	Bull. 244, n.º 4588. Bull. 437, n.º 8004.

DATES des LETTRES PATENTES.	NOMS ET PRÉNOMS DES TITULAIRES.	NUMÉROS du BULLETIN des lois.
	BARONS.	
18 juin 1809.	Pierre-Charles *Bonnefoy*.	Bull. 244, n.° 4588.
Idem.	Jean-Victor *Tesnier de Brémesnil*.	Idem.
Idem.	Louis-Marie-Antoine *Destouff-Milet-Mureau*.	Idem.
5 août 1809.	Joseph-Marie-Ferdinand *dal Pozzo*.	Idem.
Idem.	Auguste-Antoine-Joseph *Prouveur*, chevalier *de Pont*.	Idem.
Idem.	Jean-Louis-Simon *Rollet*. Transmission de son titre de baron en faveur de Jean-Baptiste-Nicolas Lemercier, son neveu.	Idem.
20 août 1809.	Pierre-Jean *Deurbroucq*.	Idem.
Idem.	Eugène *Jobard-Dumesnil*.	Idem.
29 septemb. 1809.	Pierre-Charles-Martin *Chassiron*.	Bull. 248, n.° 4780.
Idem.	Louis-Henri *Janzé*.	Idem.
Idem.	Barthélemi-François *Rolland de Chambaudoin*.	Idem.
Idem.	Jean *Malet*.	Idem.
Idem.	Raimond-Aimeri-Philippe-Joseph *de Montesquiou-Fézenzac*.	Idem.
12 novemb. 1809.	Charles-Emm. *Micoud d'Umons*.	Bull. 260, n.° 5124.
9 décemb. 1809.	Gabriel-Joseph *de Froment-Castille*.	Idem.
19 décemb. 1809.	Jean-Baptiste-Maximilien *Villot de Fréville*.	Idem.
Idem	Jean-Baptiste-Marie *Roslin d'Ivry*.	Idem.

DATES des LETTRES PATENTES.	NOMS ET PRÉNOMS DES TITULAIRES.	NUMÉROS du BULLETIN des lois.
	BARONS.	
9 janvier 1810.	Christophe-Olympe *Nervo*.	Bull. 260, n.° 5124.
Idem.	Charles-François-Guillaume *de Chanaleilles*. Le Roi, par lettres-patentes du 31 mai 1817 (Bull. 174, 7.ᵉ série, page 198), a confirmé dans la possession du titre de *marquis* M. Charles-François-Guillaume de Chanaleilles, et a affecté à ce titre de marquis le majorat du titre de baron, fondé par M. de Chanaleilles le 9 janvier 1810.	Idem.
31 janvier 1810.	Jacques *de Maleville*.	Bull. 269, n.° 5223.
Idem.	Jean-Simon *Champy*.	Idem.
14 février 1810.	Jean-Baptiste-Gabriel *Pavée de Vendeuvre*.	Idem.
9 mars 1810.	Maximil.-Ghislain *de Louverval*.	Bull. 278, n.° 5315.
Idem.	Achille-Charles-Stanislas-Émile *le Tonnellier de Breteuil*.	Idem.
Idem.	Jean-Baptiste-François *Moreau d'Olibon*.	Idem.
25 mars 1810.	Jean-Claude *Chovet de la Chance*.	Bull. 278, n.° 5316.
Idem.	Jacques-Marguerite *Pilotte de la Barollière*.	Idem.
Idem.	Jean-Baptiste-Martin *de la Bastide*.	Idem.
Idem.	Jean-Antoine-Pierre *Mévolhon*.	Idem.
14 avril 1810.	Pierre-Lézin-Urbain *Boreau de la Bénardière*.	Bull. 283, n.° 5358.

DATES des LETTRES PATENTES.	NOMS ET PRÉNOMS DES TITULAIRES.	NUMÉROS du BULLETIN des lois.
	BARONS.	
14 avril 1810.	Antoine *Mellet de Bonas*.	Bull. 283, n.º 5358.
Idem.	Louis-François *Merlin d'Estreux*.	Idem.
Idem.	Louis-Marie *Duhamel*.	Idem.
Idem.	Edmond-Joachim *Guerard*.	Idem.
26 avril 1810.	Nicolas-David-Amant-Constant *Mauduit de Sémerville*.	Bull. 288, n.º 5465.
Idem.	François-Cyprien-Antoine *Lieude de Sepmanville*.	Idem.
3 mai 1810.	Joseph-Xavier *Delfau de Pontalba*.	Idem.
Idem.	Marie-Anne-Jean-Alexandre-Paschal *Dubreil*.	Idem.
17 mai 1810.	Salomon-Louis *Roger*.	Bull. 295, n.º 5584.
4 juin 1810.	Thomas-Charles-Gaston *Boissel de Monville*.	Idem.
	Le Roi, par lettres patentes du 29 mai 1817 (Bull. 174, 7.ᵉ série, pag. 196), a confirmé à M. Thomas-Charles-Gaston Boissel de Monville, pair de France, le titre de *baron*, et l'a, en outre, autorisé à substituer à une partie des biens formant la dotation du majorat affecté à son titre de baron, d'autres immeubles qui y sont désignés.	
11 juin 1810.	François-Jérôme *Ledéan*.	Bull. 305, n.º 5792.
Idem.	Louis-Julien *de Roujoux*.	Idem.
Idem.	Philippe-Louis-Edmond-Sébastien *Lovera de Maria*.	Idem.

CHAPITRE XI.

DATES des LETTRES PATENTES.	NOMS ET PRÉNOMS DES TITULAIRES.	NUMÉROS du BULLETIN des lois.
	BARONS.	
23 juin 1810.	Jean-Abraham-André *Poupart de Neuflize*.	Bull. 305, n.° 5792.
3 août 1810.	Pierre-George *de Meulenaere*.	Bull. 317, n.° 5986.
2 septemb. 1810.	Pierre-Marie *Muguet de Varange*.	Idem.
27 septemb. 1810.	Bonaventure-François *Gauthier de Charnacé*.	Idem.
6 octobre 1810.	Pierre *Caila*.	Bull. 324, n.° 6068.
Idem.	Ambroise-Louis *Lavenant*, chevalier *de Toukerb*.	Idem.
Idem.	Antoine-Louis *Rouillé d'Orfeuil*.	Idem.
	Le Roi, par lettres patentes du 20 juillet 1816 (Bull. 174, 7.ᵉ série, pag. 194), a affecté, comme majorat du titre de *baron* dont est pourvu M. Antoine-Louis Rouillé d'Orfeuil, le domaine du Jard, savoir : pour siége, le château de ce nom ; et pour dotation, les biens qui en dépendent.	
22 octobre 1810.	Jacques-Florent *Robillard*.	Bull. 329, n.° 6141.
Idem.	Nicolas *Graillet de Beine*.	Idem.
30 octobre 1810.	Alexandre-Dominique *le Painturier de Guillerville*.	Idem.
Idem.	Jacques-Antoine *de Révéroni-Saint-Cyr*.	Idem.
2 novemb. 1810.	Joseph-Ignace *Mathieu de Mauvières*.	Idem.
Idem.	César-Louis *Baulny*.	Idem.

DATES des LETTRES PATENTES.	NOMS ET PRÉNOMS DES TITULAIRES.	NUMÉROS du BULLETIN des lois.
	BARONS.	
21 novemb. 1810.	Gilles-Toussaint *Hocquart*.	Bull. 329, n.° 6142.
16 décemb. 1810.	Louis-Philippe-Joseph *Girod de Vienney*, baron *de Trémont*.	Bull. 339, n.° 6343.
Idem.	Jean *Lesparda*. Voyez de nouvelles lettres patentes du 28 mars 1818 (Bull. 204, 7.° série, n.° 3859).	Idem.
Idem.	François-Jean *Chaubry de la Roche*, baron *de Troncenord*.	Idem.
Idem.	Louis-Joseph *Poissonnier de Prulay*.	Idem.
Idem.	François *Martin*.	Idem.
Idem.	François-Louis *de Harff*.	Idem.
Idem.	Jean-François-Laurent-Amédée *Marbotin de Conteneuil*.	Idem.
Idem.	Joseph-Étienne-Timoléon *d'Hargenvillier*.	Idem.
23 décemb. 1810.	Claude-Éléonor *Leconte-Desgraviers*.	Bull. 339, n.° 6344.
Idem.	Marie-Frédéric-Louis-Melchior *Chartier de Coussay*.	Idem.
Idem.	Anne-Marie-Louis *de Vougny de Boquestant*.	Idem.
4 janvier 1811.	Jean-Marie *Salaun de Kertanguy*.	Bull. 351, n.° 6525.
19 janvier 1811.	Henri-Émile-Charles-Louis-Michel *Raoux-Raousset-Boulbon*.	Idem.
Idem.	Alphonse *Droullin de Ménilglaise*.	Idem.
Idem.	Pierre-Marie *Maurille de Villebois*.	Idem.

CHAPITRE XI.

DATES des LETTRES PATENTES.	NOMS ET PRÉNOMS DES TITULAIRES.	NUMÉROS du BULLETIN des lois.
	BARONS.	
29 janvier 1811.	Philippe-Claude *Arthuys*.	Bull. 356, n.° 6575.
13 février 1811.	Louis - Charles *Touchain de la Lustière*.	Idem.
23 février 1811.	Jacq.-Mar. *Chapelain de Brosseron*.	Idem.
13 mars 1811.	Guillaume - Gilbert *Bonnevie de Pogniat*.	Bull. 359, n.° 6592.
Idem.	Jacques-François-Anne-Michel *de Kerhorre*.	Idem.
17 mars 1811.	Henri-Guillaume-Louis *de Cotzhausen*.	Idem.
Idem.	Clément *de Lustrac*.	Idem.
Idem.	Antoine-Joseph-Gilbert-Nicolas *Deschamps de la Vareinne*.	Idem.
Idem.	Jacques *Barthez*, baron *de Montfort*.	Idem.
10 avril 1811.	Louis-Pierre *Agis de Saint-Denis*.	Bull. 366, n.° 6717.
13 avril 1811.	Antoine-Étienne-Lazare *Barthélemi de Saizieu*.	Idem.
Idem.	Augustin - Jean - Baptiste - Louis-Marie *Chazelles-Lunac*.	Idem.
Idem.	Noël-Urbain *André*, baron *de la Fresnaye*.	Idem.
26 avril 1811.	Antoine *Lemaire-Darion*.	Bull. 374, n.° 6896.
2 mai 1811.	Jean-Jacques *Lenormant-Flaghac*.	Idem.
9 mai 1811.	Anne-Claude *Rousseau de Chamoy*.	Idem.
	Le Roi, par lettres patentes du 16 juin	

DATES des LETTRES PATENTES.	NOMS ET PRÉNOMS DES TITULAIRES.	NUMÉROS du BULLETIN des lois.
	BARONS.	
	1818 (Bull. 221, 7.e série, pag. 540), a confirmé dans la possession du titre de *marquis* M. Anne-Claude Rousseau de Chamoy, et a affecté à ce titre de marquis le majorat du titre de baron fondé par M. de Chamoy le 9 mai 1811.	
9 mai 1811.	Paul-Bernard *Brohon*.	Bull. 374, n.° 6896.
16 mai 1811.	Simon-François *Gay de Vernon*.	Idem.
Idem.	Jean-Louis-Joseph *Leroy de Livet*.	Idem.
Idem.	Claude *Durud*, baron d'Angles.	Idem.
Idem.	Franç.-Vincent *Guyot de Chenizot*.	Idem.
25 mai 1811.	François-Victor-Jean *Lesperut*.	Bull. 378, n.° 7045.
3 juin 1811.	Louis-Joseph *Duhamel*.	Idem.
Idem.	Daniel-Jean-Charles *Bourrée de Corberon*.	Idem.
13 juin 1811.	Jean-Louis-Bonaventure *Kenny*.	Idem.
Idem.	Guillaume-Michel-Jérôme *Meiffren-Laugier*, baron de Chartrouse.	Idem.
Idem.	Maurice-Jean-Jacques *Descorbiac*.	Idem.
Idem.	François *Passama-Labusquière*.	Idem.
20 juin 1811.	Anne-Joachim-François *de Melun*.	Idem.
27 juin 1811.	Jacques-René-Marie *Aymé*, baron de la Chevrelière.	Bull. 389, n.° 7205.
13 juillet 1811.	Pierre-François *Colliquet*.	Idem.
25 juillet 1811.	Guillaume-Jean *Favard*, baron de l'Anglade.	Idem.
24 août 1811.	Edmond-Charles-Guillaume *Cardon*, baron de Montigny.	Idem.

DATES des LETTRES PATENTES.	NOMS ET PRÉNOMS DES TITULAIRES.	NUMÉROS du BULLETIN des lois.
	BARONS.	
23 octobre 1811.	François-Joseph *Beyts*.	Bull. 406, n.° 7480.
Idem.	Pierre-Jean-Alexandre *Tascher*.	Idem.
19 janvier 1812.	Jean *de Bastard*, baron d'*Estang*.	Bull. 420. n.° 7663.
2 avril 1812.	Guillaume - Michel *Chabrol de Tournoëlle*, baron *de Tournoëlle*.	Bull. 431, n.° 7921.
Idem.	Alex.-Louis *de Clermont-Tonnerre*.	Idem.
5 août 1812.	Dominique-Vivant *Denon*.	Bull. 446, n.° 8191.
25 mars 1813.	Philippe-Antoine-Joseph *Depret*.	Bull. 493, n.° 9086.
Idem.	Guillaume *Mallet de Chalmassy*.	Idem.
Idem.	Alexand.-Joseph-Séraphin *d'Haubersart*.	Bull. 494, n.° 9090.
Idem.	Pierre - Thomas *Rambaud*, baron *de la Sablière*.	Idem.
8 avril 1813.	Louis-Alexand. *Himbert de Flégny*.	Bull. 499, n.° 9126.
Idem.	Denis *des Périchons*.	Idem.
Idem.	Nicolas *Ardoino*.	Idem.
16 mai 1813.	Joseph-Charles-André *d'Arbaud-Jouques*.	Bull. 510, n.° 9415.
Idem.	Armand-Louis *de la Pierre de Fremeur*. Le Roi, par lettres patentes du 16 août 1817 (Bull. 174, 7.ᵉ série, page 199), a confirmé dans la possession du titre de *marquis* M. Armand-Louis de la Pierre de Fremeur, et a affecté à ce titre de marquis le majorat	Idem.

DATES des LETTRES PATENTES.	NOMS ET PRÉNOMS DES TITULAIRES.	NUMÉROS du BULLETIN des lois.
	BARONS. du titre de baron, fondé par M. de Fremeur le 16 mai 1813.	
19 juin 1813.	Joseph-Pierre *Vialetes de Mortarieu*.	Bull. 510, n.° 9415.
Idem.	François-Ursin *Durand de Pisieux*.	Idem.
Idem.	Jacques-Joseph *Boussairolles*.	Idem.
Idem.	Thomas - Marie - Catherine *de Masclary*.	Idem.
Idem.	Louis-Joseph *Ithier de Champos*.	Idem.
Idem.	François *Maublanc de Chiseuil*.	Idem.
Idem.	François - Timoléon *de Chassepot de Pissy*.	Idem.
Idem.	Charles-Philippe *Bajot de Conantre*.	Idem.
Idem.	Étienne-Guillaume *Picot-Bazus*.	Idem.
Idem.	Jean-Luc-Guillaume *Demons de Dunes*, baron de la Tour de Mons.	Idem.
Idem.	Jean-Pierre *Duston-Villereglan*.	Idem.
Idem.	Joseph *de Casamajor d'Oneix*.	Idem.
Idem.	Denis *Durosier de Magnieux de Vertpré*, baron de Beauvoir.	Idem.
Idem.	Gabriel-Louis *Terrasson de Senevas*.	Idem.
Idem.	Antoine-Alexis-Joseph *Lesergeant de Monnecove*.	Idem.
3 juillet 1813.	Maurice-Gabriel-Joseph *Riquet de Caraman*. Voyez d'autres lettres patentes du 3 juillet 1818, Bull. 223, n.° 4414.	Bull. 513, n.° 9431.
Idem.	Thomas-Jean-Bapt. *L'orea d'Olmo*.	Idem.
Idem.	Alexand.-Louis-Gabriel *de Gomer*.	Idem.
Idem.	Léon *de Perthuis*.	Idem.

CHAPITRE XI.

DATES des LETTRES PATENTES.	NOMS ET PRÉNOMS DES TITULAIRES.	NUMÉROS du BULLETIN des lois.
	BARONS.	
14 août 1813.	Robert-François *Demorell*.	Bull. 520, n.° 9573.
Idem.	Amable-Pierre-Hippolyte-Joseph *de Maures de Malartic*.	Idem.
Idem.	Philibert-François-Jean-Baptiste-Joseph *Vander Haeghen-Mussain*.	Idem.
11 septemb. 1813.	Albert-Joseph *Rouvroy*.	Bull. 523, n.° 9673.
2 octobre 1813.	André-Paul *Sain-Rousset*, baron de *Vauxonne*.	Bull. 534, n.° 9844.
Idem.	Pierre-Mathias-Joseph *Wartelle*, baron *d'Herlincourt*.	Idem.
21 février 1814.	Louis-Aspais *Amiot*.	Bull. 564, n.° 10232.
Idem.	Philippe-Christophe *Hallez*.	Idem.
26 février 1814.	Béatrix-Charles-Magdelon *de Fayolles de Mellet*.	Idem.
Idem.	Charles *Regnaud*.	Idem.
22 mars 1814 et 21 octobre 1816.	Charles-Bernard *Chapais de Marivaux*.	Bull. 4, 5.e série, n.° 47.
29 mars 1817.	Louis-François-Luglien *de Fourment*.	Bull. 174, n.° 2778.
19 avril 1817.	Antoine-François *Poncet du Maupas*.	Idem.
Idem.	Pierre-Charles *Hémart*.	Idem.
10 mai 1817.	François-Ferdinand-Henri-Joseph *Malotau de Guerne*.	Idem.
2 août 1817.	Florentin *Sellière*.	Idem.

DATES des LETTRES PATENTES.	NOMS ET PRÉNOMS DES TITULAIRES.	NUMÉROS du BULLETIN des lois.
	BARONS.	
14 février 1818.	René-Marc-Marie-Anne *de Montalembert*.	Bull. 200, n.º 3697.
21 février 1818.	André-Jean-Baptiste *Fayau*.	Idem.
7 mars 1818.	Jean-Baptiste-Jacques *Rolland*.	Idem.
14 mai 1818.	Pierre-Auguste *Fournier de Boisayrault*.	Bull. 217, n.º 4246.

CHAPITRE XI.

TABLE CHRONOLOGIQUE des Lois, Sénatus-consultes, Décrets et Ordonnances royales concernant les Titres héréditaires, les Majorats, les Dotations, le Domaine extraordinaire, le Conseil du Sceau des titres, aujourd'hui Commission du Sceau, et les Tarifs des Droits de sceau.

DATES DES ACTES.	TITRES OU SOMMAIRES.	NUMÉROS du BULLETIN des lois.
30 mars et 5 juin 1806, et 28 mai 1807.	DÉCRETS portant établissement de grandes dignités héréditaires, et érection de duchés grands-fiefs, avec réserve de donner l'investiture desdits fiefs pour être transmis héréditairement, de mâle en mâle, par ordre de primogéniture, avec réversibilité à la couronne en cas d'extinction de la descendance masculine, pour en être disposé comme bon semblera pour le bien des peuples et l'intérêt de la couronne.	Bull. 84, 4.ᵉ série, n.° 1432; 100, n.° 1659; 149, n.° 2480.
14 août 1806.	SÉNATUS-CONSULTE portant (art. 5) que, pour récompenser de grands services ou exciter une utile émulation, un chef de famille pourra être autorisé à substituer ses biens libres pour former la dotation d'un titre héréditaire qui seroit érigé en sa faveur, réversible à son fils aîné, né ou à naître, et à ses descendans en ligne	Bull. 112, n.° 1823.

DATES DES ACTES.	TITRES OU SOMMAIRES.	NUMÉROS du BULLETIN des lois.
	directe, de mâle en mâle, par ordre de primogéniture. *Voyez* aussi les articles 6 et 7.	
16 janvier 1808.	DÉCRET portant (art. 5 *et suiv.*) que les actions de la banque pourront faire partie des biens formant la dotation d'un titre héréditaire qui seroit érigé conformément au sénatus-consulte du 14 août 1806. *Voyez* aussi l'article 3 du décret du 18 mai 1808, Bulletin 193, n.º 3409.	Bull. 176, n.º 2953.
1.er mars 1808.	DÉCRET concernant les titres.	Bull. 186, n.º 3206.
Idem.	DÉCRET concernant les majorats et l'institution d'un Conseil du sceau des titres. *Nota.* Ce décret et le précédent sont quelquefois cités sous la dénomination de *statuts* dans les divers actes subséquens sur ces matières; et en effet ces deux actes sont fondamentaux.	Bull. 186, n.º 3207.
12 mars 1808.	DÉCRET qui nomme les membres du Conseil du sceau des titres.	Bull. 186, n.º 3208.
17 mars 1808.	DÉCRET portant organisation du Conseil du sceau des titres. Ce décret n'a pas été imprimé.	
27 mai 1808.	DÉCISION du Conseil du sceau des titres portant qu'on ne fera enregistrer dans les cours et tribunaux, et	

CHAPITRE XI.

DATES DES ACTES.	TITRES OU SOMMAIRES.	NUMÉROS du BULLETIN des lois.
	insérer au Bulletin des lois, que les lettres patentes portant institution de majorats, ou les actes qui en tiendront lieu. *Non imprimée.*	
24 juin 1808.	DÉCRET concernant l'instruction des demandes relatives aux majorats.	Bull. 196, n.º 3489.
Idem.	DÉCRET concernant les droits d'enregistrement et de transcription des actes relatifs à l'institution des majorats.	Bull. 196, n.º 3488.
16 septemb. 1808.	AVIS du Conseil d'état du 13 septembre 1808, approuvé le 16 du même mois, sur des questions relatives aux droits d'enregistrement et de transcription des actes relatifs aux demandes en création de majorats. *Non imprimé.*	
28 octobre 1808.	DÉCRET concernant des biens formant la dotation de majorats.	Bull. 211, n.º 3832.
21 décemb. 1808.	DÉCRET sur la disponibilité des inscriptions de cinq pour cent consolidés et des billets de banque affectés à une institution de majorat qui auroit été rejetée ou retirée.	Bull. 220, n.º 4029.
2 février 1809.	DÉCRET concernant les droits d'enregistrement dans les cours et	Bull. 224, n.º 4099.

DATES DES ACTES.	TITRES OU SOMMAIRES.	NUMÉROS du BULLETIN des lois.
	tribunaux, des lettres patentes portant institution de majorats.	
16 mars 1809.	DÉCRET portant que les lettres patentes relatives à l'institution de majorats ne seront insérées que par extrait au Bulletin des lois, au lieu de l'être en entier, comme le portoit l'article 23 du décret du 1.er mars 1808 concernant les majorats.	Bull. 229, n.° 4193.
4 mai 1809.	DÉCRET relatif à la conservation des biens affectés aux majorats. Des instructions données par le procureur général du Conseil du sceau des titres, pour l'exécution de ce décret, ont été imprimées, in-4.°, en regard du texte même du décret; et des exemplaires en ont été transmis, le 8 août 1809, par le ministre de la justice, aux procureurs généraux des cours, qui ont été chargés d'en donner communication aux tribunaux de leur ressort, et ceux-ci aux juges de paix et notaires, afin d'assurer, en ce qui les concerne, l'exécution de ce même décret du 4 mai.	Bull. 270, n.° 5251.
17 mai 1809.	DÉCRET relatif aux biens qui peuvent être constitués en majorat.	Bull. 236, n.° 4393.
4 juin 1809.	DÉCRET contenant diverses dispositions relatives à la transmission et à la cumulation des titres.	Bull. 238, n.° 4431.
Idem.	DÉCRET qui soumet à la retenue du dixième les arrérages des inscrip-	Bull. 238, n.° 4432.

DATES DES ACTES.	TITRES OU SOMMAIRES.	NUMÉROS du BULLETIN des lois.
	tions de cinq pour cent consolidés, affectées à la dotation des majorats.	
5 août 1809.	AVIS du Conseil d'état du 8 juillet 1809, approuvé le 5 août suivant, relatif au régime des bois affectés aux majorats.	Bull. 242, n.° 4487.
4 décemb. 1809.	DÉCRET contenant le tarif des droits pour la poursuite des affaires sur lesquelles le Conseil du sceau des titres est appelé à délibérer.	Bull. 252, n.° 4839.
30 janvier 1810.	SÉNATUS-CONSULTE relatif (art. 20, 21 et suiv.) au domaine extraordinaire, destiné en partie à récompenser les soldats et les grands services civils ou militaires rendus à l'État.	Bull. 263, n.° 5141.
	Un décret, non imprimé, en date du 13 février 1811, a établi un conseil près l'intendant du domaine extraordinaire.	
3 mars 1810.	DÉCRET concernant le siége des majorats, les fils des titulaires de majorats, les biens des majorats et le titre de chevalier.	Bull. 270, n.° 5249.
Idem.	DÉCRET concernant les dotations qui ne sont attachées à aucun titre, l'enregistrement des lettres patentes, la délivrance des lettres ou brevets d'investiture, &c.; les délibérations	Bull. 270, n.° 5250.

DATES DES ACTES.	TITRES OU SOMMAIRES.	NUMÉROS du BULLETIN des lois.
	relatives aux pensions des veuves, &c.; l'expédition des actes et titres émanés du Conseil du sceau des titres, et les dotations consistant en rentes ou en actions des canaux.	
10 mars 1810.	DÉCRET concernant la propriété et l'administration du canal du Midi, cédé au domaine extraordinaire. Moniteur du 12 mars 1810, n.° 71.	
16 mars 1810.	DÉCRET concernant la propriété et l'administration des canaux d'Orléans et de Loing, cédés au domaine extraordinaire.	Bull. 283, n.° 5355.
6 juillet 1810.	DÉCRET portant (art. 38) que les présidens et procureurs généraux des cours ne désigneront les parties dans le prononcé des arrêts que par leurs noms et prénoms, et qu'ils pourront seulement ajouter les titres de prince, duc, comte, baron ou chevalier, qui leur auront été conférés par lettres patentes.	Bull. 300, n.° 5725.
23 septembre et 15 déc. 1810, et 24 janvier 1811.	DÉCRETS relatifs à la réunion en société des donataires de 4.e, 5.e et 6.e classes, pour l'administration et la jouissance des biens, rentes et revenus attachés à leurs dotations.	Bulletins, 315, n.os 5956 et 5957; 332, n.° 6178; 347, n.° 6482.

CHAPITRE XI.

DATES DES ACTES.	TITRES OU SOMMAIRES.	NUMÉROS du BULLETIN des lois.
30 janvier 1811.	Avis du Conseil d'état du 25 janvier 1811, approuvé le 30 du même mois, sur la manière de pourvoir à l'administration et à l'emploi du revenu des majorats, pendant la minorité des titulaires.	Bull. 349, n.° 6505.
11 juin 1811.	Décret relatif à l'établissement du siége des majorats.	Bull. 375, n.° 6914.
26 août 1811.	Décret portant (art. 8) que les individus dont la naturalisation en pays étranger sans autorisation auroit été constatée, et qui auroient reçu distinctement, où par transmission, des titres institués par le sénatus-consulte du 14 août 1806, en seront déchus. *Voyez* l'avis du Conseil d'état du 14 janvier 1812, approuvé le 21 du même mois, inséré au Bulletin 415, n.° 7602.	Bull. 387, n.° 7186.
14 octobre 1811.	Décret qui règle les attributions respectives du Conseil du sceau des titres, et de l'intendant général du domaine extraordinaire, relativement aux dotations créées sur ledit domaine.	Bull. 398, n.° 7377.
4 novemb. 1811.	Décret portant que les dépenses pour réparations foncières à la charge	Bull. 400, n.° 7412.

DATES DES ACTES.	TITRES OU SOMMAIRES.	NUMÉROS du BULLETIN des lois.
	de différens donataires seront supportées en commun par les sociétaires.	
3 janvier 1812.	DÉCRET relatif à la transmission des dotations de sixième classe accordées pour cause d'amputation, de blessures graves, ou en récompense de services militaires, à défaut d'enfans mâles du donataire.	Bull. 414, n.° 7591.
24 août 1812.	DÉCRET concernant les pensions des veuves de titulaires de majorats ou dotations.	Bull. 447, n.° 8210.
22 décemb. 1812.	DÉCRET relatif aux transcriptions et inscriptions à prendre au bureau de la conservation des hypothèques, pour les biens et rentes appartenant au domaine extraordinaire, ou faisant partie des dotations dans l'intérieur, et au rachat des rentes et redevances, &c. dues au domaine extraordinaire ou aux donataires.	Bull. 456, n.° 8402.
Idem.	DÉCRET contenant diverses dispositions ayant pour objet d'empêcher que les biens des majorats formés de propriétés particulières, ainsi que ceux des majorats et dotations provenant du domaine extraordinaire,	Bull. 457, n.° 8421.

CHAPITRE XI.

DATES DES ACTES.	TITRES OU SOMMAIRES.	NUMÉROS du BULLETIN des lois.
	soient diminués sans de bonnes et justes causes, et par l'insuffisance de la défense ou par la collusion des parties.	
5 février 1813.	SÉNATUS-CONSULTE organique contenant (art. 44) quelques dispositions sur les dotations qui font retour au domaine extraordinaire.	Bull. 474, n.° 8668.
9 mars 1813.	DÉCRET relatif aux biens des dotations de 4.ᵉ et 5.ᵉ classes.	Bull. 484, n.° 8951.
12 mars 1813.	DÉCRET qui déclare applicables aux membres de l'ordre de la Réunion les articles 11 et 12 du premier statut du 1.ᵉʳ mars 1808, et les réglemens postérieurs concernant les titres.	Bull. 484, n.° 8952.
8 avril 1813.	DÉCRETS relatifs à la réunion en société de divers donataires, pour l'administration et la jouissance des rentes et revenus attachés à leurs dotations.	Bull. 497, n.ᵒˢ 9107 et 9108.
12 août 1813.	DÉCRET qui pourvoit à la conservation des biens formant la dotation d'un duché qui faisoit retour au domaine extraordinaire, et transmet ledit duché, aux condi-	Bull. 516, n.° 9493.

DATES DES ACTES.	TITRES OU SOMMAIRES.	NUMÉROS du BULLETIN des lois.
	tions exprimées, à la fille du titulaire décédé.	
11 novemb. 1813.	DÉCRET concernant les pensions affectées sur les majorats et dotations constitués sur le domaine extraordinaire.	Bull. 537, n.º 9867.
15 juillet 1814.	ORDONNANCE du Roi portant création d'une Commission du sceau qui remplacera le Conseil du sceau des titres.	Bull. 25, 5.ᵉ série, n.º 190.
Idem.	ORDONNANCE du Roi portant nomination du commissaire de Sa Majesté près la Commission du sceau, des référendaires près la même commission, et du trésorier du sceau. Une ordonnance du 11 décembre 1815 (Bull. 62, 7.ᵉ série, n.º 399), fixe définitivement à dix le nombre des référendaires près cette Commission.	Bull. 25, n.º 191.
18 septemb. 1814.	ORDONNANCE du Roi qui autorise l'aliénation des biens formant les dotations des majorats établis dans le royaume de Naples, à la charge toutefois, par les titulaires, d'employer en France, soit en acquisition de domaines fonciers, soit en inscriptions sur le grand-livre, les fonds provenant de la cession desdites dotations, et d'en justifier comme il est prescrit.	Bull. 38, n.º 284.
8 octobre 1814.	ORDONNANCE du Roi qui déter-	Bull. 43, n.º 338.

DATES DES ACTES.	TITRES OU SOMMAIRES.	NUMÉROS du BULLETIN des lois.
	mine le cas dans lequel la noblesse sera acquise héréditairement aux membres de la Légion d'honneur. Cette ordonnance est rapportée textuellement au chapitre IX, pag. 112.	
8 octobre 1814.	ORDONNANCE du Roi contenant réglement sur les droits de sceau et sur ceux des référendaires, et le tarif de ces droits. On croit devoir rapporter en entier, à la suite de cette Table, cette ordonnance et les suivantes, à cause des tarifs qui s'y trouvent.	Bull. 43, n.° 339.
12 décemb. 1814.	TARIF du droit de sceau à payer au profit de l'hôtel royal des invalides, pour l'expédition des brevets d'avancement et grâces honorifiques, annexé à l'ordonnance du Roi du 12 décembre 1814.	Bull. 61, n.° 516.
26 décemb. 1814.	ORDONNANCE du Roi contenant le tarif des droits de sceau pour l'expédition des lettres patentes qui seront délivrées aux villes et communes du royaume, soit pour renouvellement d'armoiries anciennes, soit pour concession d'armoiries nouvelles.	Bull. 67, n.° 570.
3 mars 1815.	ORDONNANCE du Roi contenant le tarif du droit de sceau et des droits des référendaires sur les provisions	Bull. 85, n.° 746.

DATES DES ACTES.	TITRES OU SOMMAIRES.	NUMÉROS du BULLETIN des lois.
	à délivrer aux membres des cours et tribunaux.	
7 août 1815.	ORDONNANCE du Roi qui annulle toute disposition et aliénation que des donataires auroient faites ou tenteroient de faire, au préjudice du droit de retour assuré au domaine extraordinaire par les titres constitutifs des dotations et majorats.	Bull. 12, 7.ᵉ série, n.º 55.
22 mai 1816.	ORDONNANCE du Roi concernant les dotations à la charge du domaine extraordinaire.	Bull. 88, n.º 730.
Idem.	ORDONNANCE du Roi portant reconstitution du domaine extraordinaire.	Bull. 94, n.º 813.
24 juillet 1816.	ORDONNANCE du Roi qui annulle les obligations dites *annuités*, échues et non payées, qui ont été souscrites, au profit de la caisse du sceau, par les titulaires de dotations situées hors du royaume.	Bull. 103, n.º 954.
25 août 1817.	ORDONNANCE du Roi sur la formation des majorats à instituer par les pairs.	Bull. 171, n.º 2686.

Nota. Cette ordonnance et les deux suivantes se trouvent rapportées textuellement dans le chapitre précédent, pag. 154, 158 et 165.

DATES DES ACTES.	TITRES OU SOMMAIRES.	NUMÉROS du BULLETIN des lois.
25 août 1817.	ORDONNANCE du Roi sur la délivrance des lettres patentes portant collation des titres de pairie.	Bull. 174, n.º 2687.
31 août 1817.	ORDONNANCE du Roi sur l'expédition des lettres patentes des titres de pairie.	Bull. 171, n.º 2688.
15 mai 1818.	LOI sur les finances, portant (art. 95) que le domaine extraordinaire fait partie du domaine de l'État, et que les dotations et majorats qui, en vertu de leur concession, sont réversibles au domaine extraordinaire, feront, dans les cas prévus par les statuts et décrets, retour au domaine de l'État.	Bull. 211, n.º 4101.

Ordonnance du Roi contenant Réglement sur les Droits de sceau et sur ceux des Référendaires, et le Tarif de ces Droits; du 8 Octobre 1814.

LOUIS, par la grâce de Dieu, Roi de France et de Navarre, à tous ceux qui ces présentes verront, SALUT.

Nous étant fait rendre compte des tarifs adoptés précédemment pour les droits de sceau par le dernier Conseil du sceau des titres, ensemble de ceux anciennement en vigueur à notre chancellerie,

Nous avons jugé convenable d'en modifier quelques

14

articles, en proportionnant aux différentes grâces que nous jugerons à propos d'accorder, les sommes à payer par ceux qui les obtiendront, et en nous ménageant ainsi la possibilité de trouver dans la perception des droits de sceau, outre les moyens de fournir à sa dépense, ceux de remplir les intentions bienfaisantes annoncées par notre ordonnance du 15 juillet dernier;

Nous avons voulu régler en même temps les droits particuliers des référendaires établis auprès de notre Commission du sceau.

A ces causes, sur le rapport de notre amé et féal chevalier, chancelier de France, le sieur Dambray, et conformément à l'avis de notre Commission du sceau, nous avons ordonné et ordonnons que les droits à payer pour le sceau et l'expédition des lettres patentes qui seront délivrées à la chancellerie de France, seront réglés ainsi qu'il suit :

Art. 1.ᵉʳ Les lettres patentes qui seront expédiées par suite d'un décret du dernier gouvernement sur une concession qu'il avoit accordée, et qui en contiendront toutes les clauses, ne seront soumises qu'aux droits fixés par les statuts et décrets rendus pour le Conseil du sceau des titres.

2. Les lettres patentes portant confirmation du même titre et changement d'armoiries ne seront soumises qu'aux droits suivans :

CHAPITRE XI.

	DROITS du Sceau.	DROITS des Référendaires.
Renouvellement de lettres patentes		
De comte............................	100f	25f
De baron............................	50.	20.
De chevalier........................	15.	15.

3. Les lettres patentes portant collation du titre héréditaire de marquis, comte, vicomte et baron, seront soumises aux droits suivans :

	DROITS du Sceau.	DROITS des Référendaires.
Les lettres patentes de marquis et de comte.	6,000.	150f
—————————— de vicomte.........	4,000.	150.
—————————— de baron...........	3,000.	150.
Les lettres patentes de chevalier que nous jugerons à propos d'accorder aux membres de la Légion d'honneur, ne donnant ce titre héréditairement qu'à la troisième génération, ne seront soumises qu'au droit de........	60.	50.
Les lettres de noblesse seront soumises au droit de..............................	600.	50.

4. Seront payées les sommes suivantes pour les frais de sceau et d'expédition des lettres et diplômes de diverse nature :

	DROITS du Sceau.	DROITS des Référendaires.
Grandes lettres de naturalisation scellées.	Gratis.	50f
Lettres de déclaration de naturalité..........	100f	50.
Lettres portant autorisation de se faire naturaliser ou de servir à l'étranger.........	500.	50.
Dispenses d'âge pour mariage............	100.	50.
Dispenses de parenté pour mariage.......	200.	50.

5. Nous nous réservons de remettre ou de modérer les sommes ci-dessus en faveur de ceux de nos sujets qui nous paroîtront susceptibles de cette nouvelle grâce. Seront, au surplus, exécutés les tarifs et réglemens antérieurs, en tout ce qui n'est pas contraire aux présentes.

6. Notre amé et féal chevalier, chancelier de France, le sieur Dambray, est chargé de l'exécution.

Donné à Paris, le 8 Octobre de l'an de grâce 1814.

Outre les droits de sceau fixés par cette ordonnance du 8 octobre 1814, et par celle du 26 décembre même année, relative aux armoiries des villes et communes, il est établi, par le tarif annexé à l'article 55 de la loi des finances du 28 avril 1816 (Bull. §1), un droit d'enregistrement de vingt pour cent desdits droits de sceau.

CHAPITRE XI.

Tarif du Droit de sceau à payer, au profit de l'Hôtel royal des Invalides, pour l'expédition des Brevets d'avancement et grâces honorifiques, annexé à l'Ordonnance du Roi, du 12 Décembre 1814.

GRADES.	SOMME À PAYER pour chaque promotion.
AVANCEMENT.	
Maréchal de France.............................	300^f
Lieutenant général.............................	150.
Maréchal-de-camp.............................	100.
Colonel ou adjudant commandant.............	60.
Major..	30.
Chef de bataillon ou d'escadron..............	20.
Capitaine.......................................	10.
Lieutenant.....................................	5.
Sous-lieutenant................................	3.
Intendant militaire............................	100.
Sous-intendant.................................	60.
Adjoint sous-intendant........................	20.
Nota. Les intendans et sous-intendans militaires, créés par ordonnance du 29 juillet 1817, ont été substitués ici aux inspecteurs aux revues et commissaires des guerres, supprimés par la même ordonnance.	
Inspecteur général du service de santé et officier de santé en chef aux armées........	100.
Officier de santé principal....................	50.
Médecin, chirurgien-major, pharmacien-major..	30.

GRADES.	SOMME À PAYER pour chaque promotion.
Médecin adjoint, chirurgien aide-major et pharmacien aide-major..............	10f
Chirurgien et pharmacien sous-aide-major..	5.
Croix de Saint-Louis et du Mérite militaire.	
Chevalier.......................	15.
Commandeur.....................	100.
Grand'croix.....................	200.

Ordonnance du Roi contenant le Tarif des Droits de sceau pour l'expédition des Lettres patentes qui seront délivrées aux Villes et Communes du Royaume, soit pour renouvellement d'Armoiries anciennes, soit pour concession d'Armoiries nouvelles; du 26 Décembre 1814.

LOUIS, par la grâce de Dieu, Roi de France et de Navarre; à tous ceux qui ces présentes verront, SALUT.

Par notre ordonnance du 26 septembre dernier, nous avons cru devoir autoriser les villes et communes du royaume à reprendre les armoiries qui leur avoient été attribuées par les Rois nos prédécesseurs, et nous réserver d'en accorder à celles des villes et communes qui n'en auroient pas obtenu.

Notre ordonnance n'ayant point établi de tarif pour les droits du sceau et pour celui des référendaires dans l'un et dans l'autre cas, nous avons cru devoir les déterminer d'après des considérations basées sur l'importance des établissemens existans dans chacune de ces villes et communes, que nous avons, par cette raison, jugé convenable de distinguer en trois classes.

A quoi voulant pourvoir;

Ouï sur ce, le rapport de notre amé et féal chevalier, chancelier de France, le sieur Dambray, et conformément à l'avis de notre Commission du sceau,

Nous avons ordonné et ordonnons ce qui suit :

Art. 1.er Les droits à payer pour l'expédition et sceau des lettres patentes qui seront délivrées par la chancellerie de France aux villes et communes, soit pour renouvellement d'armoiries anciennes, soit pour concession d'armoiries nouvelles, sont réglés ainsi qu'il suit.

2. Les villes et communes sont divisées en trois classes.

Dans la première sont placées les villes chefs-lieux de département, ou qui, n'ayant pas de préfecture, sont cependant le siége d'une cour royale;

Dans la seconde, les villes chefs-lieux d'arrondissement, ou qui, n'ayant pas de sous-préfecture, sont le siége d'un tribunal civil ou d'un tribunal de commerce ;

Dans la troisième, les villes et communes qui, n'ayant point d'établissement, ne peuvent être rangées dans aucune des deux premières classes.

3. Les lettres patentes portant renouvellement d'anciennes armoiries pour les villes qui en avoient déjà, et qui les auront fait vérifier en conformité de notre ordonnance du 26 septembre dernier, ne seront soumises qu'aux droits suivans :

Renouvellement, savoir :	DROITS	
	du Sceau.	des Référendaires.
Pour les villes de 1.re classe..........	150f	40f
Pour les villes de 2.e classe..........	100.	30.
Villes et communes de 3.e classe.....	50.	20.

4. A l'égard des villes et communes qui n'auroient pas encore obtenu d'armoiries, et auxquelles nous jugerons à propos d'en accorder, elles seront soumises aux droits suivans, savoir :

	DROITS du Sceau.	des Référendaires.
Celles de 1.re classe.	600f	100f
Celles de 2.e classe.	400.	50.
Celles de 3.e classe.	200.	25.

5. Les corporations, associations civiles, ecclésiastiques, littéraires et autres, auxquelles nous aurons, ou nos prédécesseurs, conféré quelque titre, seront soumises, soit pour la concession, soit pour le renouvellement, après vérification, aux mêmes droits que les villes chefs-lieux et communes auxquelles elles appartiendront.

6. Notre amé et féal chevalier, chancelier de France, le sieur Dambray, et notre ministre secrétaire d'état au département de l'intérieur, sont, chacun en ce qui le concerne, chargés de l'exécution de la présente ordonnance.

Donné à Paris, le 26 Décembre 1814.

Ordonnance du Roi contenant le Tarif du Droit de sceau et des Droits des Référendaires sur les Provisions à délivrer aux Membres des Cours et Tribunaux; du 3 Mars 1815.

LOUIS, par la grâce de Dieu, Roi de France et de Navarre, à tous ceux qui ces présentes verront, SALUT.

Sur le rapport de notre amé et féal chevalier, chancelier de France, le sieur Dambray, commandeur de nos ordres,

Nous avons ordonné et ordonnons ce qui suit:

Art. 1.ᵉʳ Les membres de nos cours et tribunaux déjà nommés et institués, ou qui le seront par la suite, se pourvoiront, dans le mois de la notification qui leur sera faite de leur nomination et institution, par-devant notre chancelier en notre Commission du sceau, à l'effet d'obtenir des provisions qui seront signées de nous, contre-signées de notre chancelier, et revêtues de notre grand sceau.

2. Les impétrans feront procéder, dans les deux mois de la délivrance qui leur aura été faite desdites provisions, à leur enregistrement dans les registres de la cour dont ils seront membres, ou dans le ressort de laquelle ils exerceront leurs fonctions. Cet enregistrement sera fait, en outre, pour les membres des tribunaux de première instance, dans les registres du tribunal dont ils feront partie.

CHAPITRE XI.

3. Lors de l'installation qui sera faite, d'après nos ordres, de chacune de nos cours et tribunaux, après que nous en aurons nommé et institué les membres, lesdits membres prêteront le serment ; savoir, ceux de nos cours, dans les mains du premier président, et ceux des tribunaux de première instance, dans les mains d'un commissaire qui sera désigné pour l'installation par le premier président de la cour dans le ressort de laquelle ils sont placés, « de nous être » fidèles, de garder et faire observer les lois du » royaume, ainsi que nos ordonnances et réglemens, » et de se conformer à la charte constitutionnelle » que nous avons donnée à nos peuples. »

Le même serment sera préalablement prêté en nos mains par ceux des premiers présidens et procureurs généraux de nos cours par nous nommés et institués, qui se trouveront accidentellement à Paris ; et par les autres, dans les mains d'un commissaire que nous pourrons déléguer à cet effet.

4. Il sera tenu registre de ladite prestation de serment, et il en sera fait mention sur les provisions par notre chancelier, pour les sermens prêtés entre nos mains ; et pour les autres sermens, par le greffier en chef des cours et tribunaux. Mention sera faite également, sur lesdites provisions, de l'enregistrement ordonné par l'article 2 ci-dessus.

5. La délivrance et le sceau des provisions seront

poursuivis devant notre chancelier et notre Commission du sceau, par le ministère des référendaires établis près ladite Commission.

6. Les droits du sceau et les honoraires du référendaire seront, ainsi que la fourniture de la formule des provisions sur parchemin, payés par chaque impétrant conformément au tarif annexé à la présente ordonnance.

Néanmoins ceux des membres de nos cours et tribunaux qui exerçoient déjà les fonctions dans lesquelles ils ont été ou seront continués par notre nomination et institution, ne paieront que la moitié du droit de sceau fixé par ledit tarif.

7. Un tiers seulement des droits du sceau restera affecté aux frais d'expédition et sceau desdites provisions; les deux tiers restans, formant le produit net du droit, seront versés par le trésorier du sceau, sur les ordonnances de notre chancelier, à la caisse d'amortissement, pour le montant y être porté au crédit du fonds de secours et pensions de retraite créé par nos ordonnances des 23 septembre et 9 janvier derniers, en faveur des fonctionnaires de l'ordre judiciaire.

8. Notre amé et féal chevalier, chancelier de France, le sieur Dambray, commandeur de nos ordres, est chargé de l'exécution de la présente ordonnance.

CHAPITRE XI. 221

Donné à Paris, le 3 Mars de l'an de grâce 1815, et de notre règne le vingtième.

Tarif du Droit de sceau et des Droits des Référendaires sur les Provisions des Membres des Cours de justice et des Tribunaux de première instance.

	DROITS du Sceau.	DROITS du Référendaire.
Cour de cassation.		
Les présidens et le procureur général...	200ᶠ	25ᶠ
Conseillers, avocats généraux et greffier.	150.	20.
Cour des comptes.		
Présidens et procureur général........	200.	25.
Conseillers-maîtres et greffier........	150.	20.
Conseillers-référendaires............	100.	15.
Cours royales.		
Présidens et procureurs généraux......	150.	20.
Conseillers, avocats généraux, substituts, greffiers........................	100.	15.
Conseillers-auditeurs................	60.	10.
Tribunaux de première instance composés de trois ou de deux chambres.		
Présidens et procureurs du Roi.......	100.	15.
Juges, substituts et greffiers.........	70.	12.
Tribunaux de première instance composés d'une chambre.		
Présidens et procureurs du Roi.......	80.	15.
Juges, substituts et greffiers.........	60.	12.

CHAPITRE XII.

De l'ancien Ordre de chevalerie ou Dignité militaire.

Il ne faut pas confondre l'ancien ordre de chevalerie, qui étoit une haute dignité militaire que l'on conféroit assez ordinairement aux guerriers avant ou après une bataille, ou sur le champ de bataille même, avec les ordres de chevalerie dont il sera parlé.

La première de ces institutions, qui, pendant tant de siècles, a été en usage chez toutes les nations européennes, et plus particulièrement en France, où elle étoit entretenue par les joutes et les tournois, véritables écoles de prouesse et de courtoisie, s'est successivement éteinte par-tout. Chez nous elle a fini, pour ainsi dire, avec les Gaston de Foix, les Bayard, les Montluc.

L'invention des armes à feu, qui donnent un avantage marqué sur le courage personnel et la valeur chevaleresque; la suppression des tournois, par suite du funeste accident qui fit périr Henri II, en 1559; enfin nos guerres civiles, sont les véritables causes de l'extinction de cette ancienne chevalerie militaire, à laquelle se rattachent des souvenirs

CHAPITRE XII.

tout-à-la-fois si grands et si aimables. Un preux trouvoit tous ses devoirs dans ce mot : *Dieu, le Roi, ma Dame.*

La promotion à la chevalerie étoit une cérémonie aussi touchante que belle, soit qu'elle eût lieu en temps de paix, avec la pompe et les solennités d'usage; soit qu'elle se fît au milieu des camps et des dangers, avec une noble simplicité : elle précédoit ou suivoit presque toujours les événemens importans de la guerre, comme on va le voir.

Dans le VIe siècle, un guerrier nommé *Léonard* fut promu à l'ordre de chevalerie par Chilpéric, fils de Clotaire; mais, ce chevalier ayant ensuite donné quelque chagrin à Frédégonde, cette Princesse ordonna, dans sa colère, qu'on lui ôtât le baudrier dont Chilpéric l'avoit honoré.

Charlemagne, étant sur le point de conquérir la Hongrie, fit chevalier Louis-le-Débonnaire, son fils, et lui ceignit le baudrier et l'épée, à Ratisbonne.

Philippe-Auguste étant à Compiègne, en 1209, donna la chevalerie à Louis, son fils aîné, depuis Roi sous le nom de *Louis VIII.*

L'an 1238, S. Louis créa chevalier Robert de France, comte d'Artois, son frère.

En 1313, Philippe-le-Bel conféra la chevalerie à Louis, son fils aîné, depuis Roi sous le nom de *Louis-Hutin.*

En 1332, le Roi Philippe de Valois fit chevalier son fils Jean, duc de Normandie.

Pierre, comte de la Marche, fut fait chevalier, en 1361, par Jacques de Bourbon, son père, avant le combat de Brignais.

Le connétable du Guesclin, à la bataille de Cocherel, qu'il gagna en 1364, fit chevaliers Jacques le Mercier, seigneur de Saint-Quentin-des-Isles, et Bertrand de Gastel, seigneur de Vitray.

L'an 1389, le Roi Charles VI fit chevaliers, dans Saint-Denis, ses cousins-germains Louis II et Charles d'Anjou.

Au siége de Bapaume, en 1414, le duc de Bourbon fit chevalier le comte d'Eu, son beau-frère.

Un peu avant la bataille d'Azincourt, en 1415, Philippe, comte de Nevers, reçut, ainsi que plusieurs autres seigneurs, la chevalerie ou dignité militaire, de Jean le Maingre dit *Boucicaut*, maréchal de France.

Au siége de Melun, en 1420, Barbasan, *chevalier sans reproche*, conféra la chevalerie à Louis des Ursins et à Gilles d'Eschéviller.

Jean de Harcourt, comte d'Aumale, donna la chevalerie à André de Laval, avant la défaite des Anglais, arrivée en 1422, à la Bressinière.

Charles VII fut fait chevalier à son sacre, en 1429, par Jean I.er, duc d'Alençon.

Le connétable ayant chassé les Anglais de devant

la place de Saint-Célerin, dont ils faisoient le siége en 1433, fit plusieurs chevaliers, et, entre autres, Gilles de Saint-Simon, Olivier de Ver, et le seigneur de Bellière.

Le comte de Saint-Paul, Hector d'Estouteville, Renaud de Longueval, et plusieurs autres, furent honorés de la chevalerie à l'assaut de la ville de Dieppe, en 1442.

Le seigneur de Moy fut fait chevalier à l'assaut de Pont-Audemer, en 1449. En la même année furent faits chevaliers, devant la ville de Rouen, le comte de Nevers, le sire de Concressant, Brunet de Longchamp, le sire de Pleumartin-Isoré, Pierre de la Fayette, le sire de Graville, Robert de Hellenvillier, Guillaume Cousinet et autres.

Après le siége et la prise de Baïonne par les Français, en 1451, le comte de Dunois, lieutenant du Roi, pour rendre plus célèbre son entrée dans cette ville, fit plusieurs chevaliers, et, entre autres, Jamet de Saveuses, le sire de Montguyon et le sire de Boussac.

Au siège de Fronsac, l'an 1452, furent faits chevaliers Pierre des Barres et Jean de la Haye.

En 1461, Louis XI, étant sur le point d'être sacré et couronné, tira son épée et la présenta à Philippe, duc de Bourgogne, en le priant de le faire chevalier de sa main. Ce duc, pour lui obéir, lui donna l'accolade ou l'accolée, et le fit chevalier. Le Roi fit aussi chevaliers de sa main le sire de Beaujeu; Jacques de Bourbon; les comtes de Genève, de Portien et de Wirtemberg; Jean de Luxembourg; le fils du marquis de Saluces; Jean de Montmorency, seigneur de Nivelle; les barons de Craon, de Châtillon et de Ferrières; les seigneurs de Renty, Sanson de Saint-Germain, seigneur de Rouvron, et autres.

En 1515, après la bataille de Marignan, où les Suisses perdirent plus de dix mille hommes, le Roi François I.ᵉʳ, pour rendre cette victoire plus solennelle, voulut être fait chevalier de la main même de Bayard (Pierre du Terrail), surnommé *le bon chevalier sans peur et sans reproche*.

Henri II fut fait chevalier de la main de Oudard du Biez, maréchal de France.

Après la bataille de Cerisoles, en 1544, Blaise de Montluc fut créé chevalier.

Pour bien faire connoître l'institution de la chevalerie et donner une juste idée des mœurs des membres de cet ordre, je vais rapporter textuellement les articles du serment que les chevaliers prêtoient à leur réception; ils sont tirés du *Théâtre d'honneur et de chevalerie* de Wlson de la Colombière :

« Premièrement, de craindre, de révérer et de
» servir Dieu religieusement, et de combattre pour

» la foi de toutes leurs forces, et de mourir plutôt
» de mille morts, que de renoncer jamais au chris-
» tianisme;

2. » De servir leur Prince souverain fidèlement,
» et de combattre pour lui et la patrie très-valeu-
» reusement;

3. » De soutenir le bon droit des plus foibles,
» comme des veuves, des orphelins et des damoi-
» selles en bonne querelle, en s'exposant pour eux
» selon que la nécessité le requerroit, pourvu que
» ce ne fût contre leur honneur propre, ou contre
» leur Roi ou Prince naturel;

4. » Qu'ils n'offenseroient jamais aucune per-
» sonne malicieusement, ni n'usurperoient le bien
» d'autrui, mais plutôt qu'ils combattroient contre
» ceux qui le feroient;

5. » Que l'avarice, la récompense, le gain et le
» profit, ne les obligeroient à faire aucune action,
» mais la seule gloire et vertu;

6. » Qu'ils combattront pour le bien et pour le
» profit de la chose publique;

7. » Qu'ils tiendront et obéiront aux ordres de
» leurs généraux et capitaines qui auront droit de
» leur commander;

8. » Qu'ils garderont l'honneur, le rang et l'ordre
de leurs compagnons, et qu'ils n'empiéteront rien
par orgueil ni par force sur aucun d'iceux;

9. » Qu'ils ne combattront jamais accompagnés
» contre un seul, et qu'ils fuiront toutes fraudes et
» supercheries ;

10. » Qu'ils ne porteront qu'une épée, à moins
» qu'ils ne soient obligés de combattre contre deux
» ou plusieurs ;

11. » Que, dans un tournoi ou autre combat *à
» plaisance*, ils ne se serviront jamais de la pointe
» de leurs épées ;

12. » Qu'étant pris en un tournoi prisonniers, ils
» seront obligés par leur foi et par leur honneur d'exé-
» cuter de point en point les conditions de l'emprise ;
» outre qu'ils seront obligés de rendre aux vainqueurs
» leurs armes et leurs chevaux, s'ils les veulent avoir,
» et ne pourront combattre en guerre ou ailleurs sans
» leur congé ;

13. » Qu'ils doivent garder la foi inviolablement
» à tout le monde, et particulièrement à leurs com-
» pagnons, soutenant leur honneur et profit entiè-
» rement en leur absence ;

14. » Qu'ils s'aimeront et s'honoreront les uns les
» autres, et se porteront aide et secours toutes les
» fois que l'occasion s'en présentera, et ne combat-
» tront jamais l'un contre l'autre, si ce n'est par mé-
» connoissance ;

15. » Qu'ayant fait vœu ou promesse d'aller en
» quelque quête ou aventure étrange, ils ne quitte-

» ront jamais les armes, si ce n'est pour le repos de
» la nuit;

16. » Qu'en la poursuite de leur quête ou aven-
» ture, ils n'éviteront point les mauvais et périlleux
» passages, ni ne se détourneront du droit chemin,
» de peur de rencontrer des chevaliers puissans, ou
» des bêtes sauvages, ou autre empêchement que le
» corps et le courage d'un seul homme peut mener
» à chef;

17. » Qu'ils ne prendront jamais aucun gage ni
» pension d'un prince étranger;

18. » Que, commandant des troupes de gendar-
» merie, ils vivront avec le plus d'ordre et de disci-
» pline qu'il leur sera possible, et notamment en leur
» propre pays, où ils ne souffriront jamais aucun
» dommage ni violence être faits;

19. » Que s'ils sont obligés de conduire une dame
» ou damoiselle, ils la serviront, protégeront, et la
» sauveront de tout danger ou de toute offense, ou
» ils mourront à la peine;

20. » Qu'ils ne feront jamais violence à dames ou
» damoiselles, encore qu'ils les eussent gagnées par
» armes, sans leur volonté et consentement;

21. » Qu'étant recherchés de combat pareil, ils ne
» le refuseront point, sans plaie, maladie ou autre
» empêchement raisonnable;

22. » Qu'ayant entrepris de mettre à chef une

» emprise, ils y vaqueront an et jour, s'ils n'en sont
» rappelés pour le service du Roi et de leur patrie;

23. » Que s'ils font un vœu pour acquérir quelque
» honneur, ils ne s'en retireront point qu'ils ne
» l'aient accompli ou l'équivalent;

24. » Qu'ils seront fidèles observateurs de leur
» parole et de leur foi donnée, et qu'étant pris pri-
» sonniers en bonne guerre, ils paieront exactement
» la rançon promise, ou se remettront en prison au
» jour et temps convenu selon leur promesse, à
» peine d'être déclarés infames et parjures;

25. » Que, retournés à la cour de leur souverain,
» ils rendront un véritable compte de leurs aven-
» tures, encore même qu'elles fussent quelquefois
» à leur désavantage, au Roi et au greffier de l'ordre,
» sur peine d'être privés de l'ordre de chevalerie;

26. » Que sur toutes choses ils seront fidèles,
» courtois, humbles, et ne failliront jamais à leur
» parole, pour mal ou perte qui leur en pût avenir. »

Une des principales marques distinctives de la chevalerie militaire étoit les éperons dorés; et chez les Romains, l'anneau d'or. La chevalerie se conféroit à Rome de cette manière: on mettoit l'anneau au doigt du récipiendaire, en lui disant: *Puisque vous savez le métier de la guerre, je vous donne cet anneau.*

CHAPITRE XIII.

Des Ordres militaires de chevalerie et de religion institués par les Rois de France et divers Princes de leur sang, et par quelques Chevaliers français, &c.

Quoiqu'on trouve quelques ordres de chevalerie institués antérieurement au XI.ᵉ siècle, on peut néanmoins dire que les croisades, dont les premières eurent lieu à cette époque, ont réellement été l'occasion de l'établissement de la plupart des ordres militaires de chevalerie et de religion. Au reste, ces institutions ont presque toujours eu pour but la religion et la politique.

On ne peut accepter et porter l'ordre de chevalerie ou la décoration d'un prince étranger, sans le consentement de son Souverain : cela est expressément défendu en France par les statuts des ordres de Saint-Michel et du Saint-Esprit, et par l'article 23 du décret du 26 août 1811. Une décision du Roi rendue en son Conseil le 20 juin 1814, et deux ordonnances des 28 juillet 1815 et 26 mars 1816, consacrent le principe que nul ne peut porter en France un ordre étranger sans la permission de Sa Majesté ; et c'est ce qui résulte encore de l'article 23 d'une autre ordonnance royale du 17 février 1815, et d'une

décision du 2 mars 1816 : « Les Français décorés
» d'ordres étrangers en informeront le grand chan-
» celier de l'ordre royal de la Légion d'honneur, qui
» prendra les ordres du Roi pour les autorisations
» qu'ils n'auroient pas encore obtenues de Sa Ma-
» jesté. » (Bull. 79, n.° 564.)

Autrefois, un sujet qui auroit accepté cette marque d'honneur de la part d'un prince étranger sans la permission de son propre Souverain, auroit été considéré comme rebelle : c'est, dit-on, la raison pour laquelle François, duc de Bretagne, fit mourir, en 1450, son frère Gilles de Bretagne, baron de Châteaubriant, qui avoit accepté, sans son aveu et au mépris de la volonté du Roi Charles VII, son souverain seigneur, l'ordre de Saint-George d'Angleterre.

Les lois anciennes prononçoient également les peines les plus fortes contre tout individu qui prenoit une décoration qu'il n'avoit pas le droit de porter, ainsi qu'on peut le voir ci-après, page 269, dans l'ordonnance du 29 décembre 1785, concernant la décoration de l'ordre de Saint-Louis. Aujourd'hui ce délit est puni conformément aux dispositions de l'article 259 du Code pénal (1).

---

(1) « Toute personne qui aura publiquement porté un costume,
» un uniforme ou une décoration qui ne lui appartenoit pas, ou
» qui se sera attribué des titres royaux qui ne lui auroient pas été
» légalement conférés, sera punie d'un emprisonnement de six
» mois à deux ans. »

CHAPITRE XIII.   233

Voici le tableau chronologique de ces ordres et religions militaires créés depuis le v.ᶜ siècle jusqu'à ce jour.

v.ᶜ SIÈCLE. — *Ordre de la Sainte-Ampoule.*

L'ORDRE de la Sainte-Ampoule est le premier ordre de chevalerie qui ait été établi en France, et par Clovis, premier Roi chrétien, l'an 496. Les chevaliers de cet ordre, au nombre de quatre seulement, étoient feudataires de l'église de Reims, et devoient posséder les baronies de Terrier, Bellestre, Sonastre et Louvercy. Ils portent, au sacre de nos Rois, le dais sous lequel est apportée en procession la Sainte-Ampoule. Ils ont pour décoration un ruban de soie noire, qui soutient une croix coupée d'or, émaillée de blanc, garnie aux quatre angles de fleurs-de-lis d'or, et surchargée d'une colombe tenant de son bec la Sainte-Ampoule reçue par une main.

VIII.ᶜ SIÈCLE. — *Ordre de la Genette.*

L'ORDRE de la Genette, établi par Charles Martel, en mémoire de la victoire éclatante qu'il remporta entre Tours et Poitiers, l'an 732, sur les Sarrasins, dont un grand nombre étoient vêtus de riches fourrures de genette, fut fort estimé, dit-on, sous les Rois de la seconde race, et jusqu'au temps de Hugues Capet. Le collier des chevaliers de cet ordre étoit composé de trois chaînes entrelacées de roses émaillées de rouge. Au bout du collier pendoit une genette (petit animal qui a du rapport avec la fouine) émaillée de noir et de rouge, assise sur une terrasse émaillée de fleurs.

IXe SIÈCLE. — *Ordre de la Couronne royale.*

L'ORDRE de la Couronne royale fut institué, l'an 802, par Charlemagne, en faveur des Frisons qui l'avoient aidé puissamment à remettre dans le devoir les Saxons révoltés. Les chevaliers de cet ordre portoient sur la poitrine une couronne royale en broderie d'or, avec cette devise : *Coronabitur legitime certans.*

XIe SIÈCLE. — *Ordre de l'Étoile, ou de la Noble-Maison.*

L'ORDRE de l'Étoile, qui fut institué en 1022 par le Roi Robert, fils de Hugues Capet, étoit composé de trente chevaliers, y compris le Roi, qui en étoit le chef souverain et grand-maître. Philippe-Auguste, Louis VIII, et S. Louis, neuvième du nom, reçurent le collier de cet ordre lors de leur sacre à Reims, en 1179, 1223 et 1226. Le premier de ces Princes fut sacré et couronné du vivant de son père Louis-le-Jeune. Ce même ordre, dont les cérémonies avoient été interrompues pendant les guerres de Philippe de Valois contre les Anglois, fut rétabli par lettres du Roi Jean son fils, données à Saint-Christophe en Hallatte, le 6 novembre 1351, afin de ranimer l'ardœur des guerriers, qui commençoit à se ralentir. Ce statut de rétablissement de l'ordre de l'Étoile porte « qu'il y aura cinq cents chevaliers, qui seront nommés » *chevaliers de Notre-Dame de la Noble-Maison*; » qu'ils donneront loyal conseil au Prince sur ce qu'il » leur demandera, soit sur le fait des armes, soit sur » autre chose; qu'ils quitteront, s'ils le peuvent, les » ordres qu'ils ont déjà, du moins qu'ils n'en pren- » dront point d'autres dans la suite. » Ces chevaliers avoient une étoile blanche au milieu de leur anneau, sur leur manteau et sur leur chaperon; ils s'assem- bloient ou devoient s'assembler, aux termes du même statut, tous les ans, à la Notre-Dame de la mi-août; à la Noble-Maison (à Saint-Ouen, au château de Clichi) entre Paris et Saint-Denis, pour y célébrer la fête de l'ordre : ils avoient une bannière rouge, semée d'étoiles blanches, sur laquelle il y avoit une image de Notre-Dame; et avec cette bannière ils pouvoient marcher contre les ennemis de la foi, et aller à la guerre pour leur *droiturier seigneur*. Les armes et timbres de tous les chevaliers étoient peints dans la salle de l'assemblée, au-dessus de la place de chacun d'eux; et si un chevalier s'enfuyoit du combat, il étoit suspendu de la chevalerie, et ses armes et son timbre étoient tournés du côté de la muraille, sans être effacés, jusqu'à ce que le Roi lui eût pardonné. La première fête de cet ordre se fit à Saint-Ouen. Un chapitre du même ordre y fut tenu par le Roi, grand-maître et fondateur, en l'année 1356. On trouve, en 1458, parmi les chevaliers de l'Étoile ou de *la Noble-Maison*, Gaston de Foix, prince de Navarre et de Viane, gendre de Charles VII, dit *le Victorieux*.

Louis XI, en créant l'ordre de Saint-Michel, abolit l'ordre de l'Étoile, dont le collier étoit composé d'un tortis de chaînes d'or à trois rangs, entrelacées de roses d'or alternativement émaillées de blanc et de rouge, au bas duquel pendoit une étoile à cinq rais ou rayons. Les chevaliers portoient un manteau de damas blanc, le mantelet et les doublures de damas incarnat, et la cotte de même, sur laquelle, au côté gauche, étoit une étoile en broderie à cinq rais. Le Roi Jean fit surmonter l'étoile d'une couronne, avec cette devise : *Monstrant Regibus astra viam*.

XII.ᵉ SIÈCLE. — *Ordre militaire et hospitalier de Saint-Jean de Jérusalem ou de Malte.*

L'ORDRE souverain de Saint-Jean de Jérusalem, appelé ensuite ordre *de Rhodes*, et enfin ordre *de Malte*, fut fondé à Jérusalem, l'an 1104, par un gentilhomme nommé *Gérard*, de la ville de Martigues en Provence, lequel étoit, dès l'an 1099, directeur de l'hôpital de Saint-Jean de Jérusalem. Raymond du Puy, de la maison des du Puy-Montbrun en Dau-

CHAPITRE XIII.

phiné, successeur de Gérard en 1118, fut le premier qui prit la qualité de grand-maître; et il donna, en 1120, une règle à cet ordre, dont les chevaliers se rendirent, après la perte de Jérusalem, à Margat en Syrie, puis à Acre, qu'ils défendirent avec beaucoup de valeur l'an 1290. Après la perte entière de la Terre-sainte, les chevaliers se retirèrent dans l'île de Chypre, qu'ils quittèrent pour s'établir dans l'île de Rhodes, par eux prise sur les Sarrasins, en 1309 ou 1310; mais Soliman, ayant attaqué cette île avec de très-grandes forces, s'en rendit maître le 24 décembre 1522. Les chevaliers se retirèrent dans l'île de Candie, puis à Viterbe, et enfin dans l'île de Malte, qui leur fut donnée par l'Empereur Charles-Quint en 1530, et qu'ils possédèrent en souveraineté jusqu'à la fin du XVIII.ᵉ siècle.

Cet ordre illustre, qui a rendu de si grands services à la chrétienté, est composé de huit nations ou langues; savoir, Provence, Auvergne, France, Italie, Arragon, Allemagne, Castille et Bavière : cette dernière langue a été substituée à celle d'Angleterre, qui ne subsiste plus depuis le schisme de Henri VIII. La langue de Provence est la première, parce que Gérard, fondateur de l'ordre, étoit Provençal.

Il est à remarquer que la Reine femme d'Alphonse II, Roi d'Arragon, établit en Espagne l'ordre des Dames chevalières de Saint-Jean de Jérusalem.

L'étendard de l'ordre de Malte est une croix pleine, d'argent, en champ de gueules, laquelle fait aussi les armes de l'ordre, et que les chevaliers, dans leurs propres armoiries, portent toujours en chef. La décoration est une croix d'or octogone, émaillée de blanc, attachée à un ruban noir. Les chevaliers, après leur profession, portent sur l'habit, au côté gauche, la croix de toile blanche à huit pointes. Lorsque les chevaliers, tant novices que profès, alloient combattre contre les infidèles, ils portoient sur leur habit une soubreveste chargée devant et derrière d'une grande croix blanche sans pointes.

Ordre du Chien et du Coq.

On prétend que cet ordre fut érigé par un seigneur de Montmorency. Le collier étoit composé d'une chaîne d'or faite en façon de têtes de cerf, à laquelle pendoit une médaille portant l'effigie d'un chien et d'un coq, avec cette devise : *Vigiles*.

Ordre du Saint-Sépulcre.

L'ordre religieux et militaire du Saint-Sépulcre fut institué, vers l'an 1119, par Baudouin, premier du nom, Roi de Jérusalem, successeur de son frère Godefroi de Bouillon, premier Roi de Jérusalem, et fils d'Eustache, comte de Boulogne-sur-mer.

Les chevaliers du Saint-Sépulcre, qui avoient la

garde de ce saint lieu, étoient obligés de garantir les pélerins des insultes des infidèles. Cette milice se rendit célèbre dans les combats contre les ennemis de la religion. Ses membres portoient l'habit blanc, et, pour marque distinctive, une croix rouge, potencée et cantonnée de quatre croisettes de même.

Lorsque les Sarrasins se rendirent maîtres de la Terre-sainte, les chevaliers se retirèrent à Pérouse en Italie, et s'établirent ensuite en divers royaumes et lieux de la chrétienté.

Le pape Innocent VIII, par une bulle de l'année 1484, réunit cet ordre à celui de Saint-Jean de Jérusalem; mais, dit Favyn, le pape Alexandre VI transporta au Saint-Siège, en 1496, le pouvoir de conférer cet ordre, et donna le même pouvoir au gardien du Saint-Sépulcre, lequel fait chevaliers les pélerins, mariés ou non mariés, qui vont visiter la Terre-sainte.

On lit, dans le Moniteur du 27 mai 1818, page 650, le passage suivant :

« L'archiconfrérie du Saint-Sépulcre de Jérusalem,
» fondée à Paris par S. Louis en 1254, protégée par
» tous les Rois ses successeurs jusqu'à Louis XVI, et
» qui avoit l'honneur de compter parmi ses membres
» feu S. A. S. M.gr le prince de Condé, vient de
» réclamer l'exercice d'un droit dont elle jouissoit
» depuis six cents ans, celui de donner, après la

» mort, l'eau bénite aux Rois de France et aux
» princes du sang. »

D'après cette réclamation, les chevaliers de l'ordre royal, hospitalier et militaire du Saint-Sépulcre de Jérusalem, ont été admis à donner l'eau bénite au prince.

En 1174, Henri II, Roi d'Angleterre, fonda dans son royaume un ordre de chevalerie aussi sous le nom de *chevaliers du Saint-Sépulcre.*

Ordre des Chevaliers du Temple.

L'ORDRE religieux et militaire des chevaliers du Temple fut fondé en 1118, sous la protection de Baudouin II, troisième Roi de Jérusalem, fils de Hugues comte de Rethel, par neuf des chevaliers français qui avoient suivi Godefroi de Bouillon à la conquête de la Palestine; savoir, Hugues *de Paganis* ou *des Païens,* Geofroi de Saint-Omer, Roral, Geofroi de Bisol, Pagan de Montdidier, Archambaud de Saint-Amand, et trois autres dont les noms sont ignorés : Baudouin II leur donna ou prêta une maison du temple de Salomon (1), d'où ils eurent le nom de *Templiers.*

---

(1) « Le temple de Jérusalem, bâti par Salomon, fut incendié » par un soldat de l'armée romaine, le 10 août, à pareil jour que » ce temple avoit été brûlé autrefois par le Roi de Babylone. » *Favyn.*

CHAPITRE XIII.

« Ces chevaliers, dit M. Raynouard, se consa-
» crèrent à protéger, contre les attaques et le bri-
» gandage des Musulmans, les pieux voyageurs qui,
» de toutes parts, accouroient à Jérusalem. L'exemple
» de ces Français excita le zèle de beaucoup d'autres
» guerriers, qui se joignirent à eux. Cette milice gé-
» néreuse parut bientôt avec gloire dans les champs
» de bataille. »

Le concile de Troyes en Champagne approuva cet ordre en 1128. Une règle, en soixante-douze chapitres, fut donnée aux chevaliers: S. Bernard y travailla. Ils portoient l'habit blanc, et par-dessus une croix patriarcale rouge. Leur étendard ou bannière, partie blanc et noir, étoit appelé *Beaucéant*. On y lisoit ces mots: *Non nobis, Domine, non nobis, sed nomini tuo da gloriam.*

Une ordonnance de Philippe-le-Bel, de l'an 1292, dit que les Templiers ne jouiront pas des priviléges accordés à leur ordre, s'ils n'en portent l'habit.

La ruine de cet ordre illustre, qui a existé pendant près de deux cents ans, peut être attribuée à ses grandes richesses, acquises des dépouilles de l'ennemi, et à l'ambition de quelques-uns de ses membres. Quoi qu'il en soit, et comme le dit le président Hénault, *l'abolition de l'ordre des Templiers*, prononcée par le concile général tenu à Vienne en Dauphiné, en 1312, *est un événement monstrueux, soit que les crimes fussent avérés, soit que l'avarice les eût inventés.*

Après la destruction de l'ordre des chevaliers du Temple (1), une portion des biens de cet ordre fut donnée à celui de Saint-Jean de Jérusalem.

Jacques de Molai, qui fut le dernier grand-maître de l'ordre des Templiers, étoit né en Bourgogne, de la famille des sires de Longvic et de Raon. Admis dans l'ordre vers l'an 1265, il fut élu à cette grande dignité en 1298, et se trouva, l'année suivante, à la reprise de Jérusalem par les Chrétiens. Tout le monde connoît sa fin tragique, arrivée à Paris le 18 mars 1313 *(v. st.)*.

Ordre des Chevaliers de Chypre ou de l'Épée.

GUI de Luzignan, ou Lezignem, chevalier français, originaire de Poitou, Roi de Jérusalem et de Chypre, institua, le jour de l'Ascension 1195, l'ordre des chevaliers de Chypre ou de l'Épée. Amauri, frère de Gui et connétable du royaume de Chypre, fut le premier qui reçut l'honneur de cette chevalerie: ensuite trois cents barons qui furent établis pour soutenir le nouveau royaume de Chypre, prirent le collier de cet ordre.

---

(1) L'ordre des Templiers n'a pas été totalement détruit; il existe encore en Portugal sous la dénomination d'*ordre du Christ*.

CHAPITRE XIII.

Ce collier étoit composé de cordons ronds de soie blanche, liés en lacs d'amour, entrelacés des lettres R et S formées d'or. Au bas du collier pendoit un ovale où étoit une épée ayant la lame émaillée d'argent, la garde croisettée et fleurdelisée d'or, et pour devise : *Securitas Regni*.

XIII.ᵉ SIÈCLE. — *Ordre de la Cosse de genêt.*

L'ORDRE de la Cosse de genêt fut institué par le Roi S. Louis, afin de rendre plus solennel son mariage avec Marguerite de Provence.

Ce monarque reçut le premier cet ordre, la veille du couronnement de la Reine, en 1234. L'ordre de la Cosse de genêt a été très-estimé en France, et a subsisté, suivant quelques historiens, jusqu'à la mort de Charles V, et, suivant Favyn, jusqu'au règne de Louis XI.

Le collier se composoit de cosses de genêt émaillées au naturel, entrelacées de fleurs-de-lis d'or enfermées dans des losanges cléchées, émaillées de blanc, le tout attaché à une seule chaîne, au bas de laquelle pendoit une croix florencée d'or, suspendue à deux chaînons. Devise, *Exaltat humiles*; par allusion à la cosse de genêt, qui est le symbole de l'humilité.

Ordre du Navire, ou du Double Croissant.

L'ORDRE du Navire, ou du Double Croissant, fut

institué par S. Louis en 1262, afin d'encourager la noblesse française à faire le voyage d'outre-mer.

Le collier de cet ordre étoit fait de doubles coquilles entrelacées, et de doubles croissans aussi entrelacés et passés en sautoir; au bout du collier pendoit un navire.

XIV.ᵉ SIÈCLE. — *Ordre du Chardon et de Notre-Dame.*

L'ORDRE du Chardon et de Notre-Dame fut institué, en 1370, par Louis II, duc de Bourbon, surnommé *le Bon*, à l'occasion de son mariage avec Anne, fille du comte dauphin d'Auvergne.

Les chevaliers de cet ordre, au nombre de vingt-cinq, portoient un collier fait de losanges et de demi-losanges à double orle, émaillées de vert, cléchées, remplies de fleurs-de-lis d'or et de lettres capitales en chaque losange, émaillées de rouge, faisant le mot ESPÉRANCE. Au bout du collier pendoit, dans une forme ovale, une image de la Vierge entourée d'un soleil d'or, et couronnée de douze étoiles, avec un croissant sous ses pieds, et au-dessous une tête de chardon émaillée de vert et barbillonnée de blanc.

Ordre de la Ceinture de l'Espérance.

LE Roi Charles VI, étant à Toulouse, fonda cet ordre en 1389.

CHAPITRE XIII.

Ordre ou Confrérie de Saint-George.

L'ORDRE ou confrérie de Saint-George, en Franche-Comté, fut établi, vers l'an 1390, par un gentilhomme français nommé *Philibert de Molan*, seigneur de Rougemont, qui avoit apporté du Levant quelques reliques de ce Saint. Autrefois on y recevoit des femmes, puisque, dans une ancienne liste des chevaliers, on trouve Henriette de Vienne, dame de Rougemont, et Jeanne de Chauvigny. Cet ordre, aux statuts duquel on fit quelques additions en 1569, a pour décoration une médaille d'or représentant l'image de S. George foulant aux pieds le dragon, attachée à la boutonnière avec un ruban bleu-céleste moiré.

Ordre du Porc-épic.

L'ORDRE du Porc-épic fut établi, en 1393 ou 1394, par Louis de France, duc d'Orléans, à l'occasion des réjouissances que fit ce Prince lors du baptême de son fils Charles. Cet ordre, de vingt-cinq chevaliers, y compris le duc, qui en étoit le chef, fut aboli par Louis XII. Il paroît qu'il se donnoit aussi quelquefois à des femmes, puisque, dans une création de chevaliers, du 8 mars 1438, le duc d'Orléans le conféra à la demoiselle de Murat et à la dame Poton de Saintrailles. Le collier étoit composé d'un tortis de trois chaînes d'or, auquel étoit attaché un porc-épic aussi d'or, sur une terrasse émaillée de vert et de fleurs, avec cette devise : *Cominùs et eminùs* [De près et de loin].

Ordre de Saint-Hubert de Bar.

L'ORDRE de Saint-Hubert, établi à Bar-le-Duc vers la fin du XIV.ᵉ siècle ou le commencement du XV.ᵉ, a toujours été honoré de la protection particulière des ducs de Lorraine et ensuite de nos Rois. Les statuts de l'ordre ont subi quelques modifications en 1597 et en 1783.

Les chevaliers jurent, à leur réception, entre les mains du grand-maître, de vivre et de mourir dans la religion catholique, d'être fidèles au Roi, de prendre les armes lorsque Sa Majesté l'ordonne et le juge nécessaire pour le service de l'État.

Les assemblées générales de l'ordre se tiennent aux fêtes de Saint-Louis et de Saint-Hubert.

Louis XVI, par des lettres patentes données à Versailles au mois de janvier 1786, a autorisé les membres de cet ordre à former, dans l'hôpital de la ville de Bar, un établissement pour les pauvres.

La décoration consiste en une croix pattée d'or, émaillée de blanc, ayant au centre un médaillon de sinople, chargé d'un S. Hubert à genoux, adorant une croix dans le bois d'un cerf; au revers se trouvent les armes du duché de Bar : chaque médaillon est entouré d'un cor-de-chasse. Cette décoration est suspendue à un ruban vert liséré de ponceau.

XV.ᵉ SIÈCLE. — *Ordre de la Toison d'or.*

L'ORDRE de la Toison d'or fut créé à Bruges, en 1429, par Philippe II dit *le Bon*, duc de Bourgogne, de la maison de France, à l'occasion de son mariage avec Isabelle de Portugal, célébré en cette ville le 10 janvier de la même année. Il étoit fils de Jean duc de Bourgogne, surnommé *le Mauvais*, qui fit massacrer le duc d'Orléans, son cousin, et qui fut ensuite tué lui-même sur le pont de Montereau, le 10 septembre 1419 ; il étoit petit-fils de Philippe I.ᵉʳ, duc de Bourgogne, et arrière-petit-fils de Jean Roi de France.

Ce Philippe II dit *le Bon* fut peut-être le plus riche prince de la chrétienté : il avoit reçu en apanage le duché de Bourgogne ; il étoit, par succession, comte de Flandre, d'Artois et de Charolois, duc de Brabant et de Luxembourg ; par acquisition, comte de Namur ; et par traité, comte de Hainaut, de Hollande, de Zélande, seigneur de Frise, &c. Philippe-le-Bon eut pour fils Charles, duc de Bourgogne, comte de Flandre, surnommé *le Téméraire*, dernier duc de Bourgogne de la deuxième lignée, lequel fut tué à la bataille que le duc de Lorraine lui livra, le

5 janvier 1476, sous les murs de Nancy. Il ne laissa qu'une fille unique, Marie de Bourgogne. A la mort de ce prince, le Roi Louis XI reprit le duché de Bourgogne, qu'il réunit à la couronne de France. « Ce monarque eut d'abord intention de se rendre » chef de l'ordre de la Toison, et de le conférer, à » la mort de Charles-le-Téméraire, comme étant » aux droits de la maison de Bourgogne; mais ensuite » il le dédaigna, dit Brantôme, et ne crut pas qu'il » lui convînt de se rendre chef de l'ordre de son » vassal. » *Le président Hénault.*

Cette Marie de Bourgogne fut mariée, au mois d'août 1477, à Maximilien d'Autriche, Roi des Romains. De ce mariage est né Philippe, archiduc d'Autriche, comte de Flandre, puis Roi d'Espagne, qui épousa Jeanne, héritière des royaumes de Castille, d'Arragon, de Grenade et de Léon, d'où sont issus, 1.° l'Empereur Charles-Quint, Roi d'Espagne; 2.° l'Empereur Ferdinand I.er, Roi des Romains.

La décoration de l'ordre de la Toison consiste en une toison d'or suspendue à un collier composé de fusils d'or entrelacés en forme de B, qui signifie *Bourgogne*; et de pierres à feu étincelantes, de rais et de flammes, avec ces mots, *Antè ferit quàm flamma micet;* et pour devise, *Pretium non vile laborum.* L'habit de cérémonie est un grand manteau de velours cramoisi, doublé de satin blanc: le manteau, dont les bords sont ornés d'une broderie d'or qui représente le grand collier, est ouvert au côté droit et retroussé sur le bras gauche; sous le manteau est une robe de toile d'argent. La tête est couverte d'un chaperon de velours violet. Hors les jours de cérémonie, les chevaliers portent au cou la toison suspendue à un ruban couleur de feu. Le premier chapitre de l'ordre eut lieu, en 1430, à Lille en Flandre.

Le Roi d'Espagne est chef et grand-maître de l'ordre de la Toison d'or, comme étant aux droits de la maison de Bourgogne. L'Empereur d'Autriche fait aussi des chevaliers de la Toison d'or.

Ordre du Croissant.

L'ORDRE du Croissant fut institué en la ville d'Angers, le 11 août 1448, et, selon quelques historiens, en 1464, en faveur de la noblesse d'ancienne chevalerie, par René d'Anjou, de la maison de France, Roi de Jérusalem et de Sicile, comté de Provence, afin de conserver la mémoire de l'ordre du Double Croissant, que S. Louis avoit créé en 1262.

Les chevaliers de l'ordre du Croissant, dont le bon Roi René s'étoit déclaré chef souverain, étoient au nombre de trente-six, et avoient un manteau de velours cramoisi, doublé de satin blanc, le mantelet de velours blanc; et la soutane de même couleur. Au collier, fait d'une chaîne d'or à trois rangs, étoit suspendu, par trois chaînettes, un croissant d'or, sur lequel étoit gravé le mot *Loz*. La valeur des chevaliers se reconnoissoit à ce croissant, parce qu'on y attachoit autant de petits bâtons d'or, façonnés en colonnes ou ferrets d'aiguillette d'or, qu'ils s'étoient trouvés de fois dans des occasions périlleuses, telles que des batailles ou des siéges de ville.

Ordre de l'Hermine ou de l'Épi.

FRANÇOIS I.er, duc de Bretagne, institua, en 1450, pour vingt-cinq chevaliers bretons, nobles et sans reproche, l'ordre de l'Hermine ou de l'Épi, dont le collier étoit composé d'épis de blé entrelacés avec des lacs d'amour, le tout d'or. Au bout du collier, pendoit à deux chaînettes d'or une hermine émaillée de blanc sur une terrasse de sinople, diaprée de fleurs; et au-dessous cette devise, *A ma vie*. Le grand manteau de l'ordre étoit de damas blanc, doublé de satin incarnat; le mantelet et le chaperon de même.

Ce François duc de Bretagne, étoit cousin germain de François II duc de Bretagne, dernier du nom, père d'Anne duchesse de Bretagne, qui fut mariée d'abord à Charles VIII, et ensuite à Louis XII, Roi de France. Ces deux ducs de Bretagne, François I.er, et François II, étoient de la maison de France, et avoient pour septième aïeul paternel Robert II du

CHAPITRE XIII.

nom, comte de Dreux, petit-fils du Roi Louis VI dit *le Gros*.

Ordre de Saint-Michel.

LOUIS XI, soit pour exécuter le vœu que Charles VII son père avoit fait d'instituer, lorsqu'il seroit paisible dans ses États, un ordre de chevalerie en l'honneur de l'archange S. Michel, ancien protecteur de la France, soit pour se concilier les grands du royaume et se les attacher davantage, institua, par une ordonnance en soixante-quatorze articles, donnée au château d'Amboise le 1.er août 1469, l'ordre de Saint-Michel, dit *l'ordre du Roi*.

Le nombre des chevaliers de cet ordre, qui dans les premiers temps a été si célèbre et si illustre, fut, lors de son institution, fixé à trente-six; mais, les promotions multipliées qui eurent lieu par la suite, jusqu'au règne de Henri III, l'ayant fait dédaigner, ce monarque, pour lui rendre son ancien éclat, ordonna, en créant l'ordre du Saint-Esprit, que les chevaliers de ce nouvel ordre fussent déjà reçus chevaliers de Saint-Michel.

Louis XIV, par de nouveaux statuts du 12 janvier 1665, porta le nombre des chevaliers de Saint-Michel à cent, outre ceux du Saint-Esprit. Cette fixation a été confirmée par une ordonnance royale du 16 novembre 1816, rapportée ci-après, dans laquelle on voit que l'ordre de Saint-Michel est principalement destiné aujourd'hui à récompenser le mérite dans les lettres, les sciences et les arts.

La décoration consiste en une croix d'or à huit pointes, émaillée de blanc, cantonnée de quatre fleurs-de-lis d'or, chargée en cœur d'un S. Michel foulant aux pieds le dragon, le tout de couleur naturelle. Les chevaliers portent sur la veste un grand ruban de soie noire, moiré, passé de l'épaule droite au côté gauche, auquel est attachée la croix de l'ordre. Le grand collier est en or, et se compose de coquilles d'argent entrelacées l'une dans l'autre par des aiguillettes d'or, avec une médaille suspendue au milieu et représentant S. Michel foulant aux pieds le dragon.

Dans les jours solennels, les chevaliers sont revêtus d'un grand manteau de damas blanc ou de toile d'argent, fourré d'hermine, bordé d'or et de coquilles aussi d'or semées en lacets; le chaperon est de velours cramoisi, orné de la même broderie. Sous le manteau, les chevaliers portent un habit court de même étoffe que le chaperon. La devise de l'ordre est, *Immensi tremor oceani*.

Outre les statuts que je viens de citer, il y a encore, sur l'ordre de Saint-Michel, les ordonnances, lettres patentes, déclarations du Roi et arrêts de son conseil, des 22 et 24 décembre 1476, 23 mai 1555,

CHAPITRE XIII.

septembre 1557, 3 avril 1565, 26 juin 1568, 6 août 1579, 14 juillet 1661, 10 juillet et 9 septembre 1665, 11 juin, 10 juillet et 5 novembre 1666, et 24 mars 1667.

Ordonnance du Roi relative à l'ordre de Saint-Michel; du 16 Novembre 1816.

LOUIS, par la grâce de Dieu, Roi de France et de Navarre, à tous ceux qui ces présentes lettres verront, SALUT.

Voulant conserver à l'ordre de Saint-Michel l'éclat dont il jouissoit sous les Rois nos prédécesseurs,

Nous avons ordonné et ordonnons ce qui suit :

Art. 1.er L'ordre de Saint-Michel est spécialement destiné à servir de récompense et d'encouragement à ceux de nos sujets qui se seront distingués dans les lettres, les sciences et les arts, ou par des découvertes, des ouvrages et des entreprises utiles à l'État.

2. Le nombre des chevaliers est fixé à cent.

3. Toute demande d'admission dans l'ordre de Saint-Michel sera adressée au ministre de notre maison, qui nous en fera un rapport, et nous proposera celles qui seront susceptibles d'être accueillies.

4. Le ministre de notre maison est chargé de l'exécution de la présente ordonnance.

Donné au château des Tuileries, &c.

Ordre de la Cordelière.

ANNE DE BRETAGNE, étant devenue veuve du Roi Charles VIII, institua, en 1498, en faveur des dames en viduité, l'ordre de la Cordelière. La marque distinctive de cet ordre étoit une cordelière d'argent dont les veuves titulaires environnoient leurs armes, avec cette devise : *J'ai le corps délié.*

Dès 1470, Louise de la Tour d'Auvergne, ayant perdu son mari (Claude de Montagu) au combat de Bussi, prit pour devise une cordelière à nœuds déliés et rompus, avec les mots ci-dessus.

C'est de là qu'est venu l'usage dans lequel sont les veuves de faire entourer leurs armoiries d'une cordelière ou cordon fait en lacs d'amour, et qui se termine par deux glands qui retombent en bas.

Au reste, cet ordre de chevalerie honoraire, composé de dames, n'est pas le seul qui ait été institué en leur faveur : on peut citer, entre autres, 1.º l'ordre de la Hacha ou de la Hache, qui fut érigé par Raimond Bérenger, dernier comte de Barcelone, en mémoire de la victoire qu'il remporta à Tortose par la valeur des femmes, qui s'étoient armées de haches ; 2.º l'ordre des Dames esclaves de la vertu, qui fut institué par l'Impératrice Éléonore de Gonzague en 1662 ; 3.º celui des Dames réunies, créé par la même Princesse en 1668 ; 4.º l'ordre des Dames de la Croix

CHAPITRE XIII.

étoilée, qui a été établi par l'Impératrice Reine de Hongrie et de Bohème en 1757. Sa Majesté l'Impératrice d'Autriche ayant fait à Mme la comtesse de Marmier, fille du duc de Choiseul, la faveur de lui envoyer la décoration de l'ordre de la Croix étoilée, vacante par la mort de la marquise de Ligniville, sa tante, et la même Princesse ayant conféré également le même ordre, en 1817 et 1818, à Mme la marquise de Raigecourt, née comtesse de Causans, et à Mme la comtesse de Beaurepaire, née princesse de Béthune-Hesdigneul, le Roi, sur le rapport du grand chancelier de l'ordre royal de la Légion d'honneur, a autorisé ces dames à accepter et porter cette décoration.

XVIe SIÈCLE. — *Ordre du Saint-Esprit.*

L'ORDRE du Saint-Esprit fut créé et institué par Henri III, en décembre 1578. Ce Prince s'en déclara chef souverain et grand-maître, et unit la grande-maîtrise à la couronne de France. Le Roi, en sa qualité de grand-maître, prête serment, le jour de son sacre, de maintenir l'ordre et de ne pas souffrir la moindre altération dans ses principaux statuts. Les chevaliers ou commandeurs, au nombre de cent, y compris les prélats et les grands-officiers, sont nommés par le Roi, le chapitre assemblé. La première promotion eut lieu, à Paris, dans l'église des Grands-Augustins, les 31 décembre 1578, 1.ᵉʳ et 2 janvier 1579. Henri III donna aux chevaliers de cet ordre le titre de commandeurs, parce qu'il avoit résolu de leur accorder à chacun une commanderie sur le revenu des plus riches bénéfices : mais, dit Mézeray, *tom. III, pag. 475*, ni le clergé de France, ni le Pape, ne voulurent y consentir ; en sorte que le Roi donna à chaque chevalier ou commandeur une pension de trois mille livres, laquelle est insaisissable. Les commandeurs ecclésiastiques sont : quatre cardinaux, quatre archevêques ou évêques, et le grand-aumônier de France, qui fait toujours partie de l'ordre. Ils ne reçoivent que l'ordre du Saint-Esprit, et non celui de Saint-Michel ; c'est la raison pour laquelle la croix de ces neuf commandeurs ecclésiastiques ne représente qu'une colombe des deux côtés : ils portent cette décoration en forme de collier, attachée au ruban de l'ordre.

Les autres commandeurs doivent toujours avoir reçu l'ordre de Saint-Michel avant de recevoir celui du Saint-Esprit ; ils entourent leurs armes des colliers de ces ordres, et se qualifient *chevaliers des ordres du Roi*, ou *chevaliers et commandeurs des ordres du Roi*.

Les grands-officiers commandeurs sont : le chancelier de l'ordre, le grand-prévôt maître des cérémonies, le grand-trésorier et le secrétaire.

Henri IV dérogea, par une déclaration du dernier décembre 1607, à l'article 37 des statuts de l'ordre du Saint-Esprit, qui en excluoit les étrangers non naturalisés Français. Néanmoins les étrangers admis dans l'ordre ne font pas partie du nombre des chevaliers ou commandeurs régnicoles, fixé invariablement à cent (le Roi non compris) par l'article 39 des mêmes statuts.

Le collier de l'ordre du Saint-Esprit est composé de fleurs-de-lis et de trophées d'armes en or, d'où naissent des flammes et des bouillons de feu, et des lettres H et L couronnées.

La décoration consiste en une croix d'or à huit pointes pommetées d'or, émaillée de blanc par les bords, ayant une fleur-de-lis aux quatre angles: au milieu sont figurées, d'un côté, une colombe d'argent, et, de l'autre, l'image de S. Michel aussi d'argent. Les chevaliers portent cette croix attachée à un large ruban bleu-céleste, moiré, passé sur l'épaule de droite à gauche, en forme de baudrier.

Les officiers non commandeurs, qui sont, entre autres, le héraut, l'huissier, l'intendant, le garde des rôles, &c., la portent en sautoir.

Les chevaliers ou commandeurs portent aussi cette croix brodée sur le côté gauche de l'habit et du manteau, avec une colombe au milieu, et les angles garnis de rais et de fleurs-de-lis brodés en argent. La devise de l'ordre est, *Duce et auspice*.

Le manteau de cet ordre est de velours noir, semé

de flammes d'or, orné tout autour d'une broderie qui représente le grand collier. Le chaperon est de toile d'argent à fond vert, brodé comme le manteau; la doublure est de satin orange. Le manteau se porte retroussé du côté gauche, et l'ouverture est du côté droit. Sous le manteau, les chevaliers portent des chausses et pourpoints de satin blanc. Les souliers sont blancs; mais le bout de l'empeigne est de velours noir. La coiffure ou habillement de tête est une toque de velours noir, rehaussée de plumes blanches, ou un chapeau retroussé avec des plumes blanches.

Henri III, en établissant l'ordre du Saint-Esprit, se proposa, comme Louis XI, qui avoit créé l'ordre de Saint-Michel, de réunir les grands du royaume divisés par les factions, et voulut les attacher plus inviolablement à sa couronne par ces marques de distinction, et par le serment particulier que les chevaliers prêtent en recevant cet ordre.

Il le mit sous la protection du Saint-Esprit, en mémoire des bienfaits signalés qu'il avoit reçus du ciel le jour de la Pentecôte. En effet, disent Favyn et plusieurs autres, il étoit né, avoit été élu roi de Pologne, et étoit parvenu à la couronne de France, le jour de la Pentecôte. Le premier de ces trois motifs est évidemment une erreur, puisqu'il est constant que ce Prince est né au mois de septembre 1551, et nullement le jour de la Pentecôte. Ce qui a donné lieu

CHAPITRE XIII. 259

à cette erreur, ce sont des vers latins qu'on lisoit sur la première vitre du chœur de l'église des Cordeliers de Paris, et qui sont rapportés par Duchesne dans ses Recherches sur l'ordre du Saint-Esprit. Il y a sur cet ordre, outre les statuts en quatre-vingt-quinze articles de l'année 1578, les édits, déclarations et arrêts de mars 1580, 9 janvier 1595, 13 janvier 1601, août 1628, décembre 1656, 20 mars 1658, 11 décembre 1668, 17 décembre 1691, 14 octobre 1711, 24 et 28 janvier 1717, janvier 1720, 4 mars et 18 mai 1721, 16 août 1722, 26 janvier et 3 février 1723, décembre 1725, mars 1727, janvier 1734, 30 septembre 1738, mai 1761, 14 février 1762 et 30 août 1786.

XVII.ᵉ SIÈCLE. — *Ordres royaux, militaires et hospitaliers de Notre-Dame du Mont-Carmel et de Saint-Lazare de Jérusalem.*

On fixe la fondation de l'ordre de Saint-Lazare de Jérusalem vers 1115; mais dès l'an 1060, temps des premières croisades, les nobles croisés établirent à Jérusalem divers hôpitaux sous l'invocation de Saint-Lazare.

Cet ordre, d'abord hospitalier et ensuite militaire, fut institué pour prendre soin des malades, et pour accompagner et protéger les pélerins qui alloient à Jérusalem. Louis VII dit *le Jeune*, revenant de

17..

l'expédition de la Terre-sainte, emmena plusieurs chevaliers de Saint-Lazare, qui formèrent un corps en France, et il leur donna, par lettres patentes de l'an 1154, confirmées par d'autres lettres de Philippe-Auguste de 1208, le château de Boigny près d'Orléans, qui, par la suite, devint la maison principale et conventuelle de l'ordre : ces chevaliers y établirent un chef supérieur, sans préjudice de l'obéissance qu'ils devoient à leur grand-maître, qui étoit resté en la ville d'Acre, siége principal de cette religion, laquelle est soumise à la règle de Saint-Augustin: Louis IX (Saint) ramena, en 1251, ce qui restoit de ces mêmes chevaliers, qui portoient, pour marque distinctive, une croix verte à huit rayons, bordée de blanc. Ils s'étoient rendus célèbres en Palestine par leurs glorieuses actions dans divers combats livrés aux infidèles pour le soutien de la foi et de la religion.

Cet ordre, l'un des plus anciens et des plus distingués auxquels le courage, le zèle et la piété de la noblesse française aient donné naissance, étoit fort riche et jouissoit de beaux priviléges; il se maintint dans une grande réputation jusque vers la fin du XVe siècle, qu'il déchut beaucoup. Aimar de Chattes, un de ses derniers grands-maîtres en France, conçut le dessein de le faire refleurir; mais il mourut avant d'avoir pu exécuter son projet.

Henri IV, par lettres patentes du mois d'avril 1608,

unit cet ordre à celui de Notre-Dame du Mont-Carmel, qu'il venoit d'instituer ; et par brevet du dernier octobre ou novembre de la même année, ce Prince nomma grand-maître de ces deux ordres réunis Philibert de Nerestang, qui prêta serment en cette qualité entre les mains du Roi, à Fontainebleau, en présence de toute la cour. Après que, dans la même cérémonie, Sa Majesté eut mis à ce grand-maître le collier de l'ordre, elle lui donna le pouvoir de créer jusqu'à cent chevaliers ; ce qui fut exécuté dans l'église de Saint-Lazare à Paris.

La maison de Nérestang a fourni successivement quatre ou cinq grands-maîtres de cet ordre ; et, en 1673, Achille marquis de Nérestang s'étant démis de cette dignité entre les mains du Roi, le marquis de Louvois fut nommé vicaire général de l'ordre par lettres patentes du 4 février de la même année.

Les chevaliers de Saint-Lazare peuvent se marier ; mais ils font vœu de chasteté conjugale, conformément aux statuts de l'ordre. Celui du 14 des calendes de mars 1607 porte, art. 6 : « Pourront (les cheva-
» liers) être mariés deux fois en leur vie, et non plus ;
» et pourront, à l'une d'icelles, épouser une femme
» veuve seulement, sans pouvoir être trigames ; gar-
» deront exactement chasteté conjugale, et feront
» vœu d'icelle. »

Louis XIV et ses successeurs, par des édits, arrêts

et réglemens de 1664, 1672, 1693, 1698, 1716, 1722, 1757, 1767, 1770, 1773 et 1779, donnèrent un nouveau lustre à cet ordre, en le confirmant et en y réunissant les ordres militaires et hospitaliers de Saint-Jacques de l'Épée, du Saint-Sépulcre, de Sainte-Christine de Somport, de Notre-Dame dite *Teutonique*, de Saint-Jacques du Haut-Pas ou de Lucques, de Saint-Louis de Boucheraumont et du Saint-Esprit de Montpellier.

Le collier de cet ordre est un chapelet entremêlé de palmes, et des chiffres S. L. et M.

La décoration consiste en une croix d'or à huit pointes, émaillée de pourpre et de vert alternativement, bordée d'or, anglée de quatre fleurs-de-lis aussi d'or; ayant au centre, d'un côté, l'image de la Vierge entourée de rayons d'or, et, de l'autre, l'image de S. Lazare sortant du tombeau. Les chevaliers portent cette croix attachée à un large ruban vert moiré, passé au cou et pendant sur la poitrine : les novices et les chevaliers de l'ordre du Mont-Carmel, dont la croix est la même, avec cette différence qu'un trophée orné de trois fleurs-de-lis remplace l'effigie de S. Lazare, portent cette croix suspendue à la boutonnière avec un ruban ponceau.

Dans un chapitre tenu en avril 1774, il fut ordonné à tous les chevaliers et commandeurs de porter une croix verte à huit pointes, cousue sur l'habit, et dans les cérémonies, sur le manteau; et, depuis 1778, cette croix est en paillons d'or vert. La devise, *Atavis et armis*, est inscrite en lettres d'or autour de l'effigie de S. Lazare.

Le Roi est chef souverain et protecteur de cet ordre.

MONSIEUR, Comte de Provence, frère du Roi, aujourd'hui Louis XVIII, surnommé *le Desiré*, fit, le 31 décembre 1778, en sa qualité de grand-maître général, tant au spirituel qu'au temporel, des ordres royaux, militaires et hospitaliers de Notre-Dame du Mont-Carmel et de Saint-Lazare de Jérusalem, un réglement relatif au nombre des chevaliers, à l'âge et aux qualités qu'ils devoient avoir pour y être admis, et aux marques extérieures de décoration de ces ordres.

Par un second réglement de MONSIEUR, frère du Roi, en date du 21 janvier 1779, il est dit que l'ordre de Notre-Dame du Mont-Carmel, faisant partie de ceux dont S. A. R. est grand-maître, sera désormais consacré uniquement à ceux des élèves de l'école royale militaire que S. A. jugera à propos d'y admettre, et que la marque de cet ordre consistera dans une croix, sur un côté de laquelle sera placée l'effigie de la Vierge, et sur l'autre, un trophée orné de trois fleurs-de-lis: cette croix sera suspendue à la boutonnière de l'habit par un ruban ponceau.

Voici l'extrait d'un réglement annexé à celui du

31 décembre 1778, sur la manière dont un chevalier profès des ordres royaux, militaires et hospitaliers de Notre-Dame du Mont-Carmel et de Saint-Lazare de Jérusalem, doit être vêtu pour les cérémonies des fêtes de ces ordres.

« Il faut être coiffé les cheveux épars, et avoir un
» chapeau noir relevé sur le devant à la ducale, garni
» de deux rangs de plumes blanches mouchetées de
» cramoisi, ces rangs de plumes rattachés d'un nœud
» de ruban gros grain cramoisi ;

» Un rabat de dentelle plissé ;

» Un habit à la française, de velours noir pour
» l'hiver, et de gourgouran noir pour l'été ; les
» paremens de même ; doublé de satin cramoisi pour
» l'hiver, et de croisé de soie cramoisie pour l'été ;
» les boutons d'or, de l'uniforme de l'ordre de Saint-
» Lazare. On attachera, sur le côté gauche, la plaque
» de l'ordre de Saint-Lazare et celle des divers ordres
» dont le chevalier est décoré.

» La veste, pour toute sorte de saisons, de moire
» cramoisie, brodée suivant le modèle qui a été
» arrêté.

» Le cordon et la croix de l'ordre entre l'habit
» et le manteau.

» Le manteau, descendant jusqu'aux genoux, de
» velours noir pour l'hiver, et de gourgouran noir
» pour l'été ; doublé de satin cramoisi pour l'hiver,

» et de croisé de soie cramoisie pour l'été, avec
» des revers et collet de moire cramoisie, brodés
» suivant le modèle. On attachera également sur le
» côté gauche la plaque de l'ordre de Saint-Lazare
» et celle des différens ordres.

» Les culottes de soie noire, pareilles à l'habit.

» Des bas blancs. »

Ordre de Sainte-Madelène.

L'ORDRE de Sainte-Madelène fut inventé et proposé à Paris, l'an 1614, au conseil du Roi Louis XIII, par Jean Chesnel, seigneur de la Chapperonnaye, gentilhomme de Bretagne. Le vœu principal qu'il vouloit faire observer aux chevaliers de cet ordre, dit Wlson de la Colombière, étoit d'abjurer les duels et les rencontres, et toute autre querelle que celle qui regardoit l'honneur de Dieu, le service de Sa Majesté et le bien et la conservation du royaume. Il avoit fait faire une croix et certains habits, avec lesquels il se présenta au Roi, qui le fit chevalier, lui mettant l'ordre sur le manteau et la croix d'or au cou : mais ce projet n'eut aucune autre suite.

XVII.ᵉ SIÈCLE. — *Ordre royal et militaire de Saint-Louis.* = XVIII.ᵉ SIÈCLE. — *Institution du Mérite militaire.*

L'HÔTEL de Mars, magnifique monument, connu sous le nom d'*Hôtel royal des Militaires invalides*, que la munificence de Louis XIV éleva, en 1674, à la gloire de l'armée, et l'ordre royal et militaire de Saint-Louis, institué et organisé par le même Prince en avril 1693 et mars 1694, étoient dans la pensée des Rois ses prédécesseurs.

En effet, ce noble dessein fut conçu d'abord par Henri III : on en trouve la preuve dans la fondation qu'il fit, en 1582, de *l'ordre de la Charité chrétienne*, tant en faveur des officiers pauvres, que des soldats estropiés à la guerre. Ce monarque leur assigna, pour leur entretien, des revenus sur les hôpitaux et les maladreries de France, et leur donna, à Paris, une maison sise rue des Cordelières, faubourg Saint-Marcel. Mais ni ce même Prince, ni Henri IV, qui voulut aussi, par son édit appelé *de la Charité chrétienne*, du mois de juin 1606, soutenir ce grand dessein, ne purent lui donner toute sa perfection. Ceux qui étoient reçus dans cette maison, portoient sur leurs manteaux une croix ancrée en broderie, de satin ou de taffetas blanc, bordée de soie bleue, chargée en cœur d'une losange de satin bleu, remplie de fleurs-de-lis d'or en broderie, et autour de la croix ces mots : *Pour avoir bien servi.*

Louis XIII, par lettres données à Saint-Germain-en-Laye, en 1633, établit une communauté en forme d'ordre de chevalerie, sous le nom de *Commanderie de Saint-Louis*, aussi pour les militaires estropiés à la guerre; mais, comme je viens de le dire, c'est Louis XIV qui, sur un plan beaucoup plus vaste et analogue à la grandeur de son siècle, mit à exécution d'aussi nobles projets. Les premiers fondemens de l'hôtel des Invalides furent jetés dès le 30 novembre 1671.

Suivant les statuts de l'ordre de Saint-Louis, il n'y a que le mérite et les services rendus dans les armées de terre et de mer qui soient des titres pour y être admis.

Cet ordre est composé de quarante grand'croix, de quatre-vingts commandeurs, lesquels commandeurs ont été portés provisoirement à cent vingt, et d'un nombre indéterminé de chevaliers.

Le Roi en est le chef souverain, grand-maître et fondateur. Tous les héritiers présomptifs de la couronne en font partie. Les maréchaux et l'amiral de France sont chevaliers nés de cet ordre.

La décoration consiste en une croix d'or à huit pointes pommetées de même, émaillée de blanc; bordée d'or, anglée de quatre fleurs-de-lis aussi d'or, au champ de gueules, chargée au centre de l'effigie de S. Louis cuirassé d'or et couvert de son manteau royal; tenant de sa main droite une couronne de laurier, et de la gauche une couronne d'épines et les clous de la Passion; entourée d'un cercle d'azur sur lequel est cette légende en or: *Ludovicus Magnus instituit 1693.* Au revers est un médaillon de gueules à une épée flamboyante, la pointe passée dans une couronne de laurier liée de l'écharpe blanche; le tout entouré d'un cercle d'azur, avec cette devise en lettres d'or : *Bellicæ virtutis præmium.*

Les grand'croix portent la croix de l'ordre attachée à un large ruban couleur de feu, passé de droite à gauche en forme de baudrier; ils la portent aussi brodée en or sur l'habit et le manteau.

Les commandeurs portent la même décoration que les grand'croix, à l'exception de la croix en broderie sur l'habit et le manteau.

Les chevaliers portent la croix attachée à un petit ruban couleur de feu, placé à la boutonnière de l'habit.

Dans les cérémonies et les assemblées générales de l'ordre, les grand'croix et les commandeurs sont vêtus d'un habit de velours ou de soie couleur noire, doublé d'une étoffe couleur de feu, avec boutons et boutonnières d'or, et le manteau de même étoffe, aussi doublé de couleur de feu. Les chevaliers sont vêtus de noir doublé de rouge, avec des boutons d'or.

Les statuts, ordonnances, édits et arrêts qui concernent cet ordre, sont des mois d'avril 1693, de mars 1694, d'avril et du 30 décembre 1719, du 25 janvier 1729, du 11 juillet 1749, du 27 mars 1761, du 9 décembre 1771, du mois de janvier et du 21 août 1779, du mois de mai et du 12 décembre

1781; les lois relatives à la croix de Saint-Louis, qui fut ensuite appelée *décoration militaire*, sont des 7 et 19 janvier, 11 et 25 février, 6 août et 16 octobre 1791, 15 octobre 1792, 28 juillet, 20 août et 18 novembre 1793 : mais un édit très-important sur le même objet est celui du mois de novembre 1750 (voyez *pag. 79 et suiv.*), duquel il résulte que la noblesse héréditaire est acquise à tout chevalier de Saint-Louis dont le père et l'aïeul ont aussi été membres de l'ordre ; et cette disposition essentielle se trouve rappelée dans l'ordonnance du Roi du 8 octobre 1814 (voyez *pag. 112 et 113*).

Ordonnance du Roi concernant ceux qui portent la croix de Saint-Louis ou le ruban de cet ordre sans titre ; du 29 décembre 1785.

DE PAR LE ROI.

« SA MAJESTÉ étant informée que plusieurs per-
» sonnes se permettoient de porter, sans titre, la croix
» de l'ordre royal et militaire de Saint-Louis, au mépris
» des dispositions prescrites par l'ordonnance du 11
» juillet 1749, et que d'autres se décoroient du ruban
» de cet ordre sans y avoir été admis, sous prétexte
» que ce cas n'avoit pas été prévu par cette ordon-
» nance, elle a jugé qu'ils étoient également répré-
» hensibles. Pour faire cesser ce double abus, qui ne
» pourroit qu'avilir un ordre respectable, si on tardoit

» plus long-temps à y obvier, Sa Majesté a cru devoir
» faire connoître ses intentions à ce sujet, et a en
» conséquence ordonné et ordonne ce qui suit.

Art. 1.ᵉʳ » Tout militaire pourvu du grade d'offi-
» cier ou tout gentilhomme qui portera la croix de
» Saint-Louis ou le ruban de cet ordre sans avoir reçu
» cette décoration en vertu des ordres de Sa Majesté,
» sera mis au conseil de guerre, et condamné à être
» dégradé des armes et de noblesse, et à subir vingt
» ans de prison, après lesquels il ne pourra exercer
» aucun emploi militaire.

2. » Toute autre personne qui, n'étant ni noble
» ni officier, contreviendra aux dispositions de l'ar-
» ticle 1.ᵉʳ, sera aussi jugée par le conseil de guerre,
» et condamnée aux galères perpétuelles.

3. » Sa Majesté défend pareillement à toutes per-
» sonnes, sans distinction, d'acheter ni de vendre
» aucune croix de Saint-Louis, à peine de six mois
» de prison et de 500 liv. d'amende; et à tous orfévres,
» joailliers et autres ouvriers, de faire de ces croix
» sans une permission par écrit du secrétaire d'état
» ayant le département de la guerre, ni d'en délivrer
» aucune qu'à ceux qui seront porteurs d'un ordre,
» aussi par écrit, dudit secrétaire d'état, à peine d'un
» an de prison et de 2000 liv. d'amende. Ces amendes
» seront applicables moitié au dénonciateur, et l'autre
» à l'hôpital du lieu le plus voisin. »

CHAPITRE XIII. 271

Sa Majesté a aussi rendu sur le même ordre les ordonnances suivantes :

Ordonnance du Roi, du 27 août 1814, portant que les chevaliers de Saint-Louis admis à la solde de retraite pour cause d'infirmités, autres que celles provenant du feu ou du fer de l'ennemi, avant le temps voulu, ne sont pas assujettis à la visite annuelle des officiers de santé, prescrite par l'article 15 de la présente ordonnance. *(Bull. 36, n.° 268, 5.ᵉ série.)*

Autre ordonnance du Roi, du 9 septembre 1814, portant que les permis de port d'armes seront délivrés gratuitement aux chevaliers de Saint-Louis, en payant seulement *un franc* pour frais de timbre et papier. *(Non imprimée.)* Cette ordonnance a été abrogée. Voyez plus bas au *17 juillet 1816*.

Autre, du 12 décembre 1814, portant rétablissement des dotations spéciales de l'hôtel royal des Invalides, des écoles militaires et de l'ordre de Saint-Louis. *(Bull. 61, n.° 516.)*

Autre, du 16 janvier 1815, relative au renvoi des décorations de l'ordre de Saint-Louis et de l'institution du Mérite militaire, après le décès des titulaires. *(Bull. 73, n.° 648, 7.ᵉ série.)*

Autre, du 10 janvier 1816, qui affecte un douzième des revenus de la caisse des invalides de la guerre aux pensions des membres de l'ordre de Saint-Louis. *(Bull. 62, n.° 390.)*

Autre, du 3 mars 1816, relative à l'organisation de la maison royale de Saint-Denis, destinée à l'éducation des filles des membres des ordres royaux. *(Bull. 79, n.° 565.)*

Autre, du 3 mai 1816, portant nomination de grand'croix et commandeurs de l'ordre de Saint-Louis. *(Bull. 82, n.° 633.)*

Autre, du même jour 3 mai, qui porte provisoirement à cent vingt le nombre des commandeurs de l'ordre de Saint-Louis. *(Bull. 89, n.° 756.)*

Autre, du 16 mai 1816, relative à l'organisation des succursales de la maison royale de Saint-Denis. *(Bull. 89, n.° 759.)*

Autre, du 22 mai 1816, relative aux statuts et à la chancellerie de l'ordre de Saint-Louis et du Mérite militaire, et au rang que prendront, dans les cérémonies publiques, les membres de cet ordre. *(Bull. 89, n.° 760.) Voyez aussi, pour cette dernière disposition, les articles 45 à 48 de l'ordonnance du 26 mars 1816, qui se trouve rapportée en entier au chapitre IX, pag. 106.)*

Autre, du 10 juillet 1816, qui nomme grand' croix de l'ordre royal et militaire de Saint-Louis les princes de la famille royale et les princes du sang. *(Bull. 100, n.° 899.)*

Autre, du même jour 10 juillet, qui détermine les pensions à conférer, sur la dotation de l'ordre de Saint-

Louis, à ceux des grand'croix, commandeurs et chevaliers auxquels elles seroient nécessaires sous les rapports de l'âge, des infirmités ou du manque de fortune, et fixé à cinq cent quarante-cinq le nombre des pensions, et à une somme de 300,000 fr. le total de ces pensions, distribuées comme il suit, savoir : à douze grand'croix, trente-deux commandeurs, et cinq cent un chevaliers. (*Non imprimée; mais elle a été rappelée dans le* Moniteur *du 10 avril 1818, page 447, à la fin de la première colonne.*)

Autre, du 17 juillet 1816, portant que la faculté accordée par les décrets des 22 mars 1811 et 12 mars 1813 aux personnes décorées des ordres français qui existoient alors, de ne payer qu'un franc fixe pour l'obtention du permis de port d'armes, laquelle faculté a été étendue par l'ordonnance du 9 septembre 1814 aux chevaliers de l'ordre royal et militaire de Saint-Louis, est et demeure supprimée, attendu que cette exemption est en opposition avec le texte et l'esprit de la Charte, qui n'admet aucun privilége en matière de contribution ; qu'en conséquence, le droit de 15 francs, fixé par l'article 70 de la loi du 28 avril 1816, sera payé indistinctement par tous ceux qui seront dans le cas de se pourvoir de ces permis. (*Bull. 101, n.° 915.*)

Aux termes d'une instruction ministérielle du 25 juillet 1817, il doit toujours être donné avis au ministre de la guerre, du décès des membres de l'ordre royal et militaire de Saint-Louis.

L'ordre royal et militaire de Saint-Louis ne pouvant être conféré qu'à des individus de la religion catholique, apostolique et romaine, Louis XV, pour récompenser les services des officiers professant la religion protestante, créa en leur faveur, par édit du 10 mars 1759, l'institution du Mérite militaire, dont les dignités, comme celles de l'ordre de Saint-Louis, sont au nombre de trois grades : les grand'croix, les commandeurs et les chevaliers.

La décoration consiste en une croix d'or émaillée à huit pointes pommetées et anglées de fleurs-de-lis d'or, au centre de gueules chargé d'une épée en pal, entourée de cette légende : *Pro virtute bellica*. Au revers, une couronne de laurier avec cette légende : *Ludovicus XV instituit 1759*.

Les grand'croix et les commandeurs portent cette croix suspendue à un large ruban placé en écharpe. Les grand'croix portent de plus cette croix brodée en or sur l'habit et le manteau. Les chevaliers la portent à la boutonnière de l'habit, attachée aussi à un ruban.

Il y a, sur l'institution du Mérite militaire, une seconde ordonnance du 1.er janvier 1785.

Le cordon en étoit bleu foncé sans être ondé; mais il est maintenant couleur de feu; ainsi que le prescrit une ordonnance du Roi, du 28 novembre 1814, dont voici le texte :

Art. 1.ᵉʳ « Les dispositions de l'édit du 10 mars 1759, portant création de l'institution du Mérite militaire, seront appliquées à tous les officiers de nos troupes de terre et de mer qui ne professent pas la religion catholique, apostolique et romaine.

2. » Le ruban de l'institution du Mérite militaire sera le même que celui de l'ordre de Saint-Louis.

3. » Le nombre des grand'croix ne pourra excéder quatre; celui des commandeurs, huit : le nombre des chevaliers n'est pas limité.

4. » Tous les officiers qui demanderont à être admis dans l'ordre royal et militaire de Saint-Louis ou dans l'institution du Mérite militaire, devront joindre à l'appui de leur demande une déclaration de la religion qu'ils professent. »

XIX.ᵉ SIÈCLE. — *Ordre royal de la Légion d'honneur.*

LA décoration de l'ordre royal de la Légion d'honneur consiste dans une étoile à cinq rayons doubles, surmontée de la couronne royale. Le centre de l'étoile, entouré d'une couronne de chêne et de laurier, présente, d'un côté, l'effigie de Henri IV, avec cet exergue, *Henri IV, Roi de France et de Navarre*; et de l'autre, trois fleurs-de-lis, avec cet exergue, *Honneur et Patrie*. L'étoile émaillée de blanc est en argent pour les chevaliers, et en or pour les grand'croix, les grands-officiers, les commandeurs et les officiers. Le ruban est moiré rouge.

Pour l'institution de la Légion d'honneur, et la manière d'en porter la décoration, *voyez* le chapitre IX, pag. 89 *et suiv.*

Ordre des Trois Toisons d'or.

L'ORDRE des Trois Toisons d'or, spécialement destiné à récompenser les services militaires, avoit été créé par lettres patentes du 15 août 1809 ; mais ce réglement est resté sans exécution.

Ordre de la Réunion.

L'ORDRE de la Réunion, destiné à récompenser les services rendus dans l'exercice des fonctions judiciaires ou administratives et dans la carrière des armes, avoit été créé par décret du 18 octobre 1811. Cet ordre, dont le ruban étoit bleu-de-ciel non moiré, avoit d'abord été toléré par une première ordonnance royale ; il fut ensuite aboli par une seconde, comme on le verra.

Extrait de l'Ordonnance royale du 19 Juillet 1814.

« LOUIS, par la grâce de Dieu, Roi de France
» et de Navarre, à tous ceux qui ces présentes ver-
» ront, SALUT.

» Nous avons ordonné et ordonnons ce qui suit :

Art. 1.ᵉʳ » Ceux de nos sujets qui ont précédem-
» ment obtenu la décoration de l'ordre de la Réu-
» nion, continueront de la porter, chacun dans le
» grade qu'il occupoit, et de la même manière.

4. » Les ordres de Westphalie et d'Espagne sont
» abolis ; défenses sont faites à tous nos sujets d'en
» prendre le titre et d'en porter la décoration. »
(L'ordre des Deux-Siciles a été aussi aboli par une
ordonnance du Roi du 28 juillet 1815.) *(Bull. des lois, n.° 79, 7.ᵉ série; pag. 466.)*

5. « Ceux de nos sujets qui ont obtenu la déco-
» ration de la Couronne de fer (1), continueront de
» la porter, à la charge par eux de se pourvoir auprès
» du Souverain du pays auquel cet ordre appartient,
» pour en obtenir l'autorisation. »

Une seconde ordonnance du Roi, en date du 28
juillet 1815, abolit l'ordre de la Réunion, et fait
défense à tout Français d'en prendre les titres et
d'en porter la décoration. *(Bull. des lois, n.° 79, 7.ᵉ série, page 466.)*

---

(1) Les premiers statuts de l'ordre de la Couronne de fer, qui a été fondé en 1805, se trouvent dans le Moniteur du 24 prairial an XIII, n.° 264. Voyez aussi, sur le même ordre, appelé aujourd'hui *Ordre impérial de la Couronne de fer d'Autriche*, l'avis officiel inséré dans le Moniteur du 22 mars 1816, n.° 82.

Décoration du Lis.

LA décoration du Lis fut instituée en faveur de la garde nationale de Paris, par S. A. R. MONSIEUR, Comte d'Artois, lieutenant général du royaume, le 12 avril 1814, au moment de son entrée dans cette capitale, où, à l'exemple de son aïeul Henri IV, il alla descendre à Notre-Dame pour y remercier Dieu.

Cette décoration est une fleur-de-lis d'argent couronnée, suspendue à la boutonnière de l'habit par un ruban blanc.

Mais le Roi, qui, depuis son entrée dans sa bonne ville (3 mai 1814), avoit accordé la même décoration à ceux de ses sujets dont il avoit reçu des témoignages de fidélité et de dévouement, permit, par une première ordonnance du 5 août 1814, à la garde nationale de Paris, de porter une marque distinctive de ses services, en ajoutant au ruban blanc, sur chacun des bords, un liséré bleu-de-roi, large de deux millimètres (1); et, par une seconde ordonnance, que je vais rapporter, Sa Majesté a affecté spécialement et exclusivement à cette garde une nouvelle décoration en remplacement de la fleur-de-lis.

---

(1) La garde nationale de plusieurs villes, telles que Bordeaux, Lyon, &c., a également obtenu, en récompense des marques de fidélité et de dévouement données au Roi, la décoration du lis, avec un ruban différencié par des lisérés de diverses couleurs.

CHAPITRE XIII.

Ordonnance du Roi du 5 Février 1816.

LOUIS, par la grâce de Dieu, Roi de France et de Navarre, à tous ceux qui ces présentes verront, SALUT.

Touchés des marques de fidélité et de dévouement qui nous ont été données par la garde nationale de notre bonne ville de Paris, et voulant, par un témoignage éclatant de notre satisfaction, perpétuer le souvenir de ses bons et loyaux services;

De l'avis de notre bien-aimé frère MONSIEUR, Comte d'Artois, colonel général des gardes nationales du royaume,

Nous avons ordonné et ordonnons ce qui suit :

Art. 1.er La fleur-de-lis affectée à la garde nationale de notre bonne ville de Paris par notre ordonnance du 5 août 1814, sera remplacée par une décoration d'argent, émaillée en blanc et bleu, portant d'un côté notre effigie, et pour exergue ces mots, *Fidélité, Dévouement*; de l'autre, la fleur-de-lis, et en exergue, les dates, *12 avril et 3 mai 1814, 19 mars et 8 juillet 1815*. Le ruban auquel cette décoration sera suspendue, restera bleu et blanc; mais chaque liséré bleu sera d'une largeur égale au tiers de celle du ruban. Le tout conforme aux modèles joints à la présente ordonnance.

2. Ceux de nos fidèles sujets qui ont obtenu le brevet constatant le droit de porter la décoration du lis affectée à la garde nationale de Paris, ou ceux qui, sans avoir encore ce brevet, ont les qualités requises pour en faire la demande, seront seuls susceptibles d'obtenir, en ce moment, l'autorisation de porter la nouvelle décoration que nous instituons pour la garde nationale de Paris, s'ils justifient,

1.° Qu'ils sont porteurs dudit brevet, ou qu'ils sont dans le cas d'en faire la demande;

2.° Qu'ils ont l'uniforme, l'armement et l'équipement complets et en bon état;

3.° Qu'ils font leur service avec exactitude.

3. Le droit de porter ladite décoration se perdra par la radiation des contrôles dûment prononcée pour fait tendant à compromettre l'honneur de la garde nationale.

4. A l'avenir, ceux de nos sujets qui ne font point encore partie de la garde nationale de Paris, ne seront susceptibles d'obtenir le droit de porter la nouvelle décoration, qu'après deux années, au moins, d'un service exact et sans reproche dans ladite garde.

5. Pour récompenser d'une manière particulière ceux de nos fidèles sujets qui, dans la garde nationale, auront montré le plus de zèle pour le service, ou donné des preuves signalées de dévouement, nous nous réservons de leur accorder le droit de porter

ladite décoration en or, sur la demande qui nous en sera faite par notre bien-aimé frère, et sur la proposition du commandant en chef de ladite garde; mais nul ne pourra l'obtenir sans avoir porté pendant un an au moins la nouvelle décoration en argent.

6. Les décoration et ruban spécifiés dans les articles précédens sont et demeurent spécialement et exclusivement affectés à la garde nationale de notre bonne ville de Paris.

Défenses sont faites à toute personne étrangère à ladite garde de prendre et porter lesdits ruban et décoration, sous les peines prononcées par les lois contre ceux qui prennent une décoration qu'ils n'ont pas le droit de porter.

Pareilles défenses sont faites, sous les mêmes peines, aux gardes nationaux qui n'auroient point obtenu l'autorisation de porter lesdits ruban et décoration, ou qui se trouveroient dans le cas prévu par l'article 3 de la présente ordonnance.

7. Les brevets pour la nouvelle décoration seront délivrés, sur la proposition du commandant en chef de la garde nationale, par notre bien-aimé frère, en suivant les formes qu'il aura déterminées; mais les brevets déjà délivrés en exécution de notre ordonnance du 5 août 1814 pourront en tenir lieu, lorsqu'ils auront été révisés par le conseil général des brevets et récompenses, et revêtus, par notre bien-

aimé frère, de l'autorisation expresse de porter ladite décoration.

Une dernière ordonnance royale, du mois d'avril 1816, porte que tout membre de la garde nationale de Paris qui, aux termes de la précédente ordonnance du 5 février 1816, aura été reconnu susceptible d'obtenir la décoration que Sa Majesté a instituée par la même ordonnance du 5 février, prêtera un serment conçu en ces termes : *Je jure, devant Dieu, fidélité et dévouement au Roi. Je jure de défendre ses droits et ceux de ses successeurs légitimes à la couronne, et de révéler à l'instant tout ce qui viendroit à ma connoissance de contraire à la sûreté de la Famille royale ou à la tranquillité de l'État.* (Moniteur du 20 avril 1816, n.° 111.)

CHAPITRE XIV.

Des Noms et des Armoiries, et de leur Substitution.

§. I.er

Des Noms.

L'HÉRÉDITÉ des terres appelées dans les premiers temps *bénéfices militaires*, et ensuite *fiefs*, semble avoir engendré l'hérédité des titres : l'hérédité des titres a produit celle des noms, et l'hérédité des noms, celle des armoiries. Ce système d'hérédité, qui est comme l'essence du gouvernement monarchique, et qui a constitué la noblesse, commença à s'établir en France dans les grandes familles, entre le IX.e et le X.e siècle. En effet, c'est de cette époque que date l'origine des fiefs, qui, précédemment, n'étoient, comme on sait, que des bénéfices à vie (1); et c'est

---

(1) Les bénéfices militaires étoient un don du Prince; et ce don, qui étoit à vie, a donné son nom aux bénéfices possédés par les ecclésiastiques. Sous la première race des Rois de France et une partie de la seconde, les bénéfices des biens ecclésiastiques et laïcs étoient à vie, et les bénéficiers étoient tenus à une redevance annuelle envers les propriétaires. A la mort du bénéficier, le propriétaire rentroit de plein droit en jouissance des biens donnés en béné-

à-peu-près dans le même temps que les titres de *duc* ou gouverneur d'une province, et de *comte* ou gouverneur d'une ville, qui n'étoient non plus que des titres à vie, devinrent également héréditaires. Un peu plus tard, vers le XI.ᵉ siècle, les noms (1) commencèrent aussi à le devenir. Mais, quoique le nom de

fice, comme on peut le voir par une ordonnance de Charles Martel du 1.ᵉʳ septembre 719 et par une charte du mois de juin 720. Les bénéfices n'étoient point encore héréditaires à la fin du VIII.ᵉ siècle (796) ; mais ils le devinrent dans le siècle suivant. Un des premiers exemples des bénéfices à vie devenus ensuite héréditaires sous le nom de *fiefs*, à la charge par les nobles *de supporter le faix des armes*, se trouve dans la donation que fit Charlemagne, par diplôme daté d'Aix-la-Chapelle, le 1.ᵉʳ décembre 811, à *Bennit*, fils du comte *Amalung*. Il n'y avoit encore, à cette époque, que trois états : 1.° les francs ou libres d'origine ; 2.° les affranchis ; 3.° les serfs. Aucun franc, riche ou pauvre, n'étoit compris dans ce qu'on appelle *le peuple* : il étoit de premier état, et, par conséquent, de la condition la plus distinguée.

(1) « Il y avoit chez les Romains une très-grande différence entre » les mots suivans : *nomen*, *cognomen*, *prænomen* et *agnomen*. Ils em- » ployoient le premier pour désigner le nom de famille qui étoit » donné à la race commune, et passoit à toutes les branches qui en » descendoient. Le second marquoit le surnom de chaque branche : » on le mettoit après le nom de famille, et on l'appeloit *cognomen*, » parce qu'il étoit ajouté et en quelque sorte joint au nom, *quia* » *nomini adjiciebatur*. Le troisième étoit un nom propre, qui appar- » tenoit à un particulier ; on le mettoit avant le nom de famille. » Enfin, le quatrième étoit un surnom qui avoit été donné à un » citoyen pour une cause particulière. C'est ainsi qu'on disoit » *Scipion l'Africain*, parce qu'il avoit subjugué Carthage, métropole » de l'Afrique. » (*Répertoire de jurisprudence.*)

plusieurs de nos grandes et illustres maisons remonte au règne de Hugues Capet (987), il n'en est pas moins vrai qu'en France ce n'est guère que sous Louis-le-Jeune (1137), et plus sûrement sous Philippe-Auguste (1180), que les noms sont devenus réellement fixes dans les familles. Avant que cet usage se fût introduit, une personne n'étoit désignée que par le nom propre qui est individuel et que nous appelons aujourd'hui *prénom* ou *nom de baptême*, qu'on joignoit à celui du père, comme *Alexandre de Philippe, Pierre de Jean*, &c., c'est-à-dire, Alexandre fils de Philippe, Pierre fils de Jean, &c. ainsi que cela se pratique encore dans quelques parties du nord de l'Europe, comme le prouvent au surplus deux décrets, l'un du 18 août 1811, et l'autre du 12 janvier 1813.

Les noms successifs ou héréditaires, proprement dits noms *patronymiques* ou *de famille*, s'établirent de différentes manières : il y eut des seigneurs qui prirent pour noms de famille ceux de leurs fiefs ou seigneuries ; d'autres donnèrent à leurs terres ou à leurs châteaux les noms qu'ils avoient adoptés. Et à cet égard, je remarquerai que l'on ne connoît pas bien la première origine du nom de plusieurs anciennes maisons, qui possèdent de temps immémorial, ou qui ont possédé, des terres seigneuriales de leur nom ; en sorte qu'on ne sait si c'est la terre qui a donné son nom à la famille, ou si c'est la famille qui a imposé le sien à la terre.

Ainsi les noms de famille ont plusieurs sources; savoir: 1.° les noms des terres et fiefs; 2.° les noms propres, qui sont devenus noms patronymiques, c'est-à-dire, noms de race; 3.° les noms composés des noms propres et des noms de terre; 4.° les noms des charges, dignités, fonctions et emplois; 5.° les noms tirés des bonnes ou mauvaises qualités du corps ou de l'esprit; 6.° les noms pris des élémens, des plantes, fruits, fleurs, animaux et autres choses naturelles; 7.° les noms des arts, métiers et exercices mécaniques, par sobriquet; 8.° les noms des pays, villes et provinces; 9.° les noms des saints; 10.° et enfin les noms de certains événemens.

Suivant les plus célèbres jurisconsultes, *il y a dans les familles des biens de qualités fort différentes. Les uns, comme les terres et d'autres de pareille nature, tombent dans le commerce. Les autres, au contraire, comme le nom et les armes, le rang, la noblesse, ne tombent point dans le commerce; ils sont inaliénables et incessibles: ce n'est point par le titre d'héritier, ni par celui de donataire, qu'on les possède; il faut, pour y avoir droit, descendre par les mâles de ceux qui en ont joui: c'est le seul bien indépendant des caprices et des révolutions de la fortune; ce sont ces restes précieux de la vertu et de la gloire des pères, qui excitent dans leurs*

descendans une noble et généreuse ardeur de les imiter.
C'est ce qui a fait dire à un des plus anciens et des plus
célèbres interprètes du droit romain, Balde, que dans
le nom et dans les armes des nobles résident principalement la mémoire d'une maison et la splendeur d'une
race ; et comme ces biens appartiennent en commun à
toute la famille, chaque particulier qui la compose, y
a droit, comme étant de la famille : mais nul, par la
même raison, n'a le pouvoir de les aliéner ou de les
communiquer à une famille étrangère, au préjudice et
sans le consentement de toutes les personnes de la famille
à qui ils appartiennent. Dès-lors le nom et les armes
sont la propriété la plus précieuse comme la plus
sacrée.

L'imposition du nom et des armes étant un des premiers droits de la souveraineté, on ne peut les changer
sans une permission expresse du Prince. Cependant,
avant l'année 1555, les grandes maisons étoient dans
l'usage de changer de nom et d'armes, sans l'autorisation du monarque. Cette tolérance, de la part du
Souverain, venoit probablement de ce qu'alors, les
premières familles ne s'alliant guère qu'entre elles,
ces changemens n'en apportoient point dans l'état
des personnes. Il arrivoit presque toujours que le
dernier mâle d'une maison ancienne ou illustre ne
consentoit au mariage de sa fille unique ou de sa
nièce, ou de l'une de ses filles ou de ses nièces ou

parentes, qu'à condition que son nom et ses armes seroient pris et portés par les époux ou par leurs enfans et leur postérité; ce qui étoit une sorte d'adoption, qui, ordinairement, n'avoit lieu, ainsi que je viens de le dire, que lorsqu'il n'y avoit plus d'autres mâles du nom et des armes; autrement il falloit, comme on l'a vu, leur consentement, puisqu'il est certain que les noms et les armoiries ne sont héréditaires que dans la seule descendance masculine. Les nobles de haut parage devoient se prêter mutuellement un secours qui avoit pour objet de perpétuer leurs noms, auxquels se rattachent de si grands et de si respectables souvenirs.

Cette substitution de nom et d'armes, faite sans autorisation légale, ayant par la suite donné lieu à de graves abus et à des réclamations fondées de la part des intéressés qui n'y avoient pas donné leur consentement, il ne fut plus permis, dans aucun cas, de prendre et porter le nom et les armes d'une famille autre que la sienne propre, sans en avoir préalablement obtenu la permission par des lettres patentes expédiées en chancellerie, et enregistrées dans les cours, en exécution de l'ordonnance du 26 mars 1555. Cette ancienne jurisprudence, fondée sur un usage immémorial, se retrouve dans notre nouvelle législation; elle fait le sujet du titre II de la loi du 11 germinal an XI [1.er avril 1803]; rapportée ci-après; et la cour de cassation a confirmé, le 13 janvier 1813, un arrêt de la cour d'Amiens qui obligeoit le général Musnier à se conformer à un article de son contrat de mariage, par lequel il promettoit de prendre le nom de son beau-père, M. de Folleville ; sauf aux parties à se retirer devant le Prince, afin d'obtenir l'autorisation prescrite par les lois.

Les plus grandes et les plus illustres familles de France fournissent une foule d'exemples de ces changemens de noms et d'armes. On trouvera, un peu plus bas, un relevé de plusieurs de ces familles.

L'établissement des noms étant un point d'ordre public très-essentiel, je crois devoir rappeler sommairement ici les diverses lois qui ont été rendues sur cette importante matière, savoir :

Ordonnance d'Amboise, rendue le 26 mars avant Pâques 1555, par Henri II, portant (art. 9) que, pour éviter la supposition des noms et des armes, défenses sont faites à toutes personnes de changer leurs noms et leurs armes, sans avoir obtenu des lettres de dispense et de permission, à peine de mille livres d'amende, d'être punies comme faussaires, et d'être exautorées [dégradées] de tout degré et privilége de noblesse. Cette ordonnance a été publiée et enregistrée à la cour des aides de Normandie, le 23 avril après Pâques 1556.

Lettres patentes du mois de novembre 1572, enregistrées au parlement de Paris, le 20 du même mois, dans lesquelles il est dit qu'*au Roi seul appartient de permettre la mutation et changement de cri, noms et armes de grandes et illustres maisons.*

Arrêt du 22 décembre 1599, sur les substitutions des noms et armes.

Les états généraux assemblés à Paris en 1614 et 1615 proposèrent, dans le 162.ᵉ article de leurs cahiers, qu'il fût ordonné à tous gentilshommes de *signer, en tous actes et contrats, du nom de leurs familles, et non de leurs seigneuries, sur peine de faux et d'amende arbitraire.* Cette proposition fut un peu plus tard convertie en loi par l'ordonnance de Louis XIII, donnée à Paris le 19 janvier 1629, qui enjoint (art. 211) à tous gentilshommes de signer du nom de leurs familles, et non de celui de leurs seigneuries, en tous actes et contrats qu'ils feront, à peine de nullité desdits actes et contrats : mais cette disposition, toute sage qu'elle pouvoit être, n'a cependant jamais été suivie. L'article 197 de la même ordonnance porte que les bâtards de gentilshommes ne pourront prendre les noms des familles dont ils seront issus ; que du consentement de ceux qui y ont intérêt.

Deux lois, l'une du 23 juin 1790 (art. 2), et l'autre du 19 décembre 1791, portent qu'aucun citoyen ne pourra prendre que le vrai nom de sa famille.

Un décret de la Convention nationale, du 24 brumaire an II [14 novembre 1793], consacra cet étrange principe, que *tout citoyen a la faculté de se nommer comme il lui plaît*. L'abus et le danger de cette maxime furent si grands, qu'ils frappèrent bientôt ceux même qui l'avoient professée; et une loi du 6 fructidor an II [23 août 1794] défendit de prendre d'autres noms patronymiques ou de famille que ceux qui sont portés dans l'acte de naissance, et ordonna aux personnes qui les avoient quittés de les reprendre. La même loi défendit également d'ajouter aucun surnom à son propre nom, à moins que ce surnom n'eût servi jusqu'ici à distinguer les membres d'une même famille. Malgré les peines portées par cette loi contre ceux qui y contreviendroient, elle ne laissa pas d'être fréquemment enfreinte. C'est pour faire cesser ce scandale et assurer la stricte exécution de la loi, que le Directoire exécutif prit les mesures les plus sévères dans son arrêté du 19 nivôse an VI [8 janvier 1798].

Tel étoit l'état de notre législation à cet égard, lorsque le Gouvernement, par des motifs sages et parfaitement développés, proposa, pour la compléter, un projet qui fut converti en loi, et dont voici toutes les dispositions.

Loi relative aux Prénoms et Changemens de Noms, du 11 Germinal an XI [1.er Avril 1803].

TITRE PREMIER.

Des Prénoms.

Art. 1.er A compter de la publication de la présente loi, les noms en usage dans les différens calendriers, et ceux des personnages connus de l'histoire ancienne, pourront seuls être reçus comme prénoms, sur les registres de l'état civil destinés à constater la naissance des enfans; et il est interdit aux officiers publics d'en admettre aucun autre dans leurs actes.

2. Toute personne qui porte actuellement comme prénom, soit le nom d'une famille existante, soit un nom quelconque qui ne se trouve pas compris dans la désignation de l'article précédent, pourra en demander le changement, en se conformant aux dispositions de ce même article.

3. Le changement aura lieu d'après un jugement du tribunal d'arrondissement, qui prescrira la rectification de l'acte de l'état civil.

Ce jugement sera rendu, le commissaire du Gouvernement (*lisez* le procureur du Roi) entendu, sur simple requête présentée par celui qui demandera le changement, s'il est majeur ou émancipé, et par ses père et mère ou tuteur, s'il est mineur.

TITRE II.

Des Changemens de Noms.

4. Toute personne qui aura quelque raison de changer de nom, en adressera la demande motivée au Gouvernement.

5. Le Gouvernement prononcera dans la forme prescrite pour les réglemens d'administration publique.

6. S'il admet la demande, il autorisera le changement de nom, par un arrêté rendu dans la même forme, mais qui n'aura son exécution qu'après la révolution d'une année, à compter du jour de son insertion au Bulletin des lois.

7. Pendant le cours de cette année, toute personne y ayant droit sera admise à présenter requête au Gouvernement pour obtenir la révocation de l'arrêté autorisant le changement de nom; et cette révocation sera prononcée par le Gouvernement, s'il juge l'opposition fondée.

8. S'il n'y a pas eu d'oppositions, ou si celles qui ont été faites n'ont point été admises, l'arrêté autorisant le changement de nom aura son plein et entier effet à l'expiration de l'année.

9. Il n'est rien innové, par la présente loi, aux dispositions des lois existantes relatives aux questions d'état entraînant changement de noms, qui continue-

ront à se poursuivre devant les tribunaux dans les formes ordinaires.

C'est en vertu de cette loi que s'obtiennent, tous les jours, les permissions de changer de nom, ou d'en ajouter un autre au sien.

On a trouvé que ces permissions étoient un peu multipliées : mais on n'a pas réfléchi à une chose ; c'est qu'indépendamment de l'ancien motif qui existe toujours, de perpétuer un nom respectable et historique, qui est près de s'éteindre, ou de satisfaire une affection particulière, il y a encore, et sur-tout après une longue révolution, des noms tellement déshonorés, qu'il n'est plus possible de les porter. D'un autre côté, il y a des noms si ridicules, que, dans tous les temps, le Prince en a facilement permis le changement. En effet, on trouve dans les registres du parlement de Paris diverses lettres patentes du Roi qui autorisent le changement de cette dernière espèce de noms ; entre autres, celles qui furent données à Saint-Germain-en-Laye au mois de mai 1618, et enregistrées au parlement le 4 juillet suivant, en faveur de deux frères.

Henri IV, par lettres patentes données à Vernon au mois de décembre 1593, vérifiées au parlement de Paris le 1.ᵉʳ août 1595, permit à Jean Le Boulanger, seigneur de Bournonville, ancien chambellan de François de France, duc d'Alençon, et à Henri Le Boulanger, seigneur de Montigni, son frère, ancien gentilhomme de la chambre du même prince, de reprendre leur nom primitif de *Montigni*, que portoit Raoul, écuyer, seigneur de Montigni, panetier du Roi, père de Jean Le Boulanger, seigneur de Hacqueville et de Montigni, premier président au parlement de Paris en 1471.

Des lettres patentes d'Henri IV du mois d'avril 1596, et de Louis XIII du 2 mai 1613, ont autorisé, les premières, Jean Loir, commissaire général de l'artillerie et de la marine, et les secondes, Ambroise Vie, seigneur du Mesnil-Caujou, à faire précéder leur nom de l'article *du*.

Jacques Miette, issu d'une famille noble de Normandie, obtint, au mois de mars 1603, des lettres patentes, enregistrées au parlement de cette province le 9 juillet suivant, qui lui permirent de quitter son nom pour prendre celui de *Lauberie*.

On lit dans le P. Anselme, que *Charles* de Balsac, seigneur d'Entragues, s'appeloit auparavant *Guillaume*; que son nom fut changé en la confirmation.

La Chenaye des Bois, dans son Nobiliaire, à l'article de *Bougran*, seigneur de Boishéron en Normandie, dit que François de Bougran a été autorisé à changer son nom de *Mignot* en celui de *Bougran*.

Geoffroi Couillaud, seigneur de Hauteclaire,

maître des requêtes, fut autorisé, par lettres patentes de l'an 1544, à changer son nom en celui de *Hauteclaire*.

Au surplus, cette multiplicité de permissions est réellement sans danger aujourd'hui, et ne préjudicie en rien aux droits des tiers, puisqu'une des dispositions de la loi porte que, dans le cas où le Gouvernement auroit jugé convenable d'accorder l'autorisation demandée, l'effet de cette autorisation n'aura lieu qu'un an après l'insertion de l'ordonnance royale au Bulletin des lois. Toute personne y ayant droit est admise, dans le cours de l'année, à présenter requête pour obtenir la révocation de l'ordonnance, et le Roi resté le maître de la prononcer.

Les premières ordonnances de révocation rendues en cette matière, sur le rapport du comité du contentieux, sont du mois de décembre 1815.

Seulement, comme tout le monde ne lit pas le Bulletin des lois, il seroit à souhaiter que les journaux les plus répandus rapportassent sommairement, d'après le Bulletin, les ordonnances par lesquelles ces permissions sont accordées; ce seroit un moyen de plus de porter le fait à la connoissance de ceux qui croiroient être en droit de former opposition (1).

---

(1) On trouve dans les journaux, et notamment dans le *Moniteur* des derniers mois de 1815, époque à laquelle a été publiée la pre-

CHAPITRE XLV. 297

Relevé de plusieurs des plus grandes et plus illustres Maisons et anciennes Familles nobles de France dans lesquelles il y a eu des substitutions de nom et d'armes.

Pierre de France, septième et dernier fils de Louis VI, dit *le Gros*, et d'Alix ou Adélaïs de Savoie,

---

mière édition de cet ouvrage, un avis officiel conçu en ces termes :

Ministère de la justice.

« Les demandes de changement de nom, ou d'addition à celui
» que l'on porte déjà, se multiplient depuis quelque temps. On a
» pris jusqu'à présent des précautions pour empêcher qu'on ne
» blessât l'intérêt des personnes qui portent quelquefois le nom
» dont on propose le changement ou l'addition à un autre: Pour
» prévenir encore mieux les erreurs, M.gr le Garde des sceaux a
» décidé qu'il ne s'occuperoit des demandes de cette espèce que
» trois mois après qu'on lui auroit justifié que l'insertion en a été
» faite dans le journal destiné, dans chaque département, aux
» annonces judiciaires. »

On lit dans le *Moniteur* du 10 avril 1818, le second avis officiel ci-après :

Ministère de la justice.

« Les demandes en addition ou changement de nom excitant
» souvent des réclamations de la part des personnes qui se croient
» en droit de les contester, son Exc. M.gr le Garde des sceaux a
» décidé qu'avant d'y faire droit, elles seroient insérées dans la
» partie officielle du *Moniteur*.

» Cette insertion est indépendante de celle qui doit être faite
» dans les affiches judiciaires du département où réside et où est
» né chaque pétitionnaire.

» Ce n'est qu'après qu'il se sera écoulé un délai de trois mois
» depuis l'une et l'autre insertion, que son Exc. s'occupera de
» l'examen de ces demandes. »

épousa, après l'an 1150, Isabelle ou Élisabeth, dame et héritière de Courtenai, Montargis, &c., à condition que lui et sa postérité porteroient le nom et les armes de Courtenai, *d'or, à trois tourteaux de gueules*. Leur fils, Pierre de Courtenai, comte d'Auxerre, et les fils de celui-ci, Robert et Baudouin de Courtenai, furent successivement Empereurs de Constantinople.

J'ai lu quelque part que Hugues, fils puîné de Henri I.er, Roi de France, épousa la fille du comte de Vermandois; que Robert et Pierre, fils puînés de Louis-le-Gros, épousèrent, l'un, l'héritière de Dreux, et l'autre, celle de Courtenai, et que ces trois princes *prirent non-seulement le nom; mais les armes de leurs femmes*.

S'il est vrai que Pierre de France ait pris le nom et les armes d'Isabelle de Courtenai sa femme, il n'en est pas de même, ce me semble, de Robert de France, son frère, qui avoit épousé en 1152-1153 Agnès de Baudement, dame de Braine, fille unique de Gui de Baudement, seigneur de Braine, et non l'héritière de Dreux, comme on le prétend, puisque dès l'an 1137 le comté de Dreux lui avoit été donné en apanage par le Roi Louis VII, dit *le Jeune*, son frère, et que, lors de son mariage, il en portoit le nom, qui devint celui de sa postérité. Son fils, Robert II, ajouta à son nom celui de Braine, du chef de sa mère Agnès de Baudement. Quant aux armes, *échiqueté d'or et d'azur*, que portoit le même Robert de France, et que plusieurs historiens ont positivement dit avoir été celles d'Agnès sa femme, je n'oserai pas être aussi affirmatif qu'eux à cet égard : mes doutes naissent de ce que dans le XIIe siècle, premier temps de l'introduction des armoiries, les branches cadettes adoptoient assez généralement pour brisures, *l'échiqueté*, *le bandé*, &c., en conservant toutefois les émaux des armes pleines, lesquelles appartiennent exclusivement à la branche aînée ; et comme alors la maison royale de France portoit *d'azur, semé de fleurs-de-lis d'or*, je trouve, d'après les leçons mêmes de l'art héraldique, une grande analogie entre l'écu de la maison de France et l'écu de la maison de Dreux, une de ses branches cadettes. En effet, c'est dans l'un et dans l'autre le même métal (or), la même couleur (azur), et les fleurs-de-lis de l'écusson de France semblent être représentées dans l'écusson de Dreux par les carrés de même métal, et en nombre égal, pour ainsi dire, à celui des fleurs-de-lis.

Ce qui me fortifie dans le sentiment où je suis que les armes des comtes de Dreux peuvent n'être qu'une brisure des armes de France, c'est que Hugues de France, troisième fils de Henri Ier, Roi de France, et d'Anne de Russie, sa femme, avoit les mêmes armes, *échiqueté d'or et d'azur*, que divers écrivains ont aussi dit être celles d'Adèle ou Alix, héritière du comté de Vermandois, que ce prince avoit épousée en 1068-1069, et de laquelle il avoit pris le nom et les armes, ayant eu soin d'ajouter à son écusson un chef d'azur chargé de trois fleurs-de-lis d'or, ou de le surmonter de cinq fleurs-de-lis, pour faire connoître qu'il étoit de la maison royale.

Ainsi (et il faut convenir que c'est un grand hasard) deux héritières de familles différentes, mariées à deux princes de la même maison, à une distance de quatre-vingt-quatre ans l'une de l'autre, avoient toutes deux absolument les mêmes armes, *échiqueté d'or et d'azur*, qu'elles ont données à leurs maris; armoiries qu'elles devoient nécessairement tenir de leurs pères, et qui, par conséquent, avoient dû être portées bien antérieurement aux mariages de ces deux héritières, contractés l'un en 1068, l'autre en 1152; tandis que ce n'est que de cette dernière époque seulement que date le commencement des armoiries héréditaires; et même celles de la maison royale, qu'on attribue assez généralement à Louis-le-Jeune, comme je le dirai plus bas, n'ont guère pu être prises par ce Prince avant 1137, année où il est monté sur le trône.

Enfin les armoiries, *bandé d'or et d'azur*, que les anciens ducs de Bourgogne avoient adoptées, étoient également, ainsi qu'on le voit, aux émaux des armes de la maison royale, dont ils étoient aussi descendus. Eudes II du nom, duc de Bourgogne, mort en 1162, qui avoit pour trisaïeul paternel Robert de France, fils du Roi Robert, paroît être le premier qui ait porté ces armoiries, qui me semblent aussi n'être qu'une brisure des armes de France, en ce qu'elles en ont, comme je viens de le dire, *le métal et la couleur*; remarque déjà faite par du Tillet, qui s'exprime en ces termes : *Pierre de France, frère de Louis-le-Jeune, épousant Ysabeau, héritière de Courtenai, accorda prendre les armes de sa femme, laquelle portoit d'or à trois tourteaux de gueules, QUI N'EST LA COULEUR DE L'ÉCU DE FRANCE. Ceux de Bourgogne, Vermandois et Dreux, se rencontrèrent AVOIR LES MÉTAUX ET COULEURS DE CELUI DE FRANCE.*

Ce qui aura fait croire que ces princes de la famille royale avoient pris les armoiries d'Agnès de Braine et d'Adèle de Vermandois, leurs femmes, c'est la diversité des brisures qu'ils adoptèrent. Leur écusson, qui étoit celui de France, rendu ainsi méconnoissable par les nouvelles pièces dont il étoit chargé, aura été blasonné ou figuré sur les tombeaux de ces princesses et sur ceux de leurs maris; ce qui aura induit en erreur ceux qui ont dit qu'il représentoit les propres armes de ces deux héritières, sans réfléchir que dans ces premiers temps les femmes n'avoient point encore personnellement d'armoiries, et que, par conséquent, elles ne portoient et ne pouvoient porter que celles de leurs maris seulement. « Les femmes, dit le P. Ménestrier, » n'ont pas eu des armoiries aussitôt que les hommes, » parce que, n'ayant nul usage de l'exercice des armes, » elles n'avoient ni écus, ni cottes d'armes, ni ban- » nières, où elles pussent les porter. Ce fut ce qui » les obligea, au commencement, à porter celles de » leurs maris, comme elles portoient leurs noms. »

François de Bourbon, comte de Saint-Paul, épousa, par contrat passé à Paris, le 9 février 1534, Adrienne dame d'Estouteville, à la charge de porter les nom, cri et armes de la maison d'Estouteville, et pour principal titre, celui de duc d'Estouteville.

Roger de Beaumont, de qui la petite ville de Beaumont près d'Évreux a pris le nom de *Beaumont-le-Roger*, ayant épousé, dans le XI.ᵉ siècle, Adeline de Meullent, héritière de sa maison, leur fils Robert de Beaumont, sire de Beaumont, prit le nom et les armes de la maison de Meullent, et donna ainsi naissance aux comtes de Meullent de la seconde race. Robert vivoit encore en 1118, comme on le voit par une charte de cette époque, dans laquelle il est intitulé, *par la grâce de Dieu, comte de Meullent.*

Guirand d'Agoult, seigneur d'Apt, vivant en l'année 1120, fils de Rambaud d'Agoult et de Sancie de Simiane, prit le nom et les armes de Simiane, du chef de sa mère. Isnard d'Agoult, baron de Sault, vivant en l'année 1225, épousa Dulcine, dame et

CHAPITRE XIV.

héritière de Pontevès en Provence. Fouquet, leur fils aîné, fut héritier de la terre de Pontevès et des autres principaux biens de sa mère, à la charge de prendre le nom et les armes de Pontevès. Ainsi l'on peut dire que les maisons d'Agoult, de Simiane et de Pontevès, sont une seule et même famille, connue sous des noms différens. Alphonse baron de Simiane, dernier mâle de la branche de Simiane-la-Coste, maria, en 1722, sa fille unique Marie-Antoinette de Simiane à Jean-Philippe de Blanc de Prunier, mousquetaire de la garde du Roi, à condition que les enfans procréés de ce mariage, et leur postérité, joindroient à leurs nom et armes ceux de Simiane.

Bernard d'Anduse, seigneur d'Alais, épousa, en 1129, Adélaïde de Roquefeuil, héritière de sa maison, dont il prit le nom, ainsi que ses descendans.

Arnoul de Gand, des anciens comtes de ce nom, étant devenu, en 1130 environ, comte de Guines, du chef de sa mère, quitta le nom et les armes de Gand, pour prendre ceux de Guines : ce seigneur étoit fort puissant ; il prenoit dans ses actes la qualité d'*Arnoul, par la grâce de Dieu, comte de Guines.*

Manrique de Lara, d'une illustre maison d'Espagne, que plusieurs historiens font descendre des anciens comtes de Castille, épousa, en 1164, Ermessende, héritière de la vicomté de Narbonne : c'est par suite de ce mariage que sa postérité a joint le nom de Narbonne à celui de Lara, et en a pris les armes.

L'an 1200, Hugues de Morard, chevalier, épousa, en Dauphiné, demoiselle Guiffre d'Arces : leur postérité prit le nom d'Arces. Le fameux *chevalier Blanc*, baron de Livarot, qui sortit victorieux du combat des *trois contre trois*, étoit de la maison d'Arces.

Aymon de Bocsozel, seigneur de Roche en Dauphiné, épousa, en 1202, Jeanne de Maubec, fille et unique héritière de l'ancienne famille de Maubec, qui lui apporta en mariage la terre de Maubec et d'autres grands biens ; en considération de quoi ce même Aymon de Bocsozel prit le nom de sa femme, qu'il transmit à sa postérité. Hugues de Maubec, leur descendant au septième degré, épousa, le 21 janvier 1425, Janne de Montlor, fille et héritière de Louis de Montlor et de Marguerite de Polignac, à la charge de prendre le surnom de Montlor ; et Louis, baron de Maubec-Montlor, arrière-petit-fils de Hugues de Maubec, n'ayant eu de Philippine de Balsac, qu'il avoit épousée en 1497, qu'une fille nommée *Fleurie de Maubec de Montlor*, il la maria, en 1526, avec Jean de Vesc, baron de Grimaud, à condition que les enfans qui naîtroient de ce mariage porteroient le surnom de Montlor.

Pierre de Jaucourt, seigneur de Dinteville du chef de sa mère, en prit le nom vers l'an 1255, en conservant les armes de Jaucourt. Il étoit fils de Pierre de

Jaucourt, I.er du nom, panetier de Champagne et un des plus grands seigneurs de cette province. De Pierre, seigneur de Dinteville, descendoit, au huitième degré, Joachim baron de Dinteville, lieutenant général au gouvernement de Champagne, chevalier des ordres du Roi, mort en 1607.

Il y a bien des siècles que la maison d'Apchon se fondit dans celle de Saint-Germain, qui en prit le nom et les armes.

Isabelle de Leisquevin, fille et héritière de Thibault sire de Leisquevin, baron de Montfaucon, et d'Alix de la Rochefoucauld, fut mariée, par contrat du dimanche d'après Pâques 1237, à Gui de Crevecœur, à la charge, par celui-ci, de prendre le nom et les armes de Leisquevin.

Jean de Berrie, fils de Renauld seigneur de Berrie, et de Marguerite d'Amboise, prit le nom et les armes d'Amboise, après la mort de Mahaud, dame d'Amboise, sa cousine, arrivée en 1256.

Mathieu II du nom, dit *le Grand*, seigneur de Montmorency, connétable de France, épousa en secondes noces Emme, dame et héritière de Laval, laquelle vivoit encore en l'année 1256. Gui de Montmorency, leur fils puîné, prit le nom de Laval, en retenant toutefois les armes de Montmorency, qu'il brisa de cinq coquilles d'argent sur la croix. Anne de Laval, dame et héritière de Laval, descendue au huitième degré de Mathieu II de Montmorency et d'Emme de Laval, épousa, le 22 janvier 1404, Jean de Montfort, seigneur de Kergolay en Bretagne, à condition que son mari et ses descendans prendroient les nom, cri et pleines armes de Laval. Jeanne de Laval, leur fille, épousa, en 1424, Louis de Bourbon, comte de Vendôme, à condition que, si elle devenoit héritière de sa mère et de son aïeule, ses frères ne laissant point de postérité, le second fils qui seroit issu d'elle et du comte de Vendôme son mari, seroit tenu de porter les nom, cri et armes de Laval, écartelées de celles de France.

Marc, qu'on a dit être de la maison royale de Hongrie, épousa, en France, Catherine, héritière d'Araines et de Croy : ils eurent deux fils nommés Jean et Guillaume, qui vivoient au commencement du XIII.e siècle, lesquels prirent le nom et les armes de leur mère ; c'est de Guillaume que sont descendus les ducs de Croy.

Alix de Coucy, fille et unique héritière d'Enguerrand sire de Coucy, ayant épousé, vers l'an 1280, Arnoul comte de Guines et de Namur, de la maison des comtes de Gand, leur postérité prit le nom et les armes de Coucy : c'est là l'origine des sires de Coucy de la seconde race.

Humbert, seigneur de la Tour du Pin, ayant épousé, l'an 1282, Anne, héritière du Dauphiné, prit la qualité et les armes de Dauphin de Viennois : c'est là le commencement des Dauphins de la troisième race. Le 30 mars 1349, le Dauphin Humbert II fit cession du Dauphiné à la maison royale de France, à la charge, par les fils aînés des Rois de France, de porter le nom de Dauphin, et d'écarteler les armes du Dauphiné avec celles de France. Humbert II avoit déjà, par un premier acte du 23 avril 1343, transporté le Dauphiné à la maison de France; mais cet acte étant resté sans exécution, c'est ce qui a donné lieu au second.

Hugues III, seigneur de Pagny, épousa, dans le XIII.ᵉ siècle, Béatrix comtesse de Vienne : leurs enfans prirent le nom et les armes de Vienne.

Hugues de Genève, vivant en 1300, fils puîné d'Amé II comte de Genève, ayant épousé Isabelle, dame et héritière de la seigneurie d'Anthon en Dauphiné, en prit le nom et les armes, qu'il transmit à ses enfans.

Guillaume d'Artaud, chevalier, seigneur de Glandage en Dauphiné, vivant l'an 1300, ayant épousé Mabille de Montauban, dernière personne de cette ancienne maison, Isoard d'Artaud, un de leurs descendans, prit le nom de Montauban.

Aimery de Durfort, chevalier, seigneur de Clairmont en 1305, fut substitué à la seigneurie de Duras par testament de son oncle maternel Bertrand, dernier mâle de la maison de Goth, des vicomtes de Lomagne, fait le 19 mai 1324. C'est de là que sont descendus les ducs de Duras, dont l'origine remonte à Bernard de Durfort, surnommé *Gratapala*, seigneur de Clairmont en 1091.

Marguerite de Saint-Simon, héritière de sa maison, fille de Jacques seigneur de Saint-Simon, des comtes de Vermandois, ayant été mariée, l'an 1332, à Mathieu de Rouvroy, chevalier, seigneur du Plessis, leur postérité prit le nom de Saint-Simon, d'où sont issus les marquis et ducs de Saint-Simon.

La maison de Sassenage en Dauphiné s'éteignit dans la personne de Henri baron de Sassenage, qui mourut sans enfans. Sa sœur, Béatrix de Sassenage, eut de son mariage avec Aymon de Bérenger, seigneur de Pont-de-Royans, Henri, qui abandonna, en 1339, le nom et les armes de Bérenger, pour prendre ceux de Sassenage, suivant la disposition testamentaire de François seigneur de Sassenage en Dauphiné, son aïeul maternel. Ce dernier avoit épousé Agnès de Joinville, nièce de Jean de Joinville, sénéchal héréditaire de Champagne, auteur de l'Histoire de S. Louis.

Jean de Galluccio, d'une illustre et ancienne famille du royaume de Naples, passa en France vers le milieu du XIVe siècle, et prit le nom de l'Hôpital, parce que Jean de l'Hôpital, son parent, en

CHAPITRE XIV.

le mariant avec Jeanne Braque, le fit son héritier universel, à condition qu'il ne porteroit que son nom et ses armes : depuis, ses descendans n'ont porté d'autre nom que celui de l'Hôpital. Cette famille, dont étoient issus les marquis et ducs de Vitry, a donné deux maréchaux de France et cinq chevaliers de l'ordre du Saint-Esprit.

Valpurge vicomtesse de Polignac, dame de Randon, héritière de sa maison, se maria, en 1349, avec Guillaume, seigneur de Chalençon, à la charge que leurs enfans prendroient le nom et les armes de Polignac.

Guillaume d'Albon, seigneur de Forgeux, épousa, l'an 1373, Alix, fille et héritière de Hugues seigneur de l'Espinasse et de Saint-André près de Roanne, à condition que le second fils de son mariage porteroit le nom de l'Espinasse et seroit seigneur de Saint-André. De ce mariage étoit descendu, au sixième degré, le maréchal de Saint-André, si célèbre sous Henri II.

Archambaud de Grailly, captal de Buch, comte de Benauge, épousa, l'an 1381, Isabelle de Foix, héritière du comté de Foix et de la vicomté de Béarn. Leurs enfans prirent le nom de Foix, et écartelèrent les armes de Foix avec celles de Béarn : c'est là l'origine des comtes de Foix de la seconde race.

Par testament du 9 novembre 1390, Bertrand de

Montanée fit son héritier Jacques de Beissan, à condition de porter le nom et les armes de Montanée, et de s'appeler Beissan-Montanée.

Jean de Chavenon, écuyer, qui vivoit en 1402, ayant épousé l'héritière de la maison de Bigny, sa postérité prit le nom et les armes de Bigny.

Audouin Achard prit le nom et les armes de Joumart, en vertu du testament de son oncle maternel Audouin Joumart, en date du 20 décembre 1441.

François de Murinais, seigneur de Murinais en Dauphiné, mourant sans enfans, en l'année 1429, fit son héritier François du Puy-Bellecombe, son cousin, et le chargea de porter le nom et les armes de Murinais.

Jacques de Fos, fils d'Albert et de Mabile de Laidet, dame de Sigoyer, prit le nom et les armes de Laidet, en vertu du testament de sa mère, fait le 7 novembre 1452.

Amaury Bergaud d'Estissac, n'ayant point eu d'enfans de son mariage avec Marguerite de Harcourt, donna tous ses biens à son neveu maternel Jean de l'Esparre, fils de Lancelot de l'Esparre et de Jeanne d'Estissac, à condition qu'il prendroit, conformément à des lettres du 22 mars 1458, le nom et les armes d'Estissac; et Claude d'Estissac, héritière de sa maison, petite-fille de Jean de l'Esparre, ayant été mariée, le 27 septembre 1587, à François comte de la Rochefoucauld, prince de Marsillac, il fut convenu que le second de leurs fils, Benjamin de la Rochefoucauld, ajouteroit à son nom et à ses armes le nom et les armes d'Estissac.

Sibut de Virieu, seigneur de Faverges, ayant épousé, l'an 1460, Antoinette de Beauvoir, héritière de sa maison, leur fils François de Virieu prit le nom et les armes de Beauvoir.

Raimond de Milly épousa, dans le XVe siècle, l'héritière de la maison de Thy, à la charge d'en porter le nom et les armes.

Jacques d'Hostun, vivant en 1460, ayant épousé l'héritière de la maison de Claveson, Béatrix de Claveson, il fut réglé, par le contrat de mariage, que leurs enfans prendroient le nom de Claveson, et en porteroient les armes écartelées avec celles d'Hostun.

Archambaud de Bourdeille, vivant en 1478, fils d'Arnaud, prit le nom de Bergerac du côté des femmes. Il étoit frère d'Élie de Bourdeille, cardinal en 1483, et grand-oncle de Pierre de Bourdeille, connu sous le nom de *Brantôme*.

Jacques Coctier, vers l'an 1482, donna tous ses biens à Jacques le Clerc, seigneur d'Aunay, neveu de sa femme, sous la condition de porter son nom. Ce Jacques le Clerc, dit *Coctier*, fut conseiller grand rapporteur en la chancellerie de France. Les le Clerc du Tremblay sont de la même famille.

Gaucher de Forcalquier, évêque de Gap, laissa, par son testament fait l'an 1483, la baronie de Céreste à Gaucher de Brancas, seigneur d'Oise, son cousin, à condition qu'il porteroit le nom et les armes de Forcalquier.

Gaspar de Castellane, I.ᵉʳ du nom, ayant épousé, en 1498, Blanche d'Adhémar, leur fils Gaspar II fut substitué aux nom et armes d'Adhémar, comte de Grignan.

Philibert de Laigue, surnommé *le Magnifique*, chevalier banneret, conseiller et premier chambellan du Roi René comte de Provence, et chevalier de l'ordre du Croissant, épousa, le 31 mars 1478, l'héritière de l'ancienne maison d'Oraison, Louise, fille unique de Pierre d'Oraison, l'un des plus riches partis de la Provence. Antoine-Honoré de Laigue, leur fils, baron d'Oraison, prit le nom et les armes d'Oraison, en conformité des dispositions du testament de Marguerite d'Oraison, vicomtesse de Cadenet, dame de Ribiers, sa grand'tante maternelle, fait l'an 1503, et par lequel elle lui laissoit, à cette condition, tous ses biens, qui étoient très-considérables.

L'héritière des anciens Garaud, qui étoient connus à Toulouse depuis l'an 1154, a porté, il y a plusieurs siècles, son nom et ses armes *de gueules, au chef cousu d'azur, chargé de trois fleurs-de-lis d'or,* dans la famille de Raspault-Colomyez.

CHAPITRE XIV.

Anne vicomtesse de Rochechouart fut mariée, par contrat du 21 août 1470, à Jean de Pontville, vicomte de Breuilhé, à condition que leurs enfans prendroient le nom et les armes de Rochechouart: elle étoit fille de Foucauld vicomte de Rochechouart, aîné des nom et armes; mais, comme il y avoit encore des mâles dans la maison de Rochechouart, il y eut opposition à cette substitution de nom et d'armes, notamment de la part des seigneurs de Rochechouart de la branche de Mortemart, laquelle, étant devenue aînée par la mort, sans enfans mâles, de Foucauld de Rochechouart, prit les armes pleines de la maison.

Huguenin de Laye, seigneur de Cussy-la-Colonne, fut substitué, vers 1490, aux biens de la maison du Blé, par Huguenin du Blé, seigneur de Cormatin, son grand-oncle maternel, à la charge de porter le nom et les armes de du Blé. Huguenin de Laye étoit le quatrième aïeul paternel de Nicolas du Blé, marquis d'Huxelles, maréchal de France.

Claude de Châlons, fille de Jean de Châlons, prince d'Orange, fut mariée dans le XVI.e siècle à Henri comte de Nassau. Leur fils René fut institué héritier par son oncle maternel Philibert de Châlons, prince d'Orange, dernier mâle de sa maison, à la charge de porter le nom et les armes de Châlons.

Antoine de Rochechouart, lieutenant général au

gouvernement de Languedoc, épousa, par contrat passé le 25 octobre 1517, Catherine de Faudoas-Barbasan, fille et héritière de Beraud baron de Faudoas, dit *de Barbasan*. Il y fut stipulé que les biens de Barbasan et de Faudoas seroient substitués aux mâles provenant de ce mariage, à condition qu'ils prendroient le nom et les armes de Faudoas-Barbasan, ou qu'ils les joindroient ensemble. Ce Beraud de Faudoas, fils de Louis, ne portoit lui-même le nom de Barbasan que du chef de sa mère, Oudine de Barbasan, fille et unique héritière du fameux baron de Barbasan, surnommé *le chevalier sans reproche*. Jean-Paul de Rochechouart-Barbasan, marquis de Faudoas, descendu au septième degré d'Antoine de Rochechouart et de Catherine de Faudoas-Barbasan, succéda aux biens, nom et armes de la maison de Fontrailles, par donation de Louis seigneur de Fontrailles, oncle de sa mère, en date du 4 mars 1677.

Pierre Le Gendre, chevalier, seigneur de Villeroy et Conflans, baron d'Alincourt, prévôt des marchands de la ville de Paris en 1508, testa, le 15 novembre 1524, en faveur de Nicolas de Neufville, seigneur de Magny, dont il étoit grand-oncle maternel, à condition qu'il porteroit le nom et les armes de Le Gendre-Villeroy : c'est de là que sont sortis les ducs de Villeroy.

Vers l'an 1540, Joachim de la Baume-Montrevel,

fils de Marc de la Baume, comte de Montrevel, et d'Anne de Châteauvillain, fut autorisé par le Roi à ajouter à son nom celui de Châteauvillain, du chef de sa mère.

Gilbert de Blanchefort, baron de Mirebeau, épousa, en 1543, Marie de Créquy. Leur fils aîné, Antoine de Blanchefort, fut institué par le cardinal de Créquy, son oncle maternel, héritier de tous les biens de la branche aînée de la maison de Créquy, à condition qu'il en prendroit, lui et ses successeurs, le cri, le nom pur et simple, et les armes pleines; et cette transmission fut autorisée par lettres patentes de Charles IX du mois de novembre 1572, dans lesquelles, pour ôter aux cadets de la maison de Créquy le droit qu'ils avoient de s'y opposer, le monarque ajoute : « Nonobstant qu'aucuns descendus » de quelque puîné de la maison de Créquy le vou- » lussent contredire et empêcher; ce que nous avons » prohibé et défendu, prohibons et défendons, &c. » Ainsi, et comme le dit l'auteur du *Répertoire de jurisprudence*, lorsqu'un individu n'a point de lettres patentes qui l'autorisent à prendre le nom et les armes d'une maison, il ne peut pas le faire; et quand il en auroit, le droit que les mâles de cette maison auroient de s'opposer à l'effet de ces lettres, subsisteroit jusqu'à ce qu'il leur fût ôté par défenses expresses du Prince.

Jacques de Clermont fut, en 1550, substitué au nom et aux armes d'Amboise par George d'Amboise, deuxième du nom, cardinal et archevêque de Rouen, son oncle maternel. Ce cardinal étoit le neveu du grand cardinal d'Amboise, premier ministre d'état sous Louis XII.

Josserand de Guion prit le nom et les armes de Geis de Pampellonne, en conformité du testament de Josserand de Geis de Pampellonne, son aïeul maternel, en date du 10 janvier 1554.

Christophe de Marle, seigneur de Vercigny, mourut en 1555, après avoir institué son héritier universel le sieur Hector, son neveu, à la charge de porter le nom et les armes de Marle.

Antoine d'Aure, chevalier de l'ordre du Roi, vivant en 1558, fils de Menaud d'Aure, vicomte d'Aster en Bigorre, et de Claire, dame et héritière de Gramont, fut substitué par sa mère aux nom et armes de Gramont : c'est de là que sont issus les ducs de Gramont, pairs de France.

Par testament de 1558, Melchior de Castellane, baron d'Allemagne, institua héritier Nicolas de Masson, son neveu maternel, à la charge de porter le nom et les armes de Castellane.

Le fils d'Antoinette Lascaris et d'Honoré de Villeneuve, son mari, fut institué, en 1572, héritier universel de Jean Lascaris des comtes de Vintimille, son oncle, à condition qu'il prendroit son nom et ses armes.

Michel de l'Hôpital, chancelier de France, décédé le 13 mars 1573, âgé de soixante-dix ans, ordonna, par son testament, que le nom de l'Hôpital seroit ajouté à celui de ses petits-enfans issus de sa fille unique Madelène de l'Hôpital et de Robert Hurault, son mari, seigneur de Belesbat.

Marguerite de Foix, comtesse de Candale, fut mariée, au mois d'août 1587, à Jean-Louis de Nogaret de la Valette, duc d'Epernon, à condition que le fils aîné qui naîtroit de ce mariage prendroit le nom et les armes de Foix.

Jacques d'Illiers, baron de Vaupillon, ayant épousé, en 1588, Charlotte-Catherine de Balsac d'Entragues, un de leurs fils, Léon d'Illiers, fut institué héritier par son oncle maternel César de Balsac d'Entragues, qui n'avoit point d'enfans, à la charge, par son neveu, de porter son nom et ses armes.

Balthasar d'Hostun, marquis de la Baume, fut institué, en 1591, héritier de Guillaume de Gadagne, son aïeul maternel, à condition de porter le nom et les armes de Gadagne.

Louis de Crevant, vicomte de Brigneuil, ayant épousé, en 1595, Jacqueline d'Humières, qui devint héritière de sa maison, leur postérité ajouta le nom et les armes d'Humières au nom et aux armes de Crevant ; et Louis de Crevant d'Humières, maréchal duc d'Humières, ne laissant point d'enfans mâles, sa fille Anne-Louise-Julie de Crevant, duchesse d'Humières, transmit, aux termes des lettres d'érection du mois d'août 1690, à son mari Louis-François d'Aumont, second fils du duc d'Aumont, les nom, armes et duché d'Humières.

Gaspar comte de Coligny, amiral de France, eut de sa seconde femme Jacqueline de Montbel, héritière des comtés de Montbel et d'Entremonts, une fille unique, nommée Béatrix de Coligny, mariée, le dernier novembre 1600, à Claude-Antoine baron de Meuillon et de Montauban. Leurs enfans prirent le nom et les armes de Montbel d'Entremonts, du chef de leur aïeule maternelle.

Antoine de Coeffier, dit *Ruzé*, marquis d'Effiat, chevalier des ordres du Roi en 1625, maréchal de France en 1631, fut institué héritier de son grand-oncle maternel Martin Ruzé, seigneur de Beaulieu, secrétaire d'état, sous la condition de prendre son nom et ses armes. Les lettres patentes accordées à cet effet sont du mois d'août 1608, et ont été enregistrées au parlement le 6 septembre suivant.

Gilbert de Saint-Quentin, baron de Cusse, substitua les nom et armes de Saint-Quentin aux enfans de sa fille aînée, épouse de Christophe des Guillaumanches, seigneur du Boscage, par acte du 17 novembre 1610.

Joachim de Châteauvieux, comte de Confolens,

laissa, par testament de l'an 1610, tous ses biens à son petit-neveu maternel René de Vienne, à la charge de porter son nom et ses armes.

Charlotte-Eugénie d'Ailly, comtesse de Chaulnes, héritière de la branche aînée de sa famille, épousa, le 13 janvier 1620, Honoré d'Albert de Cadenet, maréchal de France, à la charge qu'il porteroit le nom, les armes et le cri de la maison d'Ailly. C'est de là que sont descendus les ducs de Chaulnes.

Léon d'Albert de Brantes, ayant épousé la fille aînée de Henri de Luxembourg, dernier mâle de cette maison, fut autorisé, par lettres du 10 juillet 1620, à porter le nom de Luxembourg. Les d'Albert de Brantes et les d'Albert de Luynes sont de la même maison.

René de Vignerot, chevalier, seigneur de Pontcourlay, ayant épousé, le 28 août 1603, Françoise du Plessis de Richelieu, Armand-Jean de Vignerot, leur petit-fils, né en 1629, fut substitué, par Armand-Jean du Plessis, cardinal et duc de Richelieu, son grand-oncle maternel, aux nom et armes du Plessis et duché de Richelieu en Poitou.

Vincent-Anne de Forbin-Mainier, baron d'Oppède, premier président du parlement de Provence en 1630, prit le nom et les armes de Mainier, en exécution du testament de Jean Mainier, son aïeul maternel.

François de Harville et sa postérité ont porté le

nom de Harville des Ursins, en vertu de lettres du mois de mai 1644, enregistrées le 11 mai 1645.

Henri Chabot, seigneur de Saint-Aulaye, gouverneur d'Anjou, d'une ancienne maison de Poitou, épousa, en 1645, Marguerite de Rohan, fille unique et héritière de Henri duc de Rohan, prince de Léon, comte de Porhoët, et de Marguerite de Béthune-Sully, à condition que les enfans porteroient le nom et les armes de Rohan. Cette substitution des nom et armes pleines fut confirmée par arrêt du Conseil d'état du 26 août 1704. Henri Chabot, devenu ainsi duc de Rohan, prêta serment de *duc et pair* au parlement, le 15 juillet 1652; et son fils, Louis de Rohan-Chabot, prince de Léon, &c. prêta le sien en la même qualité de *duc et pair*, le 12 mai 1689. Il est à remarquer que l'héritière de la maison de Chabot, Anne-Marie-Louise, fille unique de Gui-Henri Chabot, comte de Jarnac, qui fut mariée, 1.° en 1709, à Paul-Auguste-Gaston de la Rochefoucauld, 2.° en 1715, à Charles-Annibal de Rohan-Chabot, son cousin, n'ayant point eu d'enfans de ses deux mariages, substitua le comté de Jarnac à Louis-François de Rohan-Chabot, appelé *le vicomte de Rohan*, l'un des neveux de son second mari, à condition qu'il porteroit, lui et sa postérité, le nom et les armes seuls de Chabot; en conséquence, le vicomte de Rohan prit le nom de Chabot, qui étoit celui de son bisaïeul paternel

CHAPITRE XIV.

Henri Chabot, seigneur de Saint-Aulaye, devenu, par son mariage, ainsi qu'on l'a dit, duc de Rohan.

Jacques Sahuguet, seigneur de Vialard, n'ayant point d'enfans, institua, en 1653, pour son héritier, Jacques-Gilbert Damarzit, son neveu, à la charge de porter à perpétuité son nom et ses armes.

Charles de Féra, baron de Rouville, ayant épousé, en 1655, Jeanne-Victoire de Saint-Phalle, fille unique et héritière de sa maison, Charles, un de leurs fils, prit le nom et les armes de Saint-Phalle, avec une écartelure de Féra.

Le cardinal Mazarin institua ses héritiers et légataires universels, 1.° Hortense Mancini, sa nièce maternelle, et son mari Armand-Charles de la Porte-la-Meilleraye, à la charge par eux de porter le nom et les armes pleines de Mazarin, et de substitution graduelle et perpétuelle (ce point fut réglé par le contrat de mariage même d'Hortense Mancini, passé le 28 février 1661, et par les testament et codicille que fit ce cardinal les 6 et 7 mars suivant, et qui furent vérifiés au parlement le 5 avril même année); 2.° Philippe-Julien Mancini, duc de Nevers, frère d'Hortense, à condition qu'il joindroit le nom et les armes de Mazarin au nom et aux armes de Mancini.

François-Henri de Montmorency, comte de Bouteville, et sa postérité, ont aussi été autorisés à porter le nom de Luxembourg par des lettres patentes du mois de mars 1661.

Le célèbre François Mansard, qui mourut sans enfans en 1666, institua pour ses légataires universels deux de ses neveux maternels, à condition qu'ils joindroient son nom au leur, et qu'ils prendroient ses armes. L'un de ces deux neveux fut Jules Hardouin-Mansard, comte de Sagonne, conseiller du Roi en ses conseils, chevalier de l'ordre de Saint-Michel, surintendant et ordonnateur des bâtimens de la couronne.

Nicolas de Quelen, vicomte du Broutai, fut substitué aux noms de Stuer de Caussade et comté de la Vauguyon, par testament de son aïeul maternel, du mois d'octobre 1670. C'est de là que sont descendus les ducs de la Vauguyon.

La postérité de Denis Sublet, comte d'Heudicourt, lequel vivoit en 1674, prit le nom et les armes de la maison de Lénoncourt, à cause du mariage de ce comte d'Heudicourt avec Marie-Françoise marquise de Lénoncourt, fille et unique héritière d'Antoine de Lénoncourt, comte d'Ave et d'Asberg, grand écuyer du duc de Lorraine.

Par lettres patentes du mois de février 1690, enregistrées au parlement de Bordeaux, le 26 avril même année, Jean-Vincent de Malartic, chevalier, fut autorisé à porter les nom et armes de Maurès, auxquels il avoit été substitué par le testament d'Anne de Maurès, sa tante maternelle, du 28 novembre 1686.

L'aîné de la maison des vicomtes de Rivière, seigneurs de Labatut dans le comté de Bigorre, n'ayant laissé qu'une fille, qui se maria, dans le XVIIe siècle, à un cadet de la maison de Bompar de Barbotan en Gascogne, leur postérité prit le nom et les armes de Rivière, avec le titre de vicomte.

Jacques-François-Léonor Goyon de Matignon, comte de Thorigny, épousa à Monaco, le 20 octobre 1715, Louise-Hippolyte Grimaldi, duchesse de Valentinois, à condition que lui et ses enfans seroient substitués au nom et aux armes de Grimaldi.

En 1717, François-Joseph de Choiseul, baron de Beaupré, fut institué héritier universel par le comte de Stainville, son oncle maternel, à la charge de porter son nom et ses armes.

Florimond-Claude comte de Mercy, tué, le 29 juin 1734, à la bataille de Parme, sans avoir été marié, laissa ses biens au comte d'Argenteau, son cousin, à la charge de prendre le nom et les armes de Mercy.

En vertu d'une substitution contenue dans le testament de Jean de Pontevès-Sillans, et de l'adoption faite par Gaspar de Pontevès, son fils, en faveur de Jean d'Eiroux ou d'Eyroux, son neveu, celui-ci a pris le nom et les armes de Pontevès; ce qui a été confirmé par lettres patentes vérifiées et enregistrées à la chambre des comptes, le 8 mai 1748.

Louis-Antoine marquis de Raigecourt, mort en 1754, avoit épousé Marie-Élisabeth de Gournay, fille et unique héritière de Regnault comte de Gournay, à la charge, par le fils aîné procréé de ce mariage, de prendre le nom et les armes de Gournay.

Auguste-Joseph-Félicité marquis de Matharel, né en 1753, fut substitué aux nom et armes de sa mère Adélaïde-Félicité de Fiennes, fille et héritière de Charles-Maximilien marquis de Fiennes.

Jean et Jean-Baptiste Hugaly, fils de Jean Hugaly et d'Amable de Meyrand, ont été autorisés, par lettres patentes du 8 juillet 1789, à prendre le nom et les armes de la maison de Meyrand, du chef de leur mère.

Par décret du 27 janvier 1810, rendu en vertu de la loi du 11 germinal an XI [1.er avril 1803], Henri de Crousaz a été autorisé à ajouter à son nom celui de Cretet, conformément au testament d'Emmanuel Cretet, comte de Champmol, son oncle, ancien ministre de l'intérieur.

Jean-Marie-Noël Delisle de Falcon, colonel de dragons, officier de la Légion d'honneur, a été autorisé, par décret du 11 avril 1810, à ajouter à son nom celui de Saint-Geniès.

Le comte Pierre-Antoine Herwyn a été autorisé,

par décret du 9 janvier 1812, à ajouter à son nom celui de Nevèle.

Paul-Louis-Antoine-Alexandre-Marie de Keguelin, et ses deux frères Louis-François-Honoré-Jean et Auguste de Keguelin, fils du sieur de Keguelin, chevalier de Saint-Louis et capitaine au régiment de Hesse-Darmstadt, et de Louise-Barbe-Marie de Rozières, ont été autorisés, par décret du 31 janvier 1813, à ajouter à leur nom celui de leur aïeul maternel, le sieur de Rozières, mort en activité de service, avec le grade de général de division, inspecteur général du génie.

Par décret du 17 mai 1813, François-Louis Ruphy a été autorisé à ajouter à son nom celui de sa mère, de Menthon de Lornay.

Le comte Beaupoil de Saint-Aulaire, chef de la branche aînée de sa maison, officier supérieur des gardes-du-corps, en mariant sa fille unique au comte Pierre Dugarreau, neveu maternel de lui comte Beaupoil de Saint-Aulaire, lui imposa, par le contrat de mariage même, l'obligation d'ajouter à son nom celui de Beaupoil-Saint-Aulaire; et cette disposition a été autorisée par une ordonnance du Roi en date du 2 septembre 1814.

Le comte de Ségur a été autorisé, par une ordonnance royale du 25 octobre 1814, à ajouter à son nom celui de d'Aguesseau.

Une autre ordonnance du même jour a permis à François-Alexandre baron d'Harambure de donner son nom au domaine appelé *Grange*.

Bernard-Paul Couturier, comte de Fournoue, a été autorisé, par une ordonnance du Roi du 8 novembre 1814, à ajouter à son nom celui de Montalembert.

Une autre ordonnance, du 15 du même mois, a permis à Jules-Gaspar-Emmanuel comte de Villelume d'ajouter à son nom celui de Sombreuil.

Marie-Louis-Joseph-Hilarion Ruffo ou de Roux, marquis de la Fare, chevalier de l'ordre royal et militaire de Saint-Louis, chevalier non profès de l'ordre de Saint-Jean de Jérusalem et de la Légion d'honneur, a été autorisé, par une ordonnance royale du 13 décembre 1814, à jouir en France du bénéfice du diplôme de Ferdinand IV, Roi de Naples et de Sicile, en date du 24 septembre 1796, qui le remet en possession du nom de Ruffo, comme étant celui de ses ancêtres, originaires de ses États. Cette autorisation a été étendue, par une seconde ordonnance royale du 30 août 1815, à toute la famille dont est chef Charles de Roux, marquis de la Fare.

Joseph-Gabriel vicomte de Villiers, capitaine d'infanterie, chevalier de l'ordre royal et militaire de Saint-Louis, et chevalier honoraire de Saint-Jean de Jérusalem, a été autorisé, par une ordonnance royale du 7 septembre 1815, à ajouter à son nom celui de l'Isle-

CHAPITRE XIV.

Adam, que ses ancêtres ont toujours porté, et auquel se rattachent de si glorieux souvenirs.

Par deux ordonnances du 13 septembre 1815, il a été permis, 1.° à Armand-Elzéar baron de Bourgnon, de joindre à son nom le surnom de De Layre, que ses ancêtres ont toujours porté; 2.° à Jérôme de Landine d'ajouter à son nom celui de Saint-Esprit, sous lequel il a exercé, pendant l'interrègne, les fonctions de commissaire extraordinaire de Sa Majesté dans les départemens méridionaux du royaume.

Anne-Madelène-Françoise née de Créquy, veuve du comte de Milon de Mesne, ayant exposé que la maison de Créquy étoit éteinte quant aux mâles, et qu'ainsi elle desireroit faire revivre ce nom illustre en le transmettant à Auguste-Ferdinand comte de Beaucorps, son petit-fils, celui-ci, par une ordonnance du Roi en date du 11 octobre 1815, a été autorisé à ajouter à son nom celui de Créquy.

Il a été permis, par une ordonnance royale du 21 août 1816, à Alfred-Jules-Alphonse de Laidet, d'ajouter à son nom celui de Fortia, en faisant précéder le nom de Laidet de celui-ci.

Madame la comtesse de Béthune - Penin, née Montmorency-Luxembourg, a été autorisée, par une ordonnance du Roi en date du 16 octobre 1816, à s'appeler désormais Béthune de Sully, et à faire porter le même nom à ses enfans Maximilien-

Léonard-Marie-Louis-Joseph et Charles-Louis-Marie-François de Béthune.

Par la même ordonnance, Jean-Simon-Narcisse vicomte d'Aurelle Descornaix a été autorisé à substituer à son nom celui de Montmorin-Saint-Hérem.

Paul-Henri-Prosper baron de la Garde a été autorisé, par une ordonnance du 18 décembre 1816, à ajouter à son nom celui de Montlezun.

Par une ordonnance du 5 février 1817, il a été permis, 1.° à Louis-Jules Dubos, d'ajouter à son nom celui de Gribauval ; 2.° à Philippe-Jacques baron de Stieler, d'ajouter à son nom celui de Landoville.

Le lieutenant général François baron l'Huillier a été autorisé, par une ordonnance du 12 février 1817, à ajouter à son nom celui de Hoff.

Il a été permis, par une ordonnance du 2 avril 1817, à René-Jean-Claude chevalier de Lauzière, d'ajouter à son nom celui de d'Arestel.

Le lieutenant général David-Maurice-Joseph comte Mathieu a été autorisé, par une ordonnance du 9 avril 1817, à ajouter à son nom celui de la Redorte.

Alphonse-Louis comte Gentil, maréchal-de-camp, a été autorisé, par une ordonnance du 28 mai 1817, à ajouter à son nom celui de Saint-Alphonse.

Les demoiselles Clara-Louise-Amable et Anne-Marie-Louise-Arsène Bousquet ont été autorisées à substituer à leur nom celui de Ballainvilliers, avec l'assistance du baron de Ballainvilliers, leur grand-père et tuteur légal, conseiller d'état, chancelier de MONSIEUR, frère du Roi.

Enfin l'importance d'une terre ou d'une seigneurie a aussi donné lieu à des changemens de nom; par exemple, les anciennes familles de Beaumont, de Berrie, de Comptour, des Acres, de la Marck, de Montgommery, &c. ont pris les noms de Meullent, d'Amboise, d'Apchon, de Laigle, de Clèves, de Ponthieu, &c.

§. II.

Des Armoiries.

LES armes ou armoiries, marques de noblesse et de dignité, doivent leur premier établissement aux croisades, et leurs règles aux tournois. Les chevaliers, tout couverts de fer ou d'acier lorsqu'ils combattoient, soit à la guerre, soit dans les joutes et autres exercices militaires auxquels se livroit habituellement la noblesse, n'étoient plus guère reconnoissables avec cette armure que par des couleurs ou par des signes extérieurs, figurés ordinairement sur le bouclier ou *écu*, qu'on a ensuite appelé *écusson*, et sur les cottes d'armes, d'où est venu le mot *armoiries*.

Ces marques apparentes, qui étoient arbitraires dans les premiers temps, devinrent peu à peu fixes et héréditaires, comme les noms dont souvent elles n'étoient que le symbole : c'est pourquoi beaucoup de familles nobles ont des armes parlantes ; et ces armoiries sont très-estimées dans les anciennes maisons.

En effet, il y a peu de familles anciennes dont les armes ne dérivent du nom lorsqu'il signifie quelque chose, ou n'aient avec lui quelque analogie ; mais il seroit impossible de toujours bien saisir ce rapport sans posséder la science héraldique, et sans connoître parfaitement l'étymologie des noms.

La Roque, *Traité de la noblesse*, dit que *les armes sont des noms muets, et les noms, des armes parlantes, à cause du grand rapport qui est entre eux.*

Il est constant que les armoiries n'ont commencé à devenir fixes et héréditaires dans les familles que vers le XII.ᵉ siècle. On assure que Louis VII, dit *le Jeune* (1137), est le premier de nos Rois qui ait adopté des fleurs-de-lis, par allusion à son nom de Loys, parce qu'on le nommoit *Ludovicus Florus*. Ce sentiment me paroît assez fondé, sur-tout d'après l'usage où l'on étoit alors de tirer le sujet des armoiries du nom même.

Ce prince fit semer de fleurs-de-lis sans nombre son propre *écusson*, et celui de la monnoie dont il ordonna la fabrication : c'est de là que notre ancienne monnoie a pris le nom d'*écu*.

CHAPITRE XIV.

Les armes de France, ainsi semées de fleurs-de-lis sans nombre, ont existé de cette manière pendant deux siècles environ; mais ensuite ces fleurs-de-lis furent réduites à trois (nombre mystérieux chez les anciens), tant sur les pièces de monnoie que sur l'écusson de France, tel que nous le voyons toujours, *d'azur, à trois fleurs-de-lis d'or*, et auquel est souvent accolé celui de Navarre, *de gueules, à deux chaînes d'or rangées en croix, sautoir et orle* (1).

On n'est pas d'accord sur l'époque fixe de cette réduction. Abot de Bazinghen, dans son *Traité des monnoies*, tome I.er, page 386, édition in-4.º de 1764, dit que l'année 1324 (Charles IV) est le temps où l'on commença à ne plus trouver sur les monnoies de France que trois fleurs-de-lis. Le président Hénault, tome I.er, page 328, édition de 1756, ne fixe qu'à l'an 1380 (Charles VI) la réduction des armes de France; il ajoute qu'on peut cependant rapporter au règne de Charles V (1364) l'origine de cette réduction. Je remarquerai, à cet égard, que le *contre-scel* des lettres patentes données

---

(1) Depuis Henri IV, nos Rois accolent de France et de Navarre sous une même couronne. Henri III accoloit de France et de Pologne, et Charles VIII portoit deux écus accolés, l'un, de France, entouré de l'ordre de Saint-Michel, et l'autre, de Naples et de Jérusalem, soutenu de l'ordre du Croissant.

au bois de Vincennes, le 19 janvier 1369, par lesquelles ce dernier Prince fait une concession à la ville d'Abbeville, est de fleurs-de-lis sans nombre. Avant le XII.ᵉ siècle, on ne trouve dans les sceaux de nos Rois que leurs portraits, des portes d'église, des têtes de Saints, des croix, &c. Hugues Capet est représenté, dans un sceau, tenant, d'un côté, un globe, et, de l'autre, une main de justice : ainsi le sceau de l'État n'est devenu fixe que depuis l'établissement des armoiries héréditaires.

Parmi les familles françaises qui portent dans leurs armoiries des fleurs-de-lis, il y en a plusieurs qui les ont par concession du monarque, en récompense de leur fidélité et de leurs services. En voici quelques exemples.

La maison d'Estaing porte les mêmes armes que nos Rois, avec un chef d'or pour brisure, par une concession de Philippe-Auguste faite à Dieudonné d'Estaing, qui sauva ce Prince d'un péril imminent, à la bataille de Bouvines, donnée le dimanche 27 juillet 1214. On voyoit ces armes sur les tombeaux des seigneurs d'Estaing, qui, autrefois, les portoient semées de fleurs-de-lis sans nombre sur un fond d'azur, et qui les ont changées depuis que nos Rois ont réduit les fleurs-de-lis à trois.

La maison de Châteaubriant, en Bretagne, qui primitivement portoit *de gueules, semé de pommes*

CHAPITRE XIV.

de pin d'or, a porté depuis semé de fleurs-de-lis d'or, par concession de S. Louis. Les trois fleurs-de-lis de gueules, au pied nourri, figurées dans les armes de la famille de Vignacourt, sont aussi une concession du même Prince, ainsi que la fleur-de-lis d'or qu'on remarque dans les armes de la maison de Thy.

Clément IV, Français, élu pape en 1265, portoit *d'or, à six fleurs-de-lis d'azur*, armoiries qu'il avoit prises en mémoire de S. Louis, et des six années qu'il avoit été son conseiller d'état.

La bande semée de France qui se trouve dans les armes des Gentien, est une concession de Philippe-le-Bel, faite l'an 1304.

Le chevron d'azur, chargé de trois fleurs-de-lis d'or, qui orne l'écusson des Bertrand, est une concession faite à cette maison par Philippe de Valois, l'an 1329.

La bordure de huit fleurs-de-lis d'or dans les armes des Saint-Didier est une concession que, pour des services rendus, Charles VII fit à cette maison, fondue dans celle de Joyeuse.

La fasce d'azur chargée de trois fleurs-de-lis d'or, qui se trouve dans les armes de Pierre Trousseau, archevêque duc de Reims en 1413, est aussi une concession du Prince.

La bordure de France qui figure dans les armoiries des Salvaing, est une concession que Philippe de

Valois fit à Pierre de Salvaing, parce qu'il étoit un de ceux qui avoient le plus contribué à la réunion du Dauphiné à la couronne, en 1343.

Charles VII, voulant décerner à Barbasan, surnommé *le chevalier sans reproche*, une récompense digne de ses grands services, lui permit, par lettres patentes du 10 mai 1432, de porter les armes de France pleines, c'est-à-dire, sans aucune brisure. Ces lettres le qualifient de *restaurateur du royaume et de la couronne*. Le P. Ménestrier, dans son livre des *Ornemens*, a rapporté textuellement ces lettres, sous la date du 10 mai 1434; ce qui paroît être une erreur, puisque Barbasan, selon la plupart de nos historiens, a été tué au combat de Belleville ou Bulgneville en Lorraine, en 1431 [1432]. Il ne laissa de son mariage avec Sibylle de Montaut, qu'une fille, qui fut mariée à Louis baron de Faudoas, dont le fils, Beraud, baron de Faudoas, dit *Barbasan*, que j'ai déjà cité, écartela ses armes avec celles de France sans brisure. Le même Prince voulut que Barbasan fût enterré dans l'église de Saint-Denis, lieu de la sépulture des Rois de France. Cette sépulture honorable a été également celle de Bertrand du Guesclin, comte de Longueville, connétable de France, mort en 1380; de Louis de Sancerre, aussi connétable de France, mort en 1402; et de Henri de la Tour d'Auvergne, vicomte de Turenne, maréchal de France, tué d'un

CHAPITRE XIV. 335

coup de canon en 1675, et dont le corps fut transporté à Saint-Denis par ordre de Louis XIV.

S. A. S. le prince de Condé (Louis-Joseph de Bourbon), mort à Paris le 13 mai 1818, âgé de quatre-vingt-un ans neuf mois quatre jours, a été inhumé, en vertu d'une décision du Roi, dans un des caveaux de l'église royale de Saint-Denis, le mardi 26 du même mois de mai.

Quelquefois, et lorsque le monarque veut doublement récompenser, la concession de fleurs-de-lis a lieu en même temps que l'anoblissement. Ainsi, par exemple, Jeanne d'Arc, dite *du Lys*, qui fut anoblie, elle, ses freres et sœurs et leur postérité, en 1429, reçut, par les lettres mêmes d'anoblissement, de même que sa famille, le droit de porter pour armes, *d'azur, à une couronne d'or en chef, soutenue d'une épée d'argent mise en pal, la pointe levée, ayant la garde et la poignée d'or, accostée de deux fleurs-de-lis de même*. Cette double et honorable récompense a aussi été celle du célèbre Le Brun, premier peintre de Louis XIV, dont je parlerai plus bas.

L'écu de France, à la bordure danchée de gueules et d'argent, selon les uns, et d'or, suivant les autres, qui est placé dans les armes de la maison de Ferrare, est une concession que lui fit Charles VII par lettres du 10 mai 1432, *en reconnoissance de ce que Nicolas duc de Ferrare fit à ce monarque serment de fidélité, ligue et confédération, promettant servir les Rois de France en leurs guerres, à ses dépens.*

C'est, dit le président Hénault, Louis XI qui a orné les armoiries des Médicis de l'écusson de France. En effet, on trouve des lettres patentes du mois de mai 1465, par lesquelles ce Prince autorise Pierre de Médicis et sa postérité à porter trois fleurs-de-lis dans leurs armes, dont voici la description : *d'or, à cinq tourteaux de gueules, 2, 2 et 1 surmontés d'un autre chargé de l'écu de France.*

Les princes de Hohenlohe ont depuis long-temps la prérogative de porter dans leurs armoiries les armes de France.

Charles VIII permit à la famille de Gascon-Garidech, en récompense de services politiques, de charger ses armes de l'écu de France sans brisure, posé en abîme.

Le petit écusson d'azur chargé d'une fleur-de-lis d'or, placé en abîme dans les armes de la maison de Villeneuve, est une concession que Louis XII fit, vers l'an 1505, à Louis de Villeneuve-Trans, surnommé *Riche d'honneur*, premier marquis de France, en récompense des grands services qu'il avoit rendus à l'État.

La fleur-de-lis d'or sur fond d'azur, qui se trouve dans les armes des Arcoliers, leur a été accordée par François I.er, à la bataille de Pavie, en 1525.

C'est aussi le même Prince qui a accordé aux

Faverot les trois demi-fleurs-de-lis de sable qui sont dans leurs armes.

François baron de Chaste, de la maison de Clermont, obtint du Roi Henri II la permission de porter au-dessus des clefs de ses armes une fleur-de-lis d'or au champ d'azur, en récompense de ce qu'il s'étoit signalé à la tête de la noblesse de Dauphiné, qu'il commandoit en 1552, lorsque le duc de Guise défendit la ville de Metz contre l'Empereur Charles-Quint.

Henri III décora l'écu des Benoise d'une fleur-de-lis d'or sur une fasce d'azur.

Le semé de fleurs-de-lis d'or sur un fond d'azur, dont se composent en partie les armes de la famille de Portail, est une concession de Charles IX.

Henri IV permit, par lettres patentes du mois de janvier 1594, enregistrées au parlement le 22 avril suivant, à Henri de l'Hôpital, sieur de Vitry, gouverneur de la ville de Meaux, de mettre et apposer dans ses armoiries une fleur-de-lis, en récompense de ses bons et signalés services. C'est par ce motif que le coq des marquis et ducs de Vitry a au cou un petit écusson d'azur chargé d'une fleur-de-lis d'or.

Les trois fleurs-de-lis d'or sur un fond d'azur, qu'on voit dans les armes des Libertat, ont été accordées par le même Prince, en 1596, à Pierre de Libertat, pour avoir délivré la ville de Marseille de la tyrannie de Cazeaux.

Le chien d'argent ayant un collier d'azur semé de fleurs-de-lis d'or, qui figure dans les armoiries des Fouquet de la Varenne, est aussi une concession que le même Prince fit, par lettres du mois d'août 1598, enregistrées au parlement le 31 janvier 1600, à Guillaume Fouquet, sieur de la Varenne, en témoignage de sa grande fidélité.

C'est encore le même Prince qui, par lettres du mois de février 1603, enregistrées au parlement le 13 mars suivant, permit au brave Dominique de Vic, dit *le capitaine Sarred*, vicomte d'Ermenonville, d'ajouter à ses armoiries un petit écusson d'azur chargé d'une fleur-de-lis d'or. Par d'autres lettres de la même année 1603, il autorisa Claude Parfait à ajouter à ses armoiries une fleur-de-lis d'or.

La fleur-de-lis d'or sur azur, qu'on voit dans les armoiries des maisons de Lumague, Mascrany et Le Breton, est également une concession que Louis XIII leur fit par brevets des 21 juin 1624, 12 juin 1635 et 4 juin 1638. Une semblable faveur fut aussi accordée par le même Prince aux maisons de Déagent et Le Camus de la Grange-Bligni, en récompense de leurs services.

Par brevet du dernier jour de mars 1658, Louis XIV fit à Michel Le Cointe, écuyer, l'un des capitaines de la ville de Paris, concession d'une fleur-de-lis d'or en champ d'azur dans ses armoiries, en récompense des services qu'il avoit rendus au Roi et à l'État, notamment le jour des Barricades, en 1648, et le 5 juillet 1652. Cette honorable récompense fut également décernée par le même monarque, en 1663 et 1705, aux familles de Jouar et de Montagne.

Les trois fleurs-de-lis d'or qui se trouvent dans les armes de Klinglin, sont aussi une concession du même Prince en faveur de cette famille, qui a constamment été attachée au service du Roi, depuis que l'Alsace, d'où les Klinglin sont originaires, a été réunie à la couronne.

Le Roi Louis XVIII avoit daigné accorder au feu duc d'Avaray, par des lettres patentes données à Vérone, le 1.er juillet 1795, écrites de la propre main de Sa Majesté, le glorieux avantage de joindre l'écu de France à ses armes, avec la devise, *Vicit iter durum pietas*, pour reconnoître, par un témoignage éclatant, y est-il dit, l'important service qu'il avoit rendu au Roi, alors MONSIEUR, en le délivrant, le 21 juin 1791, de la captivité où il étoit alors. Le duc d'Avaray ayant été en danger de mourir à Varsovie, Sa Majesté lui accorda, le 24 septembre, de nouvelles lettres patentes pour l'autoriser à transmettre ce droit à celui de ses parens du côté paternel qu'il lui plairoit de choisir. Le duc d'Avaray, mort en 1811 à Funchal, ville capitale de l'île de Madère, transmit, par son testament, à M. de Beziades, marquis d'Avaray, son père, d'une ancienne maison originaire de Béarn, le droit de joindre l'écu de France à ses armes, avec la devise dont il est parlé. Sa Majesté, en vertu du testament du duc d'Avaray, a investi, par lettres patentes du 16 décembre 1815, le marquis d'Avaray, pair de France, du droit qu'elle avoit accordé à son fils. Ces lettres ont été enregistrées à la cour royale de Paris, le 3 août 1816; et, par une ordonnance royale du 16 août 1817, M. le marquis d'Avaray a été créé duc héréditaire.

Le même Prince, pour récompenser les bons services et sur-tout la fidélité de Jean-René-Pierre Semallé de Semallé, colonel et officier dans les gardes de S. A. R. MONSIEUR, Comte d'Artois, accorda, par une ordonnance du 26 décembre 1814, à cet ancien gentilhomme, la permission d'ajouter à ses armes un drapeau blanc sur un fond d'azur, avec un bâton d'or surmonté d'une fleur-de-lis.

Le Roi, par une ordonnance du 6 août 1816, a accordé à MM. Bellart, Barthélemy, Lebeau et Pérignon, membres du conseil général du département de la Seine, et signataires de la proclamation du 1.er avril 1814, en récompense de leur dévouement à la cause royale, la faveur de placer une fleur-de-lis d'or dans leurs armoiries.

Sa Majesté, par une seconde ordonnance en date

du 10 janvier 1817, a daigné accorder la même grâce, pour la même cause et au même titre, à MM. Boscheron, le marquis d'Harcourt, de Lamoignon, Gauthier et R. Delaitre.

Dans les nouvelles lettres patentes de duc expédiées, le 1.er février 1817, en faveur de M. Emerich-Joseph-Wolfang-Héribert duc de Dalberg, Sa Majesté, pour reconnoître les services signalés qu'il a rendus à l'époque de la restauration de la monarchie et au congrès de Vienne, a fait ajouter à ses armes six fleurs-de-lis d'argent.

Le Roi, par une ordonnance du 12 novembre 1817, a permis à M. le comte de Sèze, pair de France, premier président de la cour de cassation et grand trésorier de ses ordres, de substituer dans ses armoiries, au croissant et aux trois tours qui s'y trouvent, *des fleurs-de-lis d'or sans nombre, et une tour figurant la tour du Temple*, et pour devise extérieure, *le vingt-six décembre mil sept cent quatre-vingt-douze*, « comme » un nouveau témoignage de notre bienveillance, » est-il dit dans l'ordonnance, pour le dévouement » et la fidélité dont il nous a donné des preuves, et » consacrer en même temps le souvenir des services » qu'à une époque de douloureuse mémoire il a » rendus au Roi, notre cher et bien-aimé frère. »

Le Brun, premier peintre de Louis XIV, reçut tout-à-la fois une pareille concession et l'anoblissement par des lettres de ce monarque en date du mois d'octobre 1662, dans lesquelles les armoiries accordées à ce grand peintre sont ainsi blasonnées, *d'azur, à la fleur-de-lis d'or, au chef cousu de sable, chargé d'un soleil du second émail (d'or).* Tout est significatif dans ce blason, dit le P. Ménestrier : le soleil, qui est la devise du Roi, et la fleur-de-lis, qui est une pièce des armoiries royales ; l'ombre et la lumière du chef expriment le clair et le brun, dont la sage distribution fait tout le secret de la peinture. Rien, peut-être, ne prouve mieux la protection que Louis XIV accordoit aux arts, et à quel point ce grand Prince les honoroit, que ces mêmes lettres, dont voici les principales dispositions :

« LOUIS, par la grâce de Dieu, Roi de France
» et de Navarre, à tous présens et à venir, SALUT.

» Bien que la vertu militaire rende les Souverains
» redoutables à leurs ennemis, qu'elle établisse la tran-
» quillité de leurs sujets et fasse l'éclat de leur règne,
» il se peut dire néanmoins que, comme, d'un côté,
» les armes augmentent et affermissent les États, les
» arts libéraux et les autres vertus de la paix les em-
» bellissent et y font naître l'abondance. C'est aussi
» par ces considérations que les plus sages conqué-
» rans, après avoir rendu participans de leurs lauriers
» et associé à la gloire de leurs triomphes ceux qui

» avoient employé leur sang pour la grandeur du
» Prince, et le salut de leur patrie, n'ont pas jugé
» indigne de leurs soins la recherche de ces grands
» génies qui, par l'excellence de leur art, se sont
» rendus illustres dans leurs siècles, et ont transmis
» à la postérité leur réputation, bien plus avant que
» leurs ouvrages. Et comme ceux qui ont excellé
» dans la peinture, ont toujours été, dans tous les
» temps, très-favorablement traités dans les cours
» des plus grands Princes, et que non-seulement
» leurs ouvrages ont servi à l'embellissement de leurs
» palais, mais encore de monument à leur gloire,
» exprimant à la postérité, par un langage muet,
» leurs plus belles et plus héroïques actions ; même
» d'ornement aux temples, où, par de vives et plus
» animées expressions des choses saintes, ils élèvent
» les cœurs aux autels, et secondent par la sainteté
» de leurs artifices le zèle et la piété des ministres ;
» aussi nous avons bien voulu donner au sieur Le
» Brun (Charles), notre peintre ordinaire, des mar-
» ques de l'estime que nous faisons de sa personne
» et de l'excellence de ses ouvrages, qui effacent,
» par un aveu universel, ceux des plus fameux peintres
» des derniers siècles ; et, par une reconnoissance
» d'honneur proportionnée à sa vertu, donner aux
» autres de nos sujets de l'émulation pour l'imiter,
» et se mettre en état, par leur étude et leur appli-

» cation, de mériter de pareilles grâces. A ces causes
» et autres considérations à ce nous mouvant, et de
» notre grâce spéciale, pleine puissance et autorité
» royale, avons, par ces présentes signées de notre
» main, décoré et honoré, décorons et honorons du
» titre et qualité de noble, ledit sieur Le Brun : vou-
» lons qu'il soit tenu et réputé pour tel, ensemble sa
» femme et ses enfans, postérité et lignée, tant mâles
» que femelles, nés et à naître, et procréés en loyal
» mariage; et que lui et ceux de sadite postérité et
» lignée soient en tous actes et endroits, tant en juge-
» ment que dehors, tenus, censés et réputés nobles,
» portant la qualité d'écuyers, et puissent parvenir à
» tous degrés de chevalerie et de notre gendarmerie,
» acquérir, tenir et posséder toutes sortes de sei-
» gneuries et héritages nobles, de quelques titres
» et conditions qu'ils soient ; et qu'ils jouissent de
» tous honneurs, autorité, prérogatives, préémi-
» nences, priviléges, franchises, exemptions et
» immunités, dont jouissent et ont accoutumé de
» jouir et user les autres nobles de notre royaume,
» tout ainsi que si ledit sieur Le Brun étoit issu de
» noble et ancienne race, et de porter armes timbrées,
» telles qu'elles sont ci-empreintes, sans, pour ce,
» qu'il soit tenu nous payer, ni aux Rois nos succes-
» seurs, aucune finance ni indemnité, à quelque
» somme qu'elle puisse monter, dont nous l'avons

» déchargé et déchargeons, et lui en avons fait et
» faisons don par ces présentes.

» Si donnons en mandement, &c. Données à Paris,
» au mois d'octobre, l'an de grâce 1662. »

Des concessions de quelques pièces ou meubles de l'écu ont aussi été faites à des Français par des gouvernemens étrangers. Ainsi le lion symbolique de Saint-Marc, formant les anciennes armoiries de la république de Venise, qui figure dans l'écu de la maison de Voyer d'Argenson, est une concession faite, par lettres patentes du sénat en date du 27 octobre 1655, à Marc-René de Voyer de Paulmy, marquis d'Argenson, ambassadeur de France auprès de cette république.

Louis XIV, par brevet du 16 novembre 1656, permit au marquis d'Argenson et aux siens d'user de cette concession, à l'occasion de laquelle le P. Ménestrier blasonne ainsi les armes de cette famille, *écartelé, au premier et quatrième, d'azur, à deux lions léopardés d'or, passant l'un sur l'autre, qui est de* Voyer de Paulmy; *au deuxième et troisième, d'argent, à la fasce de sable, qui est de* Gueffault d'Argenson; *sur le tout, de la république.*

On a dit que les clefs formant les armoiries de la maison de Clermont en Dauphiné sont une concession qui lui fut faite par un pape, et l'on sait que les armoiries de l'Église sont des clefs.

Les Bruyset, de la province de Bugey, portent en chef dans leurs armes trois bouterolles, par concession de Charles-Emmanuel duc de Savoie.

Outre les différentes familles nobles que je viens de rappeler comme ayant des fleurs-de-lis dans leurs armes, nous en avons encore un assez grand nombre d'autres qui en portent également, soit en vertu d'une semblable concession du monarque, soit par tout autre motif aussi très-honorable. De ce nombre sont les maisons d'Acigné, d'Alègre-Tourzel, d'Alleman, d'Alogny, d'Alphonse, d'Ambrois, d'Andelot, d'Andréa, d'Anjoran, d'Antin, d'Apchon, d'Arpinac, d'Arton de Varennes, d'Arzac, d'Assas, d'Astorg, d'Auger, d'Autichamp, Aux-Épaules, d'Avillier, de Baglion, des Barres, de Baudricourt, de la Baume-Forsac, de Beauchamp, de Beaulaincourt, de Beaumont, de Beccary, du Bellay, de Bellefourière de Soyecourt, de Béringuier, de Bernard de Champigny, de Bernemicourt, de Betham, de Blanchelaine, de Both, de Bouffier, de Bretel-Gremonville, de Bricard, de Brillac, de Brossard, de Brucourt, de Brunel, de Budes, de Cabiron, de Cabre, de Cadenet, de Caradet, de Carlet de la Rozière, de Carouges, de Carpentin, de Castel-Bajac, de Castelan de Rambucourt, de Cazalès, de Chalençon, de Challudet, de Chambes-Montsoreau, de Chambre, de Chamont, de Champinoise, de Champion, de

Chappes, de Châteauvieux, du Châtelet, de Chouly, de Clermont-Chaste, de Coëtanfao, de Collardin, de Condey, de la Cornillière, de la Cropte, de Custine, de Dampierre, de Damville, de Déorgéoise, d'Estienne, de Fage, de Faillonet, de Faure de Bordière, de Fay, du Fay-d'Athies, de Faydeau, de Féra de Rouville, de Fizica, de Fontanges, de Fontenelle, de Forget, du Fou du Vigean, de Foucault, de Foulon, de France d'Hésèques, de Gaspari, de Gestas-Donjeux, de Gilles, de Giraud des Écherolles, de Gomez, de Gosseryes de Mirebaux, de Goulaines, de Goy, de Grillon, de Guébriant, de Guérapin, de Guermange, de Guers, de la Haye, d'Herbouville, d'Hervilly, d'Hostager, de Jambes, de Jonchère, de Jons, de Keraly, de Keriolis, de Kervadoué, du Lac, de Langeron, de Langlade, de Lartigue, de Laverdin, de Lépinay, de Libant, de Lombart-Husson, des Loges, de Loubes, de Mahuet, du Maine du Bourg, Le Maingre de Boucicaut, de Mairesse, de Maletête, de Mandon, de Marcol, de Marignane, de la Marre, de la Marselière, de Mauclair, de Mauny, de Méaulne, de Médine, de Mercurin, de Meun, de Mitte de Chevrières, de Moncoquier, de Monestier, de Montchablon, de Montgommery, de Montigni, de Montméliant, de Montonvilliers, de Moreuil, de Mortemer, de la Mothe, de Moucheron, de Murat de Lestang, de

Nanteuil, de Neuville, de Nollent, de Noue, de Nully, d'Ollier, d'Ornano, de Pelapussins, de Perrin de Précy, de Peysac-Dumas, de Pompière, de Porcon, de Posanges, des Potots, de Pracontal, du Pré, de la Primaudaye, de Poynet, de Puyvert-Serzé, de Québriac, de Quelenec, de Quieret, de Quinemont, de Quintanadoine, de Ray, de Rechignevoisin, de Recusson, de Reinach, de Resly, de Reucourt, de Riants, de Ribes, de Richebourg, de Richedame, de Ripault, de Ripert, de Riquet de Caraman, de Riqueti de Mirabeau, de Rivière d'Arschot, de Rivoire, de Rochebaron, de Rochefort, de Roquefeuil, de Rouvroy de Saint-Simon, de Ruyant, de Sainctot, de Saint-Brisson, de Saint-Didier, de Saint-Germain, de Saint-Gilles, de Saint-Laurent, de Saint-Martin, de Saint-Maurice, de Saint-Mesmin, de Saint-Ouen, de Saint-Quentin, de Schomberg, de Senemont, de Sibuet, de Simiane, de Solas, de Ternisien, de Terrat-Chantône, de Thon, de Thorigny, de Thouars, de Thuisy, de Tilly, de Timbrune de Valence, de la Tour-d'Auvergne, de Tournon, de Trevelec, de Turgot, de Vassart, de Vattelot, de Vauvier, de Vellin, de Venois, de Verigni, de Vic, de Vidaud de la Tour, de la Vieuville, de Vignacourt, de Villequier, de Villereau, de Virgille, de Vouhet, Le Wasseur de Hiermont, de Wavrans, d'Yse, de Zamet.

L'université de Paris, dont l'origine remonte au

moins au XII.ᵉ siècle, et à laquelle Charles VI donna le titre de sa *fille aînée*, honneur qui lui a été conservé par nos Rois, a pour armoiries, selon le P. Ménestrier, *d'azur, à trois fleurs-de-lis d'or, un livre fermé au cœur de l'écu*; et suivant la Chenaye des Bois, « un bras ou une » main sortant d'une nuée, au chef de l'écu, qui tient » un livre au milieu de trois fleurs-de-lis, avec ces » mots, *hîc et ubique terrarum*, pour marquer le pou- » voir qu'elle donne à ses docteurs d'enseigner à Paris » et par tout le monde. »

L'Académie française, instituée par Louis XIII en 1635, sous le ministère du cardinal de Richelieu, porte les armes de France surmontées d'un soleil d'or: devise, *à l'immortalité*;

L'Académie royale des inscriptions et belles-lettres, l'écu de France, et en cœur une médaille d'or, représentant la tête du Roi ;

L'Académie royale des sciences, l'écu de France, au soleil d'or, posé en abîme ;

L'Académie royale de musique, l'écu de France.

Indépendamment des trente-sept bonnes villes du royaume (voyez *pag.* 61), dans les armoiries desquelles on remarque en général un chef de France ou semé de France, il y a encore beaucoup d'autres villes qui ont également dans leur écusson une ou plusieurs fleurs-de-lis, comme, par exemple, Amboise, Angoulême, Armentières, Arras, Aups, Auray,

Aurillac, Auxonne, Avranches, Barjols, Bellac, Belley, Bergerac, Beziers, Blaye, Blois, Boulogne, Brignolles, Brioude, Cahors, Carbonne, Castelnaudari, Châlons-sur-Marne, la Charité, Chartres, Châteauroux, Chaumont, Dax, Digne, Dol, Doullens, Évreux, Falaise, la Ferté-sous-Jouare, Fort-Louis, Fréjus, Gien, Gisors, Grasse, Guise, Harfleur (1), Honfleur, Issoudun, Laigle, Landau, Laon, Limoges, Lure, Meaux, Moulins, Mouzon, Narbonne, Nevers, Niort, Nogent, Pamiers, Pezenas, Pithiviers, Poitiers, Pont-l'Évêque, Port-Louis, Riom, Saint-Quentin, Saintes, Sarlat, Sarre-Louis, Saumur, Senez, Sezanne, Soissons, Tartas, Vaucouleurs, Verdun, Vias, Usez; et il y a tout lieu de croire que le droit de les porter a été concédé à ces villes par des diplômes de nos Rois; car on trouve des lettres patentes de Charles V, données le 19 janvier 1369, qui permettent à la ville d'Abbeville d'ajouter aux armes pleines de Ponthieu, *d'azur, à trois bandes d'or,* que cette ville portoit, un chef d'armes de France, c'est-à-dire, semé de fleurs-de-lis d'or, en récompense de la constante obéissance de ses habitans.

---

(1) Pour les armoiries historiques de la ville de Harfleur, voyez l'ouvrage de M. le vicomte de Toustain-Richebourg, intitulé, *Vues d'un Français sur les preuves de noblesse*, page 161. Paris, 1816, chez Petit, libraire au Palais royal.

Louis XI, par des lettres datées de Montluçon, le 21 mai 1465, accorda à la ville d'Aigueperse, en récompense de ses services et de sa fidélité, le droit de mettre dans ses armes une fleur-de-lis d'or couronnée.

François I.er (1515) permit à la ville du Havre de porter pour armoiries la salamandre de sa devise avec cinq fleurs-de-lis en orle.

Une concession semblable aux précédentes a été faite, par une ordonnance du Roi du 8 avril 1816 (Bull. 80, n.° 597), à la ville de Cette, en récompense de la fidélité et du dévouement de ses habitans.

Les armoiries des villes formoient, comme elles forment encore aujourd'hui, le sceau particulier des corps municipaux. Toutes les autres communautés avoient aussi leurs armoiries ou sceau, et leur bannière tirée des armoiries mêmes, ainsi qu'on le voit par une ordonnance de Louis XI, donnée à Chartres au mois de juin 1467, touchant les corporations de la ville de Paris. Dès l'an 1330, des armoiries avoient été accordées à la communauté des orfévres de Paris, par lettres de Philippe de Valois. Celle des maîtres en fait d'armes de la même ville porte *d'azur, à deux épées nues d'argent posées en sautoir, la garde d'or accompagnée de quatre fleurs-de-lis de même*, par concession de nos Rois. Louis XIV permit à cette communauté, en 1706, de faire frapper des jetons avec ces armes.

A l'exemple du Prince et des villes et communautés, les gentilshommes avoient autrefois un sceau ou scel formé de leurs propres armoiries, et duquel ils se servoient en guise de signature. Les nobles étant exclusivement occupés de la profession des armes, il n'y avoit guère alors que les ecclésiastiques qui sussent lire et écrire. Ce scel, dont l'usage a commencé vers l'an 1366, tenant ainsi lieu de signature, devoit indispensablement être changé lorsqu'il étoit perdu ou enlevé. En effet, on voit par les registres du Châtelet de Paris, des 17 novembre et 13 décembre 1412, qu'Aleaume de Bournonville, chevalier, et Robert de Pont-Audemer, écuyer, révoquèrent par une déclaration leurs sceaux qui avoient été volés. Les mêmes registres, du 10 janvier 1412 (1413 *n. st.*), offrent une semblable révocation de la part de Jehan de Béthune, dit *de Loques*, chevalier, par le motif que des empreintes du scel de ses armes, *écartelé de Coucy et de Béthune*, avoient été adirées. Chez les Romains, le sceau ou cachet, composé ordinairement de figures symboliques, se portoit au doigt en forme de bague.

Ces motifs de changement d'armoiries et d'autres encore, notamment les brisures dont je parlerai, sont la cause qu'il y a quelques familles anciennes de même nom et de même origine qui, cependant, ne portent pas les mêmes armes, comme il y en a aussi qui ont les mêmes armes sans avoir le même nom.

Enfin il y a des familles qui ont également une commune origine, sans porter ni le même nom ni les mêmes armes, par la raison que, lors de l'établissement des noms et armoiries héréditaires, les membres d'une même famille ne se sont pas toujours accordés pour adopter le même nom et les mêmes armes. Ce défaut d'accord, qui a, pour ainsi dire, transformé une même famille en plusieurs maisons différentes, et surtout la non-hérédité des noms dans les premiers temps, jettent aujourd'hui de l'obscurité dans la commune origine de diverses grandes et anciennes maisons dont quelques-unes sont homonymes; en sorte qu'on est forcé, à cet égard, de s'en tenir aux conjectures, faute de preuves suffisantes.

Quant aux autres familles aussi d'ancienne chevalerie, dont les noms ne présentent aucune signification, les meubles ou pièces de leurs armoiries sont principalement tirés des événemens de la guerre ou des tournois. Ainsi, et comme le dit Papon, la croix prise contre les infidèles, une lance, une épée, toute autre arme enlevée dans un combat, un château, et même les créneaux et les palissades de quelques remparts forcés ou défendus, une infinité d'autres exploits de cette nature, furent la première cause de la diversité des pièces qu'on remarque dans les écus. Le parti, taillé, tranché, coupé, désignoit, ou les diverses blessures qu'on avoit reçues, ou les coups dont l'écu d'un chevalier avoit été fendu en divers sens. Les alérions, les merlettes, les coquilles, &c. indiquoient les voyages d'outre-mer; l'aigle, les animaux, tels que les lions, les léopards, &c., étoient des signes de grandeur, de force, de courage. La bande, la fasce, le pal, le sautoir, le chevron, et une infinité d'autres pièces, tirent leur première origine des tournois, dont l'inventeur a été un nommé *Geofroi*, seigneur de Preuilly, vers l'an 1066. Enfin tout est significatif et honorable dans les armoiries; mais la tradition d'une foule de faits héroïques ainsi exprimés s'est insensiblement perdue dans la plupart de nos anciennes familles, qui ne voient plus dans leur antique écusson qu'un signe respectable et héréditaire comme leur nom, sans en savoir toujours la cause ou les motifs, qu'on ne peut plus guère découvrir qu'à l'aide d'une connoissance parfaite du blason, dont l'étude a été totalement négligée en France depuis vingt-cinq ans.

Les armoiries, qui d'abord n'étoient portées que sur les boucliers et les cottes d'armes, passèrent de ces vêtemens militaires aux habits civils destinés aux cérémonies publiques; les magistrats mêmes adoptèrent ce signe pour se distinguer dans le monde.

Dans une ancienne estampe que Le Laboureur a fait graver d'après l'original conservé à la chambre des comptes de Paris, et représentant l'hommage fait au Roi Charles V par Louis duc de Bourbon, pour son comté de Clermont, on voit ce monarque assis sur son trône, vêtu d'une longue robe semée de fleurs-de-lis, et le duc de Bourbon fléchissant devant lui le genou et ayant ses mains jointes dans celles du Roi, vêtu d'une tunique semée de fleurs-de-lis, avec le bâton de gueules, brisure de ses armoiries. On y voit aussi le Dauphin, fils aîné du Roi, dont la robe est écartelée de France et de Dauphiné, *d'or, au dauphin d'azur, crêté et oreillé de gueules*, armes parlantes; le duc d'Orléans, son frère, ayant sa robe semée de France avec le lambel, brisure de la maison d'Orléans; Louis de France, duc d'Anjou, premier frère du Roi, avec sa robe semée de fleurs-de-lis, à la bordure de gueules, brisure d'Anjou; Jean de France, duc de Berry, second frère du Roi, dont la robe est semée de France avec la bordure engrêlée; brisure de Berry; le duc de Bourgogne, dont la robe est écartelée de France et de Bourgogne; Jean d'Artois, comte d'Eu, avec sa robe semée de France, et le lambel de gueules châtelé d'or de trois pièces sur chaque pendant; Jean, bâtard de Bourbon, frère naturel du duc de Bourbon, ayant un habit blanc à un quartier des armoiries, selon l'usage de ce temps-là: les enfans naturels ne portoient, à cette époque, les armoiries de leur père qu'en quartier.

On y voit de même Pierre d'Orgemont, chancelier de France; le connétable Bertrand du Guesclin; Louis de Sancerre, et Jean de Mauquenchin, sire de Blainville, maréchaux de France; Hugues de Châtillon, sieur de Dampierre, grand-maître des arbalétriers de France; Jean de Vienne, amiral de France; Édouard de Beaujeu; messire Gilles de Nedonchel, chevalier, chambellan du duc de Bourbon (1); messire Regnaud de Trie, chevalier, sieur du Plessis; Pierre d'Auxy; le seigneur de Chaumont, et le seigneur de la Poype, gentilhomme dauphinois, tous vêtus de robes à leurs armes respectives.

Les dames de qualité avoient également adopté le même usage, comme on le voit par une seconde gravure qui se trouve à la suite de la première, et qui représente une entrevue de la Reine Jeanne de Bourbon, femme de Charles V, qui eut lieu dans une chasse où Louis duc de Bourbon tua un cerf: cette Princesse et toutes les dames de sa suite ont des robes couvertes de leurs armes.

C'est de cet ancien usage que sont venues les livrées, qui, pour être régulières, doivent être for-

---

(1) Les qualifications de *messire* et de *chevalier*, ainsi placées, sont d'anciens titres élevés, qui, depuis l'extinction de l'ordre de chevalerie ou dignité militaire, ont toujours été pris par les chanceliers de France (*voyez* page 172), et par d'autres grands personnages d'une naissance illustre ou revêtus de dignités ou de charges éminentes.

mées des pièces ou des émaux des armoiries mêmes.

Les émaux sont, savoir, l'or, l'argent, les deux seuls métaux qui soient admis dans les armoiries, et qui tiennent lieu des couleurs jaune et blanche; l'azur, le gueules, le sinople, le pourpre, le sable. Il y a aussi les fourrures dites *hermine*, *contre-hermine*, *vair*, *contre-vair*. Ces termes et une infinité d'autres sont expliqués dans les livres de blason (1), où l'on trouve les diverses règles qui ont été fixées, lors des tournois, carrousels, pas-d'armes ou emprises, et autres divertissemens de guerre et de galanterie; par les hérauts d'armes, officiers anciennement institués pour les cérémonies publiques et solennelles, et dont le chef, appelé *roi d'armes*, créé par Philippe-Auguste, a le titre de *Mont-Joie Saint-Denis*, cri de la maison de France.

Ces officiers, revêtus d'une cotte d'armes de velours violet cramoisi, chargée devant et derrière de trois fleurs-de-lis d'or, assistent aux mariages de nos Rois et aux autres cérémonies royales. Aux obsèques du

---

(1) J'ai cru devoir, pour l'intelligence et la commodité du lecteur, donner, à la suite de cet Ouvrage, l'explication des principaux termes du *blason*. Cette science a été traitée à fond par Wlson de la Colombière, Paillot, le P. Ménestrier, &c., et par M. de Saint-Allais dans son *Dictionnaire encyclopédique de la noblesse*, publié en 1816, et pour la rédaction duquel il n'a pas dédaigné de consulter la première édition de mon livre, et même d'en rapporter quelques passages.

monarque, c'est le roi d'armes qui prononce, à haute et intelligible voix, ce vieux dicton des Français : *Le Roi est mort. Vive le Roi* (1)! Leur principal emploi étoit, dans ces temps reculés, de dresser les armoiries et les preuves de noblesse; de réprimer les abus et les usurpations des couronnes, casques, supports et autres ornemens ; de publier les joutes et les tournois ; de blasonner les armes des tenans et des assaillans, &c.

Les armoiries se divisent en armoiries intérieures et en armoiries extérieures : les premières comprennent l'écusson uniquement chargé de ses meubles ou pièces ; et les dernières, tous les ornemens qui couvrent ou qui environnent l'écu, et qu'on peut exprimer par ce seul mot, *timbre* ou *timbré*, terme de blason.

Ces ornemens, qui indiquent la qualité ou la dignité de la personne, comprennent, 1.° la couronne ; 2.° le heaume ou casque surmonté d'un bourlet ou cercle cordonné auquel il est attaché, et

---

(1) « Aussi éloquent que brave, le prince de Condé avoit prononcé
» en 1793 l'oraison funèbre de Louis XVI; et, lors de la mort de
» Louis XVII, il adressa à son armée une proclamation où l'on re-
» marquoit ces paroles : *Ce n'est pas la première fois que j'ai à vous
» rappeler qu'il est de principe en France que le Roi n'y meurt point.
» Messieurs, le Roi Louis XVII est mort : VIVE LOUIS XVIII!* »
(Nécrologe du prince de Condé ; *Moniteur* du 16 mai 1818,
page 607, 1.re colonne.)

qui doit toujours être des émaux du champ et des figures principales de l'écu; 3.° les lambrequins, qui représentent des morceaux d'étoffe découpés, en forme de feuillages, entourant le casque et descendant aux deux côtés de l'écusson (comme le bourlet, les lambrequins doivent constamment être des couleurs du fond et des principaux meubles de l'écu; c'est, je le répète, de ces mêmes couleurs que se forment les livrées); 4.° le manteau ducal et les autres manteaux; 5.° les colliers et cordons des divers ordres; 6.° enfin les supports, figures d'animaux qui soutiennent de chaque côté l'écusson. Les supports prennent le nom de *tenans*, lorsque l'écu est soutenu par des figures humaines ou des figures d'anges : les armes de France ont deux anges pour tenans.

La couronne royale est d'or, couverte et fermée, par le haut, de cambrure et voûtière de huit quarts de cercle ou diadèmes relevés et aboutissant à une double fleur-de-lis, qui est le cimier de nos Rois, enrichie de pierreries, et rehaussée de huit fleurs-de-lis au pied nourri sur le bas de chaque diadème. On ne doit apercevoir dans la gravure représentant cette couronne et celles-ci-après, que trois fleurs-de-lis entières, et deux demi-fleurs-de-lis aux extrémités.

Le Dauphin de France, fils aîné du Roi, porte la couronne comme le Roi, excepté qu'elle n'est fermée que de quatre cercles.

La couronne des fils de France, enfans puînés du Roi, est ouverte par le haut; et il n'y a sur le cercle, d'ailleurs enrichi également de pierreries, d'autre rehaussement que les huit fleurs-de-lis.

Celle des Princes du sang est rehaussée de quatre fleurs-de-lis et de quatre fleurons placés alternativement; le tout d'or et enrichi de pierreries.

La couronne ducale se compose de huit fleurons à fleurs d'ache ou de persil sur un cercle d'or enrichi de pierreries. Quant à la couronne d'un duc et pair, *voyez* chap. X, pag. 164.

La couronne de marquis, aussi enrichie de pierreries, est rehaussée de quatre fleurons et de douze perles, dont trois entre chaque fleuron. On ne doit apercevoir dans la gravure qu'un fleuron et un demi à chaque extrémité de la couronne, et six perles.

La couronne de comte est ornée de dix-huit perles, dont neuf seulement sont apparentes, également sur un cercle d'or enrichi de pierreries.

Celle de vicomte n'est rehaussée que de quatre perles, dont trois visibles.

La couronne de baron est un cercle d'or entortillé de perles posées en bandes.

Quant au casque ou heaume, appelé aussi *cabasset*, *pot*, *&c.*, le Roi le porte d'or, brodé et damasquiné, taré de front, la visière entièrement ouverte, sans aucune grille.

Les Princes du sang le portent taré de front, à onze grilles.

Pour les ducs, il est d'argent, la visière, œillère, nasal et ventail, bordure et clous d'or, taré de front, à neuf grilles.

Pour les marquis, il est d'argent, taré de front, à sept grilles.

Pour les comtes et vicomtes, il est d'argent, taré de deux tiers, montrant sept grilles.

Pour les barons et anciens gentilshommes, il est d'argent bruni, taré de côté, montrant les deux tiers de la visière et cinq grilles.

Ces divers casques ou heaumes peuvent être surmontés des couronnes respectives.

Les autres gentilshommes le portent d'acier poli, taré de profil, la visière ouverte, le nasal relevé, le ventail abaissé, montrant trois grilles à la visière;

Les écuyers, taré de profil et morné.

Les bâtards qui ont été anoblis, le portent comme les écuyers, excepté que le heaume est contourné, c'est-à-dire, tourné à gauche, ainsi que le filet ou la barre qui broche sur leurs armoiries.

L'ordonnance de Louis XIII, du mois de janvier 1629, contient (art. 197), sur les enfans naturels des nobles, les dispositions ci-après : « Ne sont » tenus pour nobles les bâtards des gentilshommes ; » et en cas qu'ils aient été anoblis par les Rois nos

» prédécesseurs ou par nous, eux et leurs descendans
» seront tenus de porter en leurs armes une barre
» qui les distingue d'avec les légitimes. »

On a vu, *page 355*, que, sous Charles V, les enfans naturels des gentilshommes ne portoient les armoiries du père qu'en quartier seulement.

Sous le dernier gouvernement, on avoit substitué à la couronne et au casque une toque de velours noir, retroussée de vair ou contre-vair, et d'hermine ou contre-hermine, selon le titre plus ou moins élevé du personnage, et surmontée de plumes blanches ou d'argent, au nombre graduel ci-après; savoir:

La toque des princes grands-dignitaires et celle des ducs, sept plumes;

Celle des comtes, cinq plumes;

Celle des barons, trois plumes.

La toque des chevaliers étoit retroussée de sinople et surmontée simplement d'une aigrette d'argent.

Les lambrequins qui accompagnoient ces toques, étoient constamment d'or ou d'argent: c'étoit une innovation, l'ancienne règle voulant, comme je l'ai déjà dit, que les lambrequins soient toujours des émaux mêmes du champ et des pièces principales de l'écu. Suivant une autre règle du blason, il n'est pas permis de mettre couleur sur couleur, ni métal sur métal; c'est-à-dire qu'on ne peut placer sur un fond d'azur, par exemple, une pièce quelconque, telle

CHAPITRE XIV.

qu'une fleur-de-lis, un aigle, un lion, un chevron, &c. de la même couleur ou de toute autre : il faut indispensablement que le meuble soit d'argent ou d'or, et ainsi réciproquement. Toutefois, il y a quelques exceptions à cette règle; mais alors les armoiries sont *à enquérir :* à s'informer, à demander pourquoi elles sont faites contre les règles ordinaires du blason. La ville de Jérusalem est dans ce cas; elle porte *d'argent, à la croix potencée d'or, cantonnée de quatre croisettes de même.*

Ces ornemens extérieurs ne sont pas les seuls : il y a encore les attributs ou marques de dignité dont les grands officiers de la couronne environnent leurs armoiries. Les cris de guerre et les devises font aussi partie de ces ornemens : j'en parlerai tout-à-l'heure.

Le chancelier de France a pour marque de dignité le mortier de toile d'or, retroussé d'hermine, posé sur la couronne ; cimier, une figure représentant la France, tenant de la main droite le sceptre, et de la gauche les sceaux du royaume ; derrière l'écu, deux masses d'argent doré passées en sautoir; avec le manteau rouge orné de rayons d'or vers le haut et fourré d'hermine.

Les maréchaux de France ont deux bâtons d'azur semés de fleurs-de-lis d'or, aussi passés en sautoir derrière l'écu. Le plus ancien maréchal de France porte, pour marque de dignité, deux mains armées mouvantes d'un nuage aux deux flancs de la pointe; l'une soutenant une épée, la pointe haute; l'autre, un bâton d'azur semé de fleurs-de-lis.

Le grand amiral a deux ancres d'or passées en sautoir, comme il est dit ci-dessus; la trabe d'azur semée de fleurs-de-lis d'or.

Le grand-maître a deux bâtons d'argent doré, passés également en sautoir, les bouts d'en haut terminés par une couronne royale.

Le grand chambellan a deux clefs en sautoir, dont l'anneau se termine en couronne royale.

Le grand écuyer met l'épée royale aux deux côtés de ses armoiries.

Le grand bouteiller-échanson a deux flacons d'argent doré sur lesquels sont les armes du Roi; le grand panetier, la nef d'or et le cadenas qu'on pose à côté du couvert du Roi; le grand veneur, deux cors; le grand fauconnier, deux leurres semés de fleurs-de-lis; le grand louvetier, deux rencontres ou têtes de loup (ces attributs se placent au-dessous de l'écu); les colonels généraux, des drapeaux de chaque côté.

Les présidens des cours et autres principaux magistrats surmontent leurs armoiries d'un mortier ou toque.

Les veuves font entourer leurs armes d'une cordelière, ainsi que je l'ai dit, *page 254*; et les demoiselles portent l'écu de leurs armoiries en losange.

Les princes de l'église et les prélats ont aussi leurs marques de dignité. Les cardinaux timbrent leurs armoiries d'un chapeau rouge garni de cordons de soie rouge, entrelacés en losange ; avec cinq rangs de houppes, qui augmentent en nombre, et font en tout, pour chaque cordon, quinze houppes de chaque côté, posées 1, 2, 3, 4, 5 ; l'écu accolé par-derrière d'une croix en pal. Les archevêques portent une croix derrière l'écu, qui est surmonté d'un chapeau vert, avec les cordons garnis de dix houppes de même, rangées 1, 2, 3, 4 : si l'archevêque est primat, la croix est double ou patriarcale. Les évêques portent le chapeau de même couleur que les archevêques, mais seulement à trois rangs de houppes, six de chaque côté, rangées 1, 2, 3 ; l'écu surmonté de la mitre posée de front à dextre, et à sénestre la crosse tournée en dehors. Le grand aumônier de France porte au-dessous de l'écu un livre couvert de satin bleu, avec les armes de France brodées en or et argent sur le plat, l'écu entouré du cordon bleu avec la croix.

Le cri de guerre se prend pour certains mots qu'une nation, une ville, une maison illustre, portoit écrits dans ses drapeaux, ses bannières, sur les cottes d'armes : il servoit autrefois de signal, soit pour livrer le combat ou se reconnoître dans la mêlée, soit pour rallier les troupes et ranimer leur courage ; les chevaliers s'en servoient aussi dans les joutes et les tournois.

La création des compagnies d'ordonnance dans le XV.ᵉ siècle fit cesser l'usage du cri de guerre, qui se place maintenant au-dessus des armoiries du chef de la famille.

Le cri des Rois de France est *Mont-Joie Saint-Denis*, sorte d'invocation religieuse que fit Clovis à la bataille de Tolbiac, qu'il gagna sur les Allemands l'an 496 : c'est à la même époque que ce Prince se fit chrétien, suivant le vœu que précédemment il avoit formé, s'il demeuroit vainqueur.

Le cri de la maison de Bourbon est *Mont-Joie Notre-Dame*. Celui de Louis duc de Bourbon, comte de Clermont, étoit *Notre-Dame, Notre-Dame, Bourbon, Bourbon*.

Celui de René, Roi de Sicile, duc d'Anjou, étoit *Mont-Joie Anjou*.

Les anciens ducs de Bourgogne crioient *Mont-Joie Andrieu*, ou *Mont-Joie au noble* ;

Les comtes de Champagne, *Passavant le meillor* ;

Les ducs de Guienne, *Guienne au puissant duc* ;

Les ducs de Normandie, *Diex aye* [Dieu aide] !

Les ducs de Bretagne, *Mallou* ;

Les sires d'Albret, *Labrit;*

Les croisés crioient, *Diex le volt, Diex le volt* [Dieu le veut, Dieu le veut];

La maison de Montmorency, *Dieu aide au premier chrétien,* ou *au premier baron chrétien!*

Celle de Levis, *Dieu aide au second chrétien!*

Celle de Bar, *Au feu, au feu;*

Celle de la Châtre, *A l'attrait des bons chevaliers;*

De Vauldenay, *Au bruit;*

De Vienne, *Saint-George au puissant duc;*

De Culant, *Au peigne d'or;*

De Prie, *Cans d'oiseaux;*

De Croy, *Jérusalem;*

De Melun, *A moi, Melun!*

De Bouillé, *Le Chariol;*

De Boubers-Abbeville-Tunc, *Abbeville;*

Le Clerc de Juigné, *Battons et abattons;*

De Tonduti de l'Escarène, *Raillons-nous;*

De Valbelle, *Vertu et fortune;*

De Montainard, *Plutôt mourir;*

Du Tour, *La Pucelle* [Jeanne d'Arc];

D'Honorati, *Libertas;*

De Gaures, *Gaures au chapelet;*

De Sancerre, *Passe avant;*

De la Palu, *Hé, Dieu! aidez-moi;*

De Saint-Sévère, *Brosse;*

De Chauvigny, *Chevaliers pleuvent;*

De Salvaing-Boissieu, *A Salvaing le plus gorgias* [le plus hardi];

De la Croix de Saint-Vallier, *Guerre*;

Les seigneurs de Guise, *Place à la bannière*;

De Montoison, *A la recousse, Montoison!* cri donné par Charles VIII à Philibert de Clermont, baron de Montoison, à la journée de Fornoue;

De Tournon, *Au plus dru*;

De Bologne, *Bologne belle*;

De Cramaille, *Au guet*;

Le Bouteiller de Senlis, *Les Granges*;

De Genlis, *Au guet, au guet*;

De Vervin, *Roussy à la marveille*;

De Waurin, *Moins que le pas*;

De Wallincourt, *A court ouverte*;

De Waroquier, *Herssin*.

Beaucoup d'anciennes familles crioient leurs noms, telles que d'Ailly, d'Amboise, des Armoises, d'Aspremont, d'Aubigny, d'Aumont, des Barres, de Bauffremont, de la Baume, de Beauchamp, de Beaumont, de Beaupoil-Saint-Aulaire, de Beauvau, de Bellecombe, de Béthune, de Blamont, de Bournonville, de Bracquemont, de Brienne, de Bueil, de Bury, de Cardaillac, de Carpentier de Crécy, de Castillon, de Chalençon, de Chanaleilles, de Charny, de Chastillon, de Châteaubriant, de Châteauneuf, de Châteauvillain, de Chastelmorant, de Chiny, de Cler-

CHAPITRE XIV. 369

mont, de Conflans, de Craon, de Créquy, de Damas, de Dienne, de Duras, de Durfort, d'Espineuse, de Ferrières, de Flavy, de la Forest, de Gamaches, de Gaucourt, de Gaville, de Gibertès, de Grolée, du Guesclin, de Guilhem, des Guillaumanches, d'Hamiricourt, d'Hangest, de la Haye, d'Humières, de Joinville, de Laval, de Lenoncourt, de Lignières, de Limbourg, de Luzignan ou Lezignem, de Mailly, de Malestroit, de Marneuil, de Marolles, de Mathefelon, de Maubec, de Maulevrier, de Mauny, de Merlo, de Miraumont, de Montagu, de Montbazon, de Montchenu, de Montferrand, de Montgardin, de Montmiral, de Moy, de Noyers, du Plessis-Richelieu, de Pontallier, de Pressigny, de Rais, de Rambures, de Renty, de Rethel, de Rigaud, de Rochechouart, de Rohan, de Rubempré, de Ruppes, de Saintré, de Sassenage, de Saucourt, de Saveuses, de Selles, de Soyecourt, de Talleyrand-Périgord, de Tanques, de la Tour d'Auvergne, de Toustain, de la Trémoille, de Trouville, de Varax, de Vaudemont, de Ventadour, de Vergy, de Villars, de Villers.

Plusieurs chevaliers crioient les noms des maisons dont ils étoient sortis ou auxquelles ils étoient alliés, comme

des Maisières, *Wallincourt;*

de Mouy, *Saucourt;*

de Iars, *Rochechouart;*

d'Offemont, *Clermont ;*
de Saint-Paul, *Luzignan ;*
les seigneurs de Trie et de Picquigny, *Boulogne ;*
les seigneurs de Beaujeu, de Dampierre et de Saint-Dizier, *Flandre.*

Tous les anciens gentilshommes de Lorraine qui avoient des croix dans leurs armoiries, crioient *Preny ;* ceux qui avoient des bandes, *Couvert ;* des anneaux, *Loupy,* &c.

Il y a deux sortes de devises : la devise personnelle, et la devise héréditaire dans une famille.

La devise personnelle est une figure accompagnée de paroles exprimant, d'une manière allégorique, quelque pensée, quelque sentiment. La figure représentée dans une devise s'appelle *le corps de la devise ;* et les paroles, *l'ame de la devise.* La devise de Henri IV étoit une épée avec les mots, *Raptum diadema reponit ;* celle de Louis XIV, un soleil qui éclaire un monde, avec ces paroles, *Nec pluribus impar.*

Le cardinal de Richelieu avoit pour devise trois fleurs-de-lis au naturel liées ensemble avec un cordon rouge, et ces mots, *Sola mihi redolent.*

La devise héréditaire, qu'on place toujours au-dessus des armoiries, dont elle fait, pour ainsi dire, partie, n'est ordinairement composée que de mots exprimant aussi, d'une manière allégorique et courte, une pensée, un sentiment, un dessein, une qualité.

CHAPITRE XIV.

Un très-grand nombre d'anciennes maisons ont des devises héréditaires, et plusieurs sont tirées du nom de famille. La maison royale de Bourbon a pour devise *Espérance;*

Les familles d'Abon, *Union maintient;*
d'Achey, *Jamais las d'acher;*
d'Adhémar, *Plus d'honneur que d'honneurs;*
d'Adoue de Sailhas, *Toujours doux;*
d'Affry d'Aubrebac, *Au plus vaillant héros;*
d'Alexandre-d'Hanache, *Par-tout et toujours fidèle à Dieu et au Roi;*
d'Alez, *Allez comme allez;*
d'Alleman, *Place, place à Madame;*
des Alrics, *Tant qu'il luira;*
d'André, *Je crois pour être utile;*
d'Angelin, *A jamais;*
d'Anglade, *Faisons bien, laissons dire;*
d'Arbalestier, *Le coup n'en faut;*
d'Arces, *Le tronc est vert, et les feuilles sont arses;*
d'Arel, *L'honneur y gît;*
d'Armand, *Regi armandus et legi;*
d'Armuet, *Deum time;*
d'Arod, *Sans rien feindre;*
d'Arthuys, *Franc au Roi suis;*
d'Astuard de Murs, *Foi à qui l'a;*
d'Auberjon, *Maille à maille se fait le haubergeon;*

d'Aubuisson, *L'honneur est mon seul guide;*
de Baile, *Qui croit en Dieu, croît;*
de la Balme, *Éternité;*
de la Balme de Mares, *Sans espoir;*
de Baronat, *Vertu à l'honneur guide;*
de Barville, *Soldat et brave;*
de Basemon, *Prudens simplicitas;*
de Bassabat de Pourdiac, *Il m'est fidèle;*
de Bataille, *Ex bello pax;*
de Bauffremont, *Plus deuil que joie;*
de la Baume-Montrevel, *L'honneur guide mes pas;*
de la Baume-Suze, *Dulce et decorum est;*
de Beaufort, *In bello fortis;*
de Beauharnois, *Autre ne sers;*
de Beaujeu, *A tout venant beau jeu;*
de Beaumanoir, *J'aime qui m'aime;*
de Beauvau, *Sans me départir;*
de Bectoz, *Plaisir et los;*
du Bègue de Lannoy, *Bonnes nouvelles;*
de Behague, *Bon guet chasse mal aventure;*
de Berard, *Les nobles de Châteauroux;*
de Bérenger, *J'en ai la garde du pont;*
de Bigot, *Tout de par Dieu;*
de Blanc, *Tout vient à tout point;* autre, *En tout candeur;*
le Blanc de Percy, *L'honneur guide mes pas;*

CHAPITRE XIV.

du Blé, *En tout temps du blé ;*
de Boche, *Mas fortuna, mas velas ;*
de Bocsozel, *Quoi qu'il en advienne ;*
de Boileau-Castelnau, *De tout mon cœur ;*
de Boisgelin, *In virtute vis ;*
de Boissat, *Ni regret du passé, ni peur de l'avenir ;*
de Borel, *Jusqu'où !*
de Botignau, *A l'aventure ;*
de Boubers-Abbeville-Tunc, *Fidélior in adversis ;*
de Boucherat, *Par-tout fidèle ;*
de Bouffier, *Dextra lilium sustinet ;*
de Bouillé, *Tout par labeur ;*
de Bourcier, *Pro fide et Rege ;*
du Bourg, *Du bourg en la cité ;*
du Bourg d'Auffery, *Une foi, un roi, une loi ;*
le Bourrelier de Maupas, *Loyal et gai ;*
de Bout, *De bout en bout ;*
le Bouteiller de Senlis, *Franc et léal ;*
de Bouton de Chamilly, *Le souvenir tue Bouton ;*
de Bouvens, *Plus n'est possible ;*
de Bressieu-Grolée, *Assai avança chi fortuna passa ;*
de Bretagne, *A ma vie ;*
de Brimeu, *Plus que toutes autres, Quand sera-ce ! Autrefois mieux ;*
de Buissy, *Attente nuit, Buissy ;*
de Bussy, *Encore ne me tenez ;*

du Butet, *La vertu mon but est;*

de Cabiron, *Virtus et honor;*

de Cardevac d'Havrincourt, *A jamais Cardevac;*

de Caritat de Condorcet, *Caritas;*

de Cassard, *Sans venin;*

de Caulaincourt, *Desir n'a repos;*

de Caumont-la-Force, *Ferme, Caumont;*

de Chabeu, *Tant vaut l'homme, tant vaut la terre;*

de Chalant, *Tout est, et n'est rien;*

de Châles, *C'est à mon tort;*

de Challudet, *Desir sans vanité;*

de Champeaux, *Diex le volt;*

de Chandée, *Jà ne sera chandée;*

de Chandieu, *Éternité;*

de Charrier, *Charrier droit;*

le Chat de Kersaint, *Mauvais chat, mauvais rat;*

de Châteaugiron, *Pensez-y ce que vous voudrez;*

de Châteauvieux, *Bel avis;*

de Châteauvillain, *De bien en mieux, Châtelvillain;*

du Châtel, *Mar car Doë* [S'il plaît à Dieu];

de Châtellier, *Fermeté et loyauté;*

de Chauveton-Saint-Léger, *Deus, Rex, Honor;*

de Cheylus, *Fé et honour;*

de Chiel, *Ni tôt, ni tard;*

de Chissé, *Toujours;*
de Chivallet, *Liberté aiguillonne;*
de Clément de Saint-Marcq, *Clémence et vaillance;*
Clermont, *Si omnes ego non;*
de Clinchamp, *Pro Deo et Rege;*
de Coëtansecours, *Ha galon vat* [De grand cœur];
de Coëtgourhedeuc, *Je me contente;*
de Coëtivy, *Pret ve* [Il seroit temps];
de Coëtlez, *Humble et loyal;*
du Coëtlosquet, *Franc et loyal;*
de Coëtmen, *Hary avant;*
de Coëtmenec, *Soit;*
de Coëtmeur, *Autre n'aray;*
de Coëtquelfen, *Bezá é peoch* [Vive en paix];
de Coligny, *Je les éprouve tous;*
de Collet la Chasserie, *L'ame et l'honneur;*
de Colomb, *Simplicitas;*
de Comines, *Sans mal;*
de Cordon, *Tout sans contrainte;*
de Cordoue, *Ferme dans l'adversité;*
de Corgemon, *Tout en bien;*
de Costaing, *Prospérité;*
de Coursant, *Court sans cesse;*
de Courteville, *Pour jamais de Courteville;*
de Créquy, *Souvent m'en est;* autre, *Nul ne s'y frotte;*

de la Croix Saint-Vallier, *Indomitum domuere cruces*;

de Croy, *Souvenance, et Souvienne-vous*; autres, *J'y parviendrai*; *Je maintiendrai*; *Que nul ne s'y frotte*; *Crouy, salve tretous*;

de Darbon, *Courage et peur*;

de Déagent, *Sine macula*;

de Déan-Luigné, *Vigor in virtute*;

de Dinan, *Hary avant*;

de Dissimieu, *Il n'est nul qui dise mieux*;

de Dorcières, *Franc comme l'or*;

de Dortans, *Mieux j'attends*;

d'Elbène, *El piu fidele*;

d'Escalin des Aimars, *Par moi seul*;

d'Estavayé, *Noblesse d'Estavayé*;

de Favre, *Fermeté*;

du Fay, *Faites bien et laissez dire*;

de Feillens, *En Dieu votre vouloir*;

de Ferré de Peroux, *Tout à Dieu et au Roi, mon sang à la patrie*;

de Ferrières, *S'il se peut faire feriez*;

de Ferrus, *Fides perpetua*;

de Flotte, *Tout flotte*;

de la Font de Savines, *J'irai sonner jusque dans les cieux*;

de Fontanges, *Tout ainsi Fontanges*;

de Froulay de Tessé, *Pro Rege et pro fide*;

de Gay, *En tout temps gay*;

CHAPITRE XIV.

de Gailhac, *Elle guide pour l'honneur;*
de Gantès, *Noble sang, noble cœur;*
de Garnier, *Paro, io ciegua* [Gare, je suis aveugle];
de Gerbais, *S'il n'étoit;*
de Gié, de la maison de Rohan, *Dieu garde le pélerin!*
de Gilbert de Colonges, *Le dessein en est pris;*
de Gimaud, *Intrépide;*
de Giraud, *De près, de loin;*
de Gléon, *Assez prie qui se complainte;*
de Gorrevod, *Pour jamais;*
de Goulaines, *A celui-ci, à celui-là, j'accorde les couronnes;*
de Gouzven, *Attendant mieux;*
de Granson, *A petite cloche grand son;*
de Grant, *Stand sure* [Tenons ferme];
de Grasse, *Bonne renommée;*
de Grattet-Dolomieu, *Tout à tout;*
de Grégoire, *Sans s'endormir;*
de Grenu, *O Dieu! tu me vois grenu;*
de Grimaldi, *Deo juvante;*
de Grimaud-Beegue, *Intrépide;*
le Groin, *Dieu moi aide;*
de Grise, *Avec le temps;*
de Guengar, *Trésor;*
de Guignard-Saint-Priest, *Fort et ferme;*

de Guiramand, *C'est un abîme;*
de Hautefort, *Force ne peut vaincre peine;*
de Hell, *Je meurs où je m'attache;*
de Hemere-Beaulieu, *Antiqua fortis virtus;*
de Henris, *Toujours en ris, jamais en pleurs;*
de l'Homme, *L'Homme, sois homme;*
d'Isnard, *Si approchez, elles piquent;*
de Jacob de la Cotterie, *Soin et valeur;*
de Jouffray, *Luit en croissant;*
du Juch, *La nompareille;*
de Kerautret, *Martece* [Peut-être];
de Kercoënt, *Dieu soit loué;*
de Kergos, *M qui T M* [Aime qui t'aime];
de Kergournadech, *En Diex est* [En Dieu est];
de Kergroades, *En bonne heure;*
de Kerguelen, *Vert en tout temps;*
de Kerliviry, *Youl Doë* [La volonté de Dieu];
de Kerman, *Diex avant* [Dieu avant];
de Kermenguy, *Tout pour le mieux;*
de Kerouartz, *Tout en l'honneur de Dieu;*
de Kerouzeré, *List* [Laissez];
de Kerouzy, *Pour le mieux;*
de Labina, *Deo et Regi;*
de Laigue, *En arrousant;*
de Lannois, *Votre plaisir;*
de Lardenoy, *Franc et loyal;*
de Laval, *Pour une autre, non;*

de Lavaulx, *Tout par amour*;
de Lazé, *Paix à Lazé*;
de Lenfernat, *Qui fait bien, l'enfer n'a*;
de Lentivy, *Qui desire, n'a de repos*;
de Lemps, *Le temps j'attends*;
de Lescoët, *Maquit ma* [Nourrissez bien];
de Leygonie-Rangouge, *Virtus et honor*;
de Loras, *Un jour l'auras*;
de Louvat, *Lupus in fabula*;
de Luxembourg, *Votre veuil* (Jean de Luxembourg, bâtard de Saint-Paul, portoit dans sa bannière un soleil, et sur le timbre une queue de renard; pour devise, *J'y entrerai, si le soleil y entre*);
de Luyrieux, *Belle sans blâme*;
de Lyobard, *Pensez-y, belle, fiez-vous-y*;
de Macet, *Toujours vert de Macet*;
de Magnien du Collet, *Sans lui, rien*;
de Mailly d'Haucourt, *Hogne qui vorra*;
de la Maladière-Quincieu, *Mort, non paour*;
de Malivert, *A Malivert bon feu*;
de Malvoisin, *A Deo solo*;
de Mareschal, *Assez à temps*;
de Matignon, *Liesse à Matignon*;
de Melignan-Trignan, *Virtus et honor*;
de Melun-Brumetz, *Virtus et honor*;
de Menard, *Nul ne s'y frotte*;

de Menon, *Ne deuil ne joie;*

de Mercastel-Montfort, *Hogne qui vonra;*

de Merez, *La vertu renverse les choses les plus fortes;*

de Mesmay, *De rien je ne mesmaye;*

du Mesnil-Simon, *L'effroi des Sarrasins;*

de Meulh, *Tout ou rien;* autre, *Benin sans venin;*

de Michal, *Je veille;*

de Mipont, *Mi-pont difficile à passer;*

de Miribel, *O quel regret mon cœur y a!*

de Missirien-Autret, *Dré au mor* [Droit à la mer];

de Moges, *Cœlum, non solum* [Le ciel, non la terre];

de Molac, *Bonne vie*, et depuis, *Gric à Molac*, qui veut dire *Paix* ou *Silence à Molac;*

de Molan, *En force et féauté;*

de Molien, *Secl pobl* [Regardez le peuple];

de Monspey, *J'en rejoindrai les pièces;*

de Montafilan, *Hary avant;*

de Montainard, *Pro Deo, fide et Rege;*

de Montbrun, *Et quoi plus!*

de Montcalm, *Mon innocence est ma forteresse;*

de Montchal, *Je l'ai gagnée;*

de Montchenu, *La droite voie;*

de Montet de la Terrade, *Ferme et loyal;*
de Mont-Jouet, *Dieu seul, mon joug est;*
de Montmorency, *Sans errer ni varier;*
de Morlaix, *S'ils te mordent, mords-les;*
de Moroges, *Dieu aide au more chrétien;*
de la Mothe, *Tout ou rien;*
du Mottet, *Tout droit;*
de la Moussaye, *Honneur à Moussaye;*
de Moustier, *Moustier sera malgré le Sarrasin;*
de Moyria, *A la vertu nul chemin n'est fermé;*
de Musset, *Courtoisie, bonne aventure;*
de Narbonne-Lara, *Nos descendonos de Reyes; si no, los Reyes de nos;*
de Nevet, *Perach* [Pourquoi]!
de Nollent, *Pas à pas;*
d'Oilliamson, *Venture and win* [Hasard et gain];
d'Oraison, *Domus mea domus orationis est;*
O'Rourske, *Prou de pis, peu de pairs, point de plus;*
de la Palu, *Mourir plutôt que se souiller;*
du Parc, *Vaincre ou mourir;*
de Patérins, *Le duc me l'a donné;*
de Penhoët, *Ret es* [Il faut];
de Penmarch, *Be pret* [Toujours];
du Perier, *Ni vanité ni foiblesse;*
de Perusse d'Escars, *Fais ce que dois, advienne que pourra;*

de Phelippe de Billy, *Je me contente ;*
de Pierre de Bernis, *Armé pour le Roi ;*
de Pierres, *Pour soutenir loyauté ;*
de Pigniol, *Deus et meus Rex ;*
de Plœuc, *L'ame et l'honneur ;*
de Plusqualec, *Autre ne veuil ;*
de Poligny, *Vertu et fortune ;*
de Pollalion, *Liesse à Pollalion ;*
de Pontaubevoye, *Virtute et labore ;*
de Pont-l'Abbé, *Hep chang* [Sans changer];
de Pontecroix, *Naturellement ;*
de la Porte, *Pour elle, tout mon sang ;*
de Portier, *De tous châteaux, portier ;*
de Pot, *A la belle ;*
de Pracontal d'Ancône, *Par-tout vit Ancône ;*
de Pusignan, *Prospérité ;*
de Quillimadec, *Hep remet* [Sans remède];
de Recourt, *Aux Châtelains ;*
de Rieux, *A tout heurt belier, à tout heurt Rieux ;*
de Rivière, *Pour les deux ;*
de Robe-Miribel, *Pour l'amour d'elle ;*
de Rochefort, *Bien fondé Rochefort ;*
de la Roche-Jacquelein, *Si j'avance, suivez-moi ; si je fuis, tuez-moi ; si je meurs, vengez-moi ;*
de la Roche-Lambert, *Amour ou guerre ;*
de Rogemont, *A moi ;*
de Rohan, *Plaisance,* et quelquefois, *A plus ;*

CHAPITRE XIV.

de Rosmadec, *En bon espoir;*
de Rosset-Amareins, *Là, non ailleurs;*
de Rostrenen, *Oultre;*
du Roure, *Ferme en tout-temps;*
de Ruolz-Montchal, *Toujours prêt;*
de Saillans, *Dieu l'a permis;*
de Saint-Germain, *Fidèle à son Roi;*
de Saint-Martin d'Aglié, *Sans départir;*
de Saint-Mauris, *Plus de deuil que de joie;*
de Saint-Mauris Chatenois, *Antique, fier et sans tache;*
de Sales, *Ni plus ni moins;* autre, *Tout pour Dieu;*
de Salvaing, *Que ne ferois-je pour elle!*
de Sassenage, *Une sur toutes;* autre, *J'en ai la garde du pont;*
de Saurin, *Vert et mûr;*
de Senecey, *In virtute et honore senesce;*
de Seymandy-Saint-Gervais, *Une foi, une loi, un Dieu et un Roi;*
Seyturier, *Si mieux, non pis;*
de Simiane, *Je l'ai gagné;*
de Theys, *De tout me tais;*
de Thomas, *A tort on me blâme;*
de Timur, *L'ame et l'honneur;*
de Toustain de Limésy, *Toustains de sang;*
de la Trémoille, *Ne m'oubliez;* autre, *Sans sortir de l'ornière;*

de Trogoff, *Tout du tout* ;
d'Urre, *En tous lieux et à toute heure* ;
du Val, *En tout candeur* ;
de Vançay, *La vertu en nous a l'âge devancé* ;
de Vaudrey, *J'ai valu, vaux et vaudray* ;
de Vergy, *Sans varier* ;
de la Vernée, *Si je puis* ;
de Vienne, *Tôt ou tard vienne*, ou *A bien vienne tout*, ou *Tout bien à vienne* ;
de Vignod, *Sûreté et confiance* ;
de la Ville-Ferolles, *Tiens ta foi* ;
de Villeneuve-Burlet, *Une loi fidèle veux* ;
de Villiers de l'Isle-Adam, *Va outre* ;
de Vincens-Savoilhans, *Ainsi le veux* ;
de Viry, *A virtute viri* ;
de Vogué, *Vigilantia* ;
de Voisins de Cuxac, *Pro fide* ;
de Wlson-la-Colombière, *Pour bien faire* ;
d'Ysuard, *Los vaut trop mieux*.

Il y a sur diverses grandes familles d'anciens proverbes ou dictons imaginés pour exprimer les qualités, les inclinations, la puissance ou le haut degré de noblesse de ces familles.

Du temps de Louis XI, on disoit à la cour et dans tout le royaume :

Chastillon, Bourdillon,
Gaillot et Bonneval,
Gouvernent le sang royal.

CHAPITRE XIV.

En Dauphiné,
>Parenté d'Alleman,
>Prouesse de Terrail (famille du chevalier Bayard),
>Charité d'Arces,
>Sagesse de Guiffrey,
>Loyauté de Salvaing,
>Amitié de Beaumont,
>Bonté de Granges,
>Force de Comiers,
>Mine de Theys,
>Visage d'Altvillars.

On disoit aussi dans la même province :
>Arces, Varces, Granges et Comiers,
>Tel les regarde qui ne les ose toucher;
>Mais gare la queue des Allemans et des Bérengers.

Le seigneur d'Arces, en la même province,
>Ni duc ni prince ne veux être.

Le seigneur de Grolée, en Bugey,
>Je suis Grolée.

En Provence,
>Hospitalité et bonté d'Agoult,
>Libéralité de Villeneuve,
>Sagesse des Rambauds de Simiane,
>Simplesse de Sabran,
>Fidélité de Boliers,
>Constance de Vintimille,
>Témérité et fierté de Glandevez,
>Prudence de Pontevès,
>Inconstance de Baux,

Communion de Forcalquier,
Riche d'Aperioculos,
Gravité d'Arcussia,
Vaillance de Blacas,
Opinion de Sade,
Prud'hommie de Cabassole,
Bonté de Castillon,
Subtilité de Gérente,
Ingéniosité d'Oraison,
Finesse des Grimauds,
Grandeur des Porcellets,
Vanité des Bonifaces,
Vivacité d'esprit des Forbins,
Légèreté des Loubiers.

En Bourgogne,

Riche [puissant] de Châlons,
Noble de Vienne,
Preux de Vergy,
Fier de Neufchâtel,
Et la maison de Bauffremont,
D'où sont sortis les bons barons.

On disoit, dans la même province, de la maison de Lugny :

Il n'y a oiseau de bon nid
Qui n'ait plume de Lugny.

En Picardie,

Ailly, Mailly, Créquy,
Tel nom, telles armes, tel cri,

parce que ces trois maisons ont des armes parlantes.

Rubempré, Rambures et Renty,
Belles armes et piteux cri.
Piqueny, Moreuil et Roye,
Sont ceints de même courroie.

En Bretagne,

Antiquité de Penhoët,
Vaillance de Chastel,
Richesse de Kerman,
Chevalerie de Kergournadech.

De la maison de Rohan, même province,

Duc je ne daigne,
Roi je ne puis,
Rohan je suis.

En Limousin,

Ventadour vante,
Pompadour pompe,
Turenne règne,
Et Châteauneuf ne les craint pas d'un œuf.

D'Escars richesses [grandeur],
Bonneval noblesse.

Au Maine,

Riche [puissant] Bouillé,
Noble Vassé.

En Nivernois,

Le sire d'Asnois
Est la fleur du Nivernois.

En Languedoc,

Les Hunauds, les Lévis et les Rigauds,
Ont chassé les Visigots;

Les Lévis, les Rigauds et les Voisins,
Ont chassé les Sarrasins.

En Angoumois,

Pautes, Chambes et Tisons,
Sont d'Angoulême les anciennes maisons.

Dans la même province,

Les Achards, les Tisons et les Voisins,
Du pays ont chassé les Sarrasins.

On disoit autrefois de Saintré et du maréchal de Boucicaut :

Quand vient à un assaut,
Mieux vaut Saintré que Boucicaut;
Mais quand vient à un traité,
Mieux vaut Boucicaut que Saintré.

Le chef de la maison de Coucy disoit :

Je ne suis Roi ni Prince aussi,
Je suis le seigneur de Coucy.

Enfin les armoiries, en usage chez nous depuis sept siècles, ne peuvent être prises et portées sans un titre constitutif du Prince, ou sans le droit que donne une longue et paisible possession. Il n'est pas permis non plus de les timbrer des ornemens affectés à une dignité où à un titre dont on n'est pas légalement revêtu (arrêt du parlement de Paris, du 13 août 1663); comme on ne peut, sans une autorisation du monarque, ajouter ni retrancher dans son écusson aucune pièce, à moins que ce ne soit par forme de brisure et suivant les règles prescrites à cet égard. L'article 9 de l'ordonnance de Henri II en date du 26 mars 1555 défend expressément de changer d'armoiries sans permission et lettres de dispense du Roi.

Selon l'usage général de France, les armes pleines sont exclusivement portées par l'aîné ou chef de la maison ; les puînés les portent brisées. Cet usage est si inviolablement observé, que, par un ancien arrêt du 9 mai 1499, des puînés furent condamnés à quitter les armes pleines et à y mettre la brisure, quoiqu'ils eussent une possession de soixante années. On entend par brisure une pièce ou figure qui est ajoutée aux armoiries, pour distinguer les cadets d'avec les aînés. Le lambel, dans les armes d'Orléans, et le bâton péri en bande, dans les armes de Condé, sont des brisures.

Il est une sorte de brisure employée dans les premiers temps, qui a pu aussi, comme je l'ai dit, contribuer à introduire dans une même famille des armoiries différentes, et à jeter ainsi du doute sur la commune origine de deux familles du même nom : cette brisure consistoit dans la conservation des seuls émaux des armes pleines, appliqués à des pièces autres que celles qui sont figurées dans l'écusson de l'aîné de la famille. L'*échiqueté*, par exemple, étoit une de ces pièces ou figures substituées dont on se servoit souvent autrefois pour brisure, en ne conservant à cette pièce que les émaux ou couleurs seulement des armoiries portées par le chef de la maison; mais on renonça ensuite à cette manière de briser, comme n'étant propre qu'à mettre de la confusion dans les divers rameaux d'une même race, en altérant trop ses armoiries. Il devoit effectivement être assez difficile de reconnoître, après quelques générations, l'origine des descendans d'un cadet qui avoit brisé ainsi, en ne conservant que les couleurs des armes de son aîné, sur-tout lorsque ce puîné se transplantoit dans une autre province, ou qu'il quittoit son nom de famille pour adopter, soit un surnom qui lui étoit personnel, soit un nom de terre, qu'il transmettoit à sa postérité.

Cette marque d'honneur et de gloire, qui est pour un gentilhomme le témoignage certain de la valeur de ses ancêtres, a souvent tenté la vanité, et donné lieu à des usurpations et à des abus que les lois ont constamment réprimés. C'étoit dans la vue de prévenir de tels abus que Philippe-Auguste institua, comme on l'a vu plus haut, un officier public, sous la dénomination de *roi d'armes de France*, chargé de tenir des registres de toutes les familles nobles et de leurs armoiries. Mais, Charles V ayant, par sa charte de l'an 1371, accordé aux bourgeois de

Paris (1) la permission de porter des armoiries timbrées, les bourgeois les plus notables des autres villes du royaume, à l'exemple de ceux de la capitale, en prirent aussi. Pour arrêter cet exemple préjudiciable aux familles nobles, Charles VIII créa, par lettres du 17 juin 1487, un maréchal d'armes, spécialement chargé d'écrire, faire peindre et blasonner dans des registres publics les armes des personnes qui avoient droit de porter cette marque de distinction.

Les ordonnances, édits, réglemens et déclarations du Roi, de janvier 1560 (art. 110), juillet 1576, septembre 1577, mai 1579 (art. 257), mars 1583, 23 août 1598 (art. 2), janvier 1629 (art. 189), janvier et 26 avril 1634, 8 février 1661, 26 février 1665, font défense aux non-nobles de porter des armoiries timbrées, sous peine d'amende arbitraire. Il y a aussi une ordonnance de Philippe duc de Bourgogne, en date du 23 septembre 1595, qui défend, sous la même peine, à ceux qui ne sont pas nobles, de *porter publiquement, ni en secret, des armoiries timbrées, en leurs cachets, sceaux, tapis, peintures ou autres choses, ès endroits publics ou privés.*

On voit que les prohibitions faites par toutes ces lois ne portoient absolument que sur les *armes*

---

(1) « Le mot *bourgeois*, dans sa première origine, signifie *homme de guerre, qui a la garde d'une forteresse de ville.* » La Faille.

timbrées, marques de noblesse et de dignité, et nullement sur celles qui n'étoient point environnées des ornemens que le terme *timbre* ou *timbré* indique en matière de blason.

La licence des temps ayant rendu sans effet ces divers réglemens sur le port des armoiries, Louis XIII, par suite des remontrances faites à cet égard par les membres de la noblesse aux États généraux de 1614, créa, par édit du mois de juin 1615, un juge d'armes de la noblesse de France, pour connoître, sauf l'appel devant les maréchaux de France, du fait des armoiries et des contestations qui pourroient naître à ce sujet; et pour dresser des registres généraux des noms et armes des personnes nobles. La connoissance des armoiries, et de tout ce qui avoit rapport à leur augmentation ou changement, fut encore attribuée au même officier par l'article 15 de l'ordonnance royale du 4 novembre 1616.

Mais, soit que ces attributions fussent devenues trop fortes pour un seul officier, soit qu'on eût voulu arrêter ou prévenir de nouveaux abus en cette matière, soit enfin tout autre motif, Louis XIV, par un édit du mois de novembre 1696, établit à Paris une grande maîtrise générale, avec un dépôt public des armes et blasons de toutes les personnes, maisons, familles, provinces, villes, gouvernemens, archevêchés, évêchés, abbayes, compagnies, corps

CHAPITRE XIV. 393

et communautés du royaume. Cet édit contient l'énumération ci-après de ceux qui, indépendamment des nobles, pouvoient avoir des armoiries; savoir: les officiers de la maison du Roi et de celles des Princes et Princesses du sang; les officiers de robe et d'épée, de finance et des villes; les ecclésiastiques; les gens du clergé; les hommes de lettres; les bourgeois des principales villes, et autres qui jouissoient, à raison de leurs fonctions ou emplois, de quelques prérogatives; à la charge toutefois par eux de faire enregistrer leurs armoiries au dépôt, moyennant un droit d'enregistrement.

Un arrêt du Conseil du Roi, en date du 5 mars 1697, défendoit à toutes personnes de porter les armoiries de leurs père et mère, que préalablement ces armoiries n'eussent été enregistrées dans l'armorial général. Un autre arrêt du Conseil, du 19 du même mois, permettoit à ceux qui avoient fait enregistrer leurs armes de les mettre sur leurs carrosses, vaisselles et cachets. Il étoit enjoint, par le même acte, aux commissaires généraux, de n'admettre, en procédant à la réception des armoiries, aucune fleur-de-lis d'or en champ d'azur, à moins d'une justification par titres, ou d'une possession valable.

La grande maîtrise de l'armorial général, les maîtrises particulières, ainsi que les offices qui en dépendoient, créés par l'édit du mois de novembre 1696, n'ayant été levés qu'en partie, furent éteints et supprimés par un autre édit du mois d'août 1700, enregistré le 1.ᵉʳ septembre suivant, lequel porte que ceux qui ont présenté leurs armoiries et payé les droits d'enregistrement, sont et demeurent confirmés, ensemble leurs descendans, sans que ceux-ci soient tenus de les faire enregistrer de nouveau. L'office de juge d'armes de France, ayant été supprimé par suite du même édit de 1696, fut rétabli par un autre en date du mois d'avril 1701.

Le dépôt général des armoiries, créé toujours par le même édit du mois de novembre 1696, et supprimé par celui du mois d'août 1700, fut rétabli par ordonnance du 29 juillet 1760. Non-seulement cette dernière ordonnance ne fut point enregistrée au parlement de Paris, mais encore la même cour, par arrêt du 22 août suivant, fit défense, *sous le bon plaisir du Roi*, de l'exécuter, comme étant contraire aux lois, maximes et usages du royaume.

Toutes ces lois, et celles ci-après énoncées qui terminent mes recherches sur nos anciennes institutions politiques et héréditaires, sont les seules que j'aie pu découvrir touchant les armoiries, tant des familles que des villes, communautés, &c.

Il est dit par l'article 14 du décret du 1.ᵉʳ mars 1808, concernant les titres, que ceux à qui il en aura été conféré, ne pourront porter d'autres armoiries ni avoir d'autres livrées que celles qui seront énoncées dans les lettres patentes de création. (*Bull. 186, n.º 3206.*)

Un autre décret du même jour dit, art. 20, que les lettres patentes portant institution de majorat énonceront les armoiries et livrées accordées à l'impétrant. (*Bull. 186, n.º 3207.*)

Un autre, du 17 mai 1809, porte qu'aucune ville, corporation ou association civile, ecclésiastique ou littéraire, ne jouira du droit d'armoiries, qu'après en avoir reçu la concession expresse par lettres patentes délivrées à cet effet; et qu'en conséquence les sceaux des villes, communes ou corporations, qui n'auront pas obtenu de pareilles concessions, ne porteront, pour toute empreinte, que le nom ou la désignation littérale desdites villes, communes ou corporations. (*Non imprimé.*)

Un autre, du 3 mars 1810, porte, art. 11, que le nom, les armoiries et les livrées passeront du père à tous les enfans. (*Bull. 270, n.º 5249.*)

Un autre, du 12 mars 1813, contient quelques dispositions sur la désignation des armoiries et livrées des membres de l'ordre de la Réunion, qui a été supprimé, comme on l'a vu ci-dessus. (*Bull. 484, n.º 8952.*)

Une ordonnance du Roi, du 15 juillet 1814, porte, art. 7, que les personnes auxquelles il a été accordé des armoiries, pourront, en rapportant leurs lettres patentes, obtenir une nouvelle concession d'armoiries. Dans celles qui seront concédées par le Roi, les écussons seront timbrés des anciennes couronnes de duc, comte ou baron : l'écusson de chevalier aura pour timbre le casque d'argent taré de profil. (*Bull.* 25, n.° 190.)

Une autre, du 26 septembre 1814, est conçue en ces termes :

« LOUIS, par la grâce de Dieu, Roi de France
» et de Navarre, à tous ceux qui ces présentes verront,
» SALUT.

» Voulant donner à nos fidèles sujets des villes
» et communes de notre royaume un témoignage
» de notre affection, et perpétuer le souvenir que
» nous gardons des services que leurs ancêtres ont
» rendus aux Rois nos prédécesseurs, services con-
» sacrés par les armoiries qui furent anciennement
» accordées auxdites villes et communes, et dont elles
» sont l'emblème ;

» A ces causes,

» Sur le rapport de notre ministre secrétaire d'état
» au département de l'intérieur,

» De notre pleine puissance et autorité royale,

» Nous avons ordonné, et par ces présentes nous
» ordonnons :

» Art. 1.ᵉʳ Toutes les villes et communes de notre
» royaume reprendront les armoiries qui leur ont

« été attribuées par les Rois nos prédécesseurs, et en
» appliqueront le sceau sur les actes de leur adminis-
» tration, à la charge par elles de se pourvoir par-
» devant la Commission du sceau pour les faire
» vérifier et obtenir le titre à ce nécessaire ; nous
» réservant d'en accorder, après l'avis de nos ministres,
» à celles des villes, communes ou corporations, qui
» n'en auroient pas obtenu de nous ou de nos prédé-
» cesseurs.

» 2. Notre amé et féal chevalier le chancelier
» de France, et notre ministre secrétaire d'état au
» département de l'intérieur, sont chargés de l'exécu-
» tion de la présente. »

Une autre ordonnance, du 8 octobre 1814, contient quelques dispositions sur les armoiries des membres de la Légion d'honneur. *(Bull. 43, n.° 338.)*

Une autre du même jour contient le tarif des droits de sceau des lettres patentes portant changement d'armoiries. *(Cette ordonnance est rapportée textuellement au chapitre XI, pag. 209 et suiv.)*

Enfin une autre, du 26 décembre 1814, contient le tarif des droits de sceau pour l'expédition des lettres patentes qui seront délivrées aux villes et communes du royaume, soit pour renouvellement d'armoiries anciennes, soit pour concession d'armoiries nouvelles. *(Cette ordonnance est aussi rapportée en entier, chapitre XI, pag. 214.)*

Aux termes de deux décisions du ministre de l'intérieur, prises en exécution des ordonnances des 26 septembre et 26 décembre 1814, et notifiées aux divers préfets du royaume, les 10 janvier 1815 et 1.er avril 1816, toutes les demandes d'armoiries, faites par des villes et communes, doivent être adressées au ministre par l'intermédiaire de ces magistrats, et appuyées, 1.º de la délibération du corps municipal, 2.º d'un dessin des armoiries, 3.º des copies certifiées des chartes ou patentes en vertu desquelles la concession primitive a eu lieu.

Les villes et communes qui auroient des concessions d'armoiries du dernier gouvernement, doivent indispensablement en faire le renvoi, si elles veulent en obtenir de nouvelles.

Les fonds nécessaires pour acquitter les droits de sceau et d'enregistrement et ceux des référendaires, dans les proportions déterminées par l'ordonnance du 26 décembre 1814 et l'article 55 de la loi du 18 avril 1816, doivent être envoyés en même temps.

VOCABULAIRE DU BLASON.

A

Abaissé. Se dit des pièces qui sont au-dessous de leur situation ordinaire.

Abime. C'est le centre ou le milieu de l'écu.

Abouté. Se dit de quatre hermines dont les bouts se répondent et se joignent en croix.

Accolé. Se prend pour deux écus joints et attenant ensemble : les femmes *accolent* leurs écus à ceux de leurs maris. Les fusées, les losanges, &c. sont censées *accolées*. Il se dit aussi des chiens et autres animaux qui ont des colliers.

Accompagné. Se dit de quelques pièces honorables qui en ont d'autres en séantes partitions.

Accorné. Se dit de tous les animaux qui ont des cornes, quand elles sont d'autre couleur que l'animal.

Accosté. Se dit de toutes les pièces de longueur, mises en pal ou en bande, quand elles en ont d'autres à leurs côtés.

Accroupi. Se dit du lion et des autres animaux, quand ils sont assis.

Acculé. Se dit d'un cheval cabré, quand il est sur le cul en arrière, et de deux canons opposés sur leurs affûts.

Adextré. Se dit des pièces qui en ont quelque autre à leur droite.

Adossé. Se dit des animaux qui sont rampans, les dos tournés. Deux clefs sont aussi dites adossées, quand leurs pannetons sont tournés en dehors, l'un d'un côté, l'autre de l'autre, &c.

Affronté. C'est le contraire d'*Adossé*.

Aiglettes. Plusieurs aigles dans un écu.

Aiguisé. Se dit des pièces dont les extrémités peuvent être aiguës.

Ailé. Se dit de toutes les pièces qui ont des ailes contre nature, comme un cerf ailé, &c. et des animaux volatiles dont les ailes sont d'autre couleur.

Ajouré. Se dit de l'ouverture du chef, de quelque forme qu'elle soit, pourvu qu'elle touche le bout de l'écu; et des jours d'une tour et d'une maison, quand ils sont d'autre couleur.

Alérions. Aiglettes qui n'ont ni bec ni jambes.

Alezé. Se dit des pièces honorables, retraites de leurs extrémités, comme un chef, une fasce, &c.

Allumé. Se dit des yeux des animaux quand ils sont d'autre couleur, &c.

Anché. Se dit d'un cimeterre recourbé.

Ancré. Se dit de la croix et du sautoir dont les extrémités ressemblent à une ancre.

Anglé. Se dit de la croix et du sautoir, quand il y a des figures longues et à pointes, qui sont mouvantes de ces angles.

Anilles. Fers de moulin en forme de crochets, adossés et liés ensemble par le milieu, lequel est percé en carré.

Animé. Se dit de la tête d'un cheval et de ses yeux, quand ils paroissent être en action.

Annelet. Se dit des anneaux propres à attacher les câbles.

Antiques. Se dit des couronnes à pointes de rayons, et des coiffures anciennes.

Appauiné. Se dit d'une main ouverte dont on voit le dedans.

Appointé. Se dit de deux choses qui se touchent par les pointes.

Ardent. Charbon allumé.

Argent. Se dit de la couleur blanche dans les armoiries. L'argent s'exprime, en gravure d'armoiries, en laissant le fond tout uni, sans pointes et sans hachures.

Armé. Se dit des ongles des lions, des griffons, &c. Il se dit aussi d'un soldat, &c.

Arraché. Se dit des plantes qui ont des racines qui paroissent, et des têtes et membres d'animaux qui ne sont pas coupés net.

Arrêté. Se dit d'un animal qui est sur ses quatre pieds, sans que l'un avance devant l'autre.

Assis. Se dit des animaux domestiques qui sont sur le cul.

Azur. Est la couleur bleue. Dans la gravure, on représente l'azur par des hachures [traits] tirées horizontalement.

B

Badelaires. Épées larges en coutelas, et recourbées.

Bâillonné. Se dit des animaux qui ont un bâton entre les dents.

Bande. Est une des pièces honorables qui occupent le tiers de l'écu, de droite à gauche.

Bandé. Se dit de tout l'écu couvert de bandes ou de pièces bandées, comme le chef, la fasce, le pal, et même quelques animaux.

Bannière. Enseigne militaire que les chevaliers-bannerets avoient droit de porter. Elle étoit carrée, et armoriée des armes du chevalier.

Barbé. Se dit des coqs et des dauphins, quand leur barbe est d'un autre émail.

Barre. Est une pièce honorable qui occupe le tiers de l'écu, de gauche à droite.

Barré. Se dit, dans le même sens que *Bandé*, de l'écu et des pièces couvertes de barres, qui vont diagonalement de gauche à droite.

Bars. Deux poissons adossés, courbés et posés en pal.

Bastillé. Se dit des pièces qui ont des créneaux renversés, qui regardent la pointe de l'écu.

Bataillé. Se dit d'une cloche qui a le batail d'autre émail qu'elle n'est.

Bâton. Bande diminuée que l'on nomme aussi *Cotice*.

Becqué. Se dit des oiseaux dont le bec est d'autre émail.

Béfroi. Est de même figure que le vair, à la différence que le vair est de trois ou quatre traits, et le béfroi n'est ordinairement que de deux.

Besans. Pièces de monnoie, par conséquent toujours d'or ou d'argent.

Besans-Tourteaux. Figures semblables aux précédentes, mi-parties de métal et de couleur.

Besanté. Se dit des pièces chargées de besans.

Bigarré. Se dit du papillon, et de tout ce qui a diverses couleurs.

Billette. Figure à quatre angles droits, plus haute que large. On dit que les billettes sont couchées, lorsque leur côté le plus long est parallèle au haut de l'écusson ; et que le plus court est perpendiculaire.

Billeté. Se dit du champ semé de billettes.

Bisse. Serpent.

Bordé. Se dit des croix, des bandes, &c. qui ont des bords de différens émaux.

Bordure. Est une espèce de brisure en forme de passement plat au bord de l'écu, qu'elle environne tout autour en forme de ceinture.

Bouclé. Se dit du mufle d'un taureau, d'un buffle, qui a une boucle passée dans les naseaux ; il se dit aussi d'un collier et d'un chien qui a une boucle.

Bourdonné. Se dit des croix dont les branches sont tournées et arrondies en bourdon de pèlerin.

Bouterolle. Fer qu'on met au bout du fourreau d'un badelaire ou d'une épée.

Boutoir. Se dit du bout de la hure d'un sanglier.

Boutonné. Se dit du milieu des roses et des autres fleurs, quand il est d'autre couleur que la fleur ; il se dit aussi d'un rosier qui a des boutons, &c.

Bretessé. Se dit des pièces crénelées haut et bas en alternative.

Brisé. Se dit des armoiries des puînés et cadets d'une famille, où il y a quelque changement par addition, diminution ou altération de quelque pièce, pour distinction des branches. Il se dit encore des chevrons dont la pointe est déjointe : c'est une erreur d'appeler les autres *brisés.*

Brochant. Se dit des pièces qui passent sur d'autres, comme une fasce ou un chevron qui broche sur un lion.

Broye. Certains festons qu'on trouve dans quelques armoiries.

Burelles. Fasces lorsqu'elles passent le nombre de six dans un écu.

Burelé. Se dit de l'écu rempli de longues listes de flanc à flanc, jusqu'au nombre de dix, douze ou plus, à nombre égal et de deux émaux différens.

Buste. Image d'une tête vue de face avec la poitrine, mais sans bras.

Bute. Fer dont les maréchaux se servent pour couper la corne des chevaux.

C

Câblé. Se dit d'une croix faite de cordes ou de câbles tortillés.

Cabré. Se dit d'un cheval acculé.

Cancerlin. Couronne de feuilles de rue mise ordinairement en bande.

Canelé. Se dit d'une engrêlure dont les pointes sont en dedans et le dos en dehors, comme les canelures des colonnes d'architecture.

Canettes. Petites canes qu'on représente comme des merlettes avec les ailes serrées, avec cette différence que les canettes doivent montrer un peu du bec et des jambes.

Canton. Est une pièce honorable des armoiries : c'est une partie carrée de l'écu, séparée des autres.

Cantonné. Se dit d'une pièce seule placée dans un des deux cantons du chef ou de la pointe.

Carnation. Se dit de toutes les parties du corps humain, quand elles sont représentées au naturel.

Caudé. Se dit des étoiles ou comètes qui ont dans le bas une trace de lumière.

Cerclé. Se dit d'un tonneau.

Champagne. Figure qui occupe environ le tiers de l'écu vers la pointe; on la nomme *plaine*, lorsque cette figure est diminuée.

Chapé. Se dit de l'écu qui s'ouvre en chape ou en pavillon.

Chaperon. Ancien habillement de tête, en forme de capuchon.

Chaperonné. Se dit d'un faucon, d'un épervier, &c. qui a la tête couverte d'un morceau de cuir appelé, en termes de fauconnerie, *chaperon*.

Chargé. Se dit de toute sorte de pièces sur lesquelles il y en a d'autres : ainsi le chef, la fasce, les chevrons, &c. peuvent être chargés de coquilles, de roses, &c.

Châtelé. Se dit d'une bordure ou d'un lambel chargé de huit ou neuf châteaux.

Chaussé. C'est l'opposé de *Chapé*.

Chef. Se dit de la partie supérieure de l'écu ; par exemple, trois étoiles rangées en chef : mais il se dit plus particulièrement d'une de ses pièces honorables, qui se place au haut de l'écu, dont elle occupe environ le tiers de la hauteur.

Chevelé. Se dit d'une tête dont les cheveux sont d'autre émail que la tête.

Chevillé. Se dit des ramures d'une corne de cerf.

Chevron. Est une des pièces honorables de l'écu, composée de deux bandes plates, assemblées en haut par la tête et s'ouvrant en bas en forme de compas à demiouvert. Il y a des chevrons brisés, rompus ou faillis, ployés, enlacés, &c.

Chevronné. Se dit d'un pal et autre pièce chargée de chevrons, ou de tout l'écu, quand il en est rempli.

Chicot ou *Écot.* Bâton noueux, ou tronc d'arbre dont on a coupé les branches.

Cimier. Partie la plus élevée dans les ornemens de l'écu, et qui est la cime du casque ou de la couronne.

Cintré. Se dit du globe ou monde impérial entouré d'un cercle et d'un demi-cercle en forme de cintre.

Clariné. Se dit d'un animal qui a des sonnettes comme les vaches, &c.

Cléché. Se dit des arrondissemens de la croix de Toulouse, dont les quatre extrémités sont faites comme les anneaux des clefs.

Cloué. Se dit lorsque les clous paroissent d'autre émail.

Colleté. Se dit des animaux qui ont un collier. Il se dit aussi d'un sanglier qu'un chien arrête par le cou ou par les oreilles.

Componé. Se dit des bordures, peaux, bandes, fasces, &c. qui sont composées de pièces carrées d'émaux alternés comme une tire d'échiquier.

Contourné. Se dit des animaux, &c. tournés vers la gauche de l'écu.

Contre-bandé, Contre-barré, Contre-vairé, &c. sont des pièces dont les bandes, barres, vairs, &c. sont opposés.

Contre-passans. Se dit des animaux dont l'un passe d'un côté, l'autre d'un autre.

Coquerelles. Espèce de noisettes dans le fourreau, jointes ensemble au nombre de trois.

Cordé. Se dit des instrumens dont les cordes sont de différent émail.

Cotice. Bande diminuée, qui n'a que les deux tiers de la bande ordinaire.

Coticé. Se dit du champ ou de l'écu rempli de bandes de couleurs alternées, au nombre de dix au plus.

Couché. Se dit des animaux.

Coupé. Se dit de l'écu partagé par le milieu horizontalement en deux parties égales, et des membres des animaux qui sont coupés net.

Couple. Est un bâton d'un demi-pied, auquel pendent deux attaches dont on se sert pour coupler les chiens de chasse.

Couplé. Se dit de chiens de chasse assemblés.

Courbé. C'est la situation des dauphins et des bars, qui ne s'exprime pas, parce qu'elle leur est naturelle et propre en armoiries. Il se dit des fasces un peu voûtées.

Cousu. Se dit du chef, quand il est de métal sur métal, ou de couleur sur couleur.

Cramponné. Se dit des croix, &c. qui ont à leurs extrémités une demi-potence.

Crénelé. Se dit des tours, châteaux, &c. à créneaux.

Créquier. Sorte de prunier sauvage.

Croisé. Se dit des bannières, &c. qui ont des croix.

Croisettes. Petites croix.

D

Danché. Se dit du chef, de la fasce, &c. qui se termine en pointes aiguës comme des dents.

Debout. Se dit des animaux dressés sur leurs pieds de derrière.

De l'un en l'autre. Se dit du parti, du fascé, du palé, du coupé, du tranché, &c. quand ils sont chargés de plusieurs pièces qui sont sur l'une de ces parties, de l'émail de l'autre, réciproquement et alternativement. Il se dit aussi des pièces étendues qui passent sur les deux pièces de la partition, ou sur toutes les fasces, bandes, pals, alternant les émaux de ces partitions.

Démembré. Se dit des animaux dont les membres sont séparés.

Denté. Se dit des dents des animaux.

Dentelé. Se dit de la croix, de la bande, &c. à petites dents.

Désarmé. Se dit de l'aigle qui n'a point d'ongles.

Dextrochère. Bras droit peint dans un écu.

Diadêmé. Se dit de l'aigle qui a un petit cercle sur la tête.

Diapré. Se dit des fasces, pals, &c. bigarrés de diverses couleurs.

Diffamé. Se dit du lion ou léopard qui n'a point de queue.

Divisé. Se dit de la fasce et de la bande qui n'ont que la moitié de leur largeur.

Dragonné. Se dit du lion ou autre animal qui se termine en queue de dragon.

E

Écartelé. Se dit de l'écu divisé en quatre parties égales, en bannière ou en sautoir.

Échiqueté. Se dit de l'écu et des pièces principales quand ils sont composés de pièces carrées, alternées comme celles des échiquiers. Dans l'écu, il faut pour le moins qu'il y ait vingt carreaux pour être dit *échiqueté :* autrement on le dit *équipollé,* quand il n'y en a que neuf; et quand il n'y en a que quinze, on dit *quinze points d'échiquier.* Les autres pièces doivent pour le moins être échiquetées de deux tires ; autrement elles sont dites *componées*.

Éclaté. Se dit de lances rompues.

Émail ou *Émaux.* Terme générique qui renferme les métaux et les couleurs dont sont composées les armoiries.

Émanché. Se dit des partitions de l'écu où les pièces s'enclavent l'une dans l'autre en forme de longs triangles.

Embrassé. Se dit d'un écu parti ou coupé, ou tranché d'une seule émanchure, qui s'étend d'un flanc à l'autre.

Emmanché. Se dit des outils qui ont un manche d'émail différent.

Emmuselé. Se dit des animaux qui ont le museau lié.

Empenné. Se dit d'un dard, trait ou javelot qui a ses ailerons ou pennes.

Empoigné. Se dit des flèches, javelots et autres choses semblables de figure longue, quand elles sont au nombre de trois ou plus, l'une en pal, les autres en sautoir, assemblées et croisées au milieu de l'écu.

Enchaussé. Est le contraire de *Chapé.*

Engoulé. Se dit des bandes, croix, &c. dont les extrémités entrent dans des gueules de lion, léopard, &c.

Enté. Se dit des partitions et des fasces, bandes, &c. qui entrent les unes dans les autres.

Éployé. Se dit de l'aigle à deux têtes, et dont les ailes sont étendues.

Équipollé. Se dit de neuf carrés, dont cinq sont d'un émail et quatre d'un autre, alternativement.

Essorant. Se dit des oiseaux qui n'ouvrent l'aile qu'à demi et qui regardent le soleil.

Essoré. Se dit des toits des maisons d'émail différent.

F

Failli. Se dit des chevrons rompus en leurs montans.

Fanon. Ornement semblable à un manipule que les ministres de l'autel mettent au bras gauche.

Fascé. Est une pièce honorable qui occupe le tiers de l'écu horizontalement, et qui sépare le chef de la pointe.

Fascé. Se dit de l'écu couvert de fasces, et des pièces divisées par longues listes.

Fermail ou *Fermaux.* Grandes boucles garnies de leurs ardillons, qui se mettent aux baudriers et ceintures militaires.

Feuille de scie. Fasce ou bande danchée d'un seul côté.

Fiché. Se dit des croisettes qui ont le pied aiguisé.

Fier. C'est ainsi qu'on appelle un lion, quand il a le poil hérissé.

Fierté. Se dit des baleines dont on voit les dents.

Figuré. Se dit du soleil sur lequel on exprime l'image du visage humain, de même des tourteaux, besans et autres choses sur lesquelles la même figure paroît.

Flambant. Se dit des pals ondés et aiguisés en forme de flamme.

Flanqué. Se dit des pals, arbres et autres figures qui en ont d'autres à leurs côtés.

Fleuré. Se dit des bandes, bordures, orles, &c. dont les bords sont en façon de fleur ou de trèfle.

Florencé. Se dit des croix dont les extrémités sont en fleur-de-lis.

Foi. Deux mains jointes en signe d'alliance.

Fourrures. Pannes ou peaux velues. Voyez *Hermine*, *Vair.*

Franc-Quartier. C'est le premier quartier de l'écu.

Frangé. Se dit des gonfalons qui ont des franges dont il faut spécifier l'émail.

Fretté. Se dit de l'écu et des pièces principales couvertes de bâtons croisés en sautoir, qui laissent des espaces vides et égaux en forme de losanges.

Furieux. Se dit d'un taureau élevé sur ses pieds.

Fusée. Figure qui représente une losange alongée.

Fuselé. Se dit d'une pièce chargée de fusées.

Futé. Se dit d'un arbre dont le tronc est de couleur différente, et d'une lance ou pique dont le bois est d'autre émail que le fer.

G

Gai. Se dit d'un cheval nu.

Garni. Se dit d'une épée dont la garde ou la poignée est d'autre émail.

Giron. Figure triangulaire, ou un quartier du gironné.

Gironné. Est l'écu divisé en six, huit ou dix parties triangulaires, dont les pointes s'unissent au centre de l'écu.

Gonfalon ou *Gonfanon.* Bannière d'église à plusieurs pendans.

Gorge. Se dit de la gorge et cou du paon, cygne et autres oiseaux, quand ils sont d'autre émail.

Gousset. Figure semblable au pairle; excepté qu'il est rempli dans la partie supérieure.

Griffon. Animal chimérique qu'on représente moitié aigle, moitié lion.

Grilleté. Se dit des oiseaux de proie qui ont des sonnettes aux pieds.

Gringolé. Se dit des croix, sautoirs, &c. qui se terminent en tête de serpent.

Gueules. C'est, dans le blason, la couleur rouge; elle se marque, dans la gravure, par des traits perpendiculaires.

Guidon. Enseigne militaire, longue, étroite, fendue.

Guivre. Grosse couleuvre ondée, tortillée, mise en pal, et qu'on peint ordinairement dévorant quelque animal.

Guivré. Est le même que *Vivré*.

Gumène. Corde ou câble d'une ancre.

H

Habillé. Se dit d'un vaisseau qui a tous ses agrès.

Hamade. Pièce composée de trois fasces alezées, c'est-à-dire, qui ne touchent point les bords de l'écu.

Haussé. Se dit du chevron et de la fasce quand ils sont plus hauts que leur situation ordinaire.

Haut. Se dit de l'épée droite.

Hermine. Fourrure. Les émaux propres à l'hermine sont argent ou blanc pour le fond; et sable pour les mouchetures. Le contraire a lieu pour la contre-hermine, c'est-à-dire, sable pour le fond, et argent ou blanc pour les mouchetures.

Herse. Coulisse ou porte-coulisse que l'on met aux entrées des portes des villes et places fortes. Les membrures en sont aiguisées.

Hersé. Se dit d'une porte qui a sa coulisse abattue.

Hie. Pièce de bois large dans le milieu, qui va en se rétrécissant, et dont les extrémités sont garnies d'un anneau de chaque côté.

Honneur (Point d'). Est un point dans l'écu, immédiatement au-dessous du chef et au-dessus de la fasce.

Houssé. Se dit d'un cheval qui a sa housse.

Houssette. Habillement de jambes.

Huchet ou *Cor*. Instrument de chasseur.

I.

Issant. Se dit des lions, aigles et autres animaux dont il ne paroît que la tête avec bien peu de corps.

J

Jumelle. Espèce de filet double : on l'appelle *jumelle*, parce qu'on les met toujours deux à deux. On peut les poser en bande, en croix, &c.

L

Lambel. Est un filet qui se met en chef ou en fasce, auquel sont plusieurs pendans. Il sert de brisure.

Lampassé. Se dit de la langue des lions et autres animaux.

Langué. Se dit de celle des aigles.

Léopard. Est un lion passant qui montre les deux yeux, au lieu que le lion proprement dit se montre toujours de profil.

Léopardé. Se dit du lion passant.

Levé. Se dit de l'ours en pied.

Lié. Se dit des choses attachées.

Lionné. Se dit des léopards rampans.

Loré. Se dit des nageoires des poissons.

Losange. Est une figure quadrangulaire, un peu plus haute que large. Les losanges se posent toujours perpendiculairement, de sorte que les deux angles, du côté de la plus grande longueur, regardent l'un le chef, et l'autre la pointe de l'écu.

Losangé. Se dit de l'écu, quand il a la forme d'une losange, et des figures qui sont couvertes de losanges.

L'un sur l'autre. Se dit des animaux et autres choses dont l'une est posée et étendue au-dessus d'une autre.

M

Macle. Maille de cuirasse ou losange ouverte et percée en losange.

Maçonné. Se dit des traits des tours, pans de mur, châteaux, &c.

Mal-ordonné. Se dit de trois pièces mises en armoiries, une en chef, et deux autres parallèles en pointe. La position ordinaire en armoiries est le contraire : deux en chef, et une en pointe.

Mal-taillé. Se dit d'une manche d'habit bizarre.

Mantelé. Se dit du lion et des autres animaux qui ont un mantelet. Il se dit aussi de l'écu ouvert en chape.

Mariné. Se dit des lions et autres animaux qui ont une queue de poisson, comme les sirènes.

Masqué. Se dit d'un lion qui a un masque.

Massacre. Bois de cerf avec une partie du crâne tout décharné. Il ne faut pas confondre le massacre avec le rencontre.

Membré. Se dit des cuisses et des jambes des aigles et autres oiseaux.

Merlette. Oiseau qui se représente toujours sans bec et sans jambes ; elle diffère peu de la canette.

Miraillé. Se dit des ailes de papillon.

Molette. Pièce principale de l'éperon ; elle est toute semblable à une étoile : toute la différence, c'est que la molette est percée en rond dans le milieu.

Monstrueux. Se dit des animaux qui ont la face humaine.

Montant. Se dit des croissans, épis, &c. dressés vers le chef de l'écu.

Morailles. Espèce de tenailles cranelées, dont on serre le nez d'un cheval.

Morné. Se dit des lions et autres animaux sans dents, bec, langue et griffes.

Moucheté. Se dit du milieu du papelonné, quand il est plein de mouchetures d'hermine.

Mouvant. Se dit des pièces attenantes au chef, aux angles, aux flancs ou à la pointe de l'écu, dont elles semblent sortir.

N

Naissant. Se dit des animaux qui ne montrent que la tête sortant de l'extrémité du chef ou du dessus de la fasce, ou du second du coupé. Voyez *Issant*.

Naturel. Se dit des animaux, fleurs et fruits représentés comme ils sont naturellement.

Nébulé. Se dit des pièces faites en forme de nuées.

Nervé. Se dit de la fougère et autres feuilles dont les nerfs et fibres paroissent d'un autre émail.

Noué. Se dit de la queue du lion, quand elle a des nœuds en forme de houppes.

Noueux. Se dit d'un écot ou bâton à nœuds.

Nourri. Se dit du pied des plantes qui ne montrent point de racines, et des fleurs-de-lis dont la pointe d'en bas ne paroît pas.

O

Ombre de soleil. Figure de soleil qui est de tout autre émail que d'or.

Ombré. Se dit des figures qui sont ombrées ou tracées de noir, pour être rendues plus distinctes.

Ondé. Se dit des fasces, pals, chevrons et autres pièces un peu tortillés et à ondes.

Onglé. Se dit des ongles des animaux.

Or. Est le premier métal en blason; c'est ainsi qu'on appelle le jaune: on le marque, dans la gravure, par des points.

Oreillé. Se dit des dauphins et des coquilles.

Orle. Bordure qui ne touche pas les bords de l'écu.

Otelles. Bouts de fer de pique, que quelques-uns appellent *Amandes pelées*.

Ouvert. Se dit des portes, des châteaux, tours, &c.

P

Paillé. Le même que *Diapré*.

Pairle. Est un pal qui, mouvant de la pointe, se partage vers le milieu en deux branches égales, qui vont aboutir aux deux angles du chef.

Paissant. Se dit des vaches et brebis qui ont la tête baissée pour paître.

Pal. Est une pièce honorable, qui occupe le tiers de l'écu perpendiculairement. On le met en nombre, comme la fasce, la bande, &c.

Palissé. Se dit des pièces à pal ou fasce aiguisées, enclavées les unes dans les autres.

Pallé. Se dit de l'écu et des figures chargées de pals.

Pâmé. Se dit du dauphin sans langue, la hure ouverte.

Panneton. C'est la partie de la clef qui joue dans la serrure. C'est la position du panneton qui fait que les clefs sont dites *affrontées* ou *adossées*.

Papelonné. Se dit d'un ouvrage à écailles.

Parti. Se dit de l'écu, des animaux et autres pièces divisées de haut en bas en deux parties égales.

Passant. Se dit des animaux qui semblent marcher.

Passé en sautoir. Se dit des choses qui sont mises en forme de croix de Saint-André.

Patenôtre. Dixain de chapelet, ou le chapelet entier.

Patté. Se dit des croix dont les extrémités s'élargissent en forme de patte étendue.

Pavillon. Couverture en forme de tente.

Pavillonné. On se sert de ce mot pour exprimer l'émail du pavillon d'un cor, d'une trompette, lorsque le pavillon est d'un autre émail que le reste.

Peautré. Se dit de la queue des poissons.

Pendant de deux, trois, quatre et cinq pièces. Se dit d'un lambel dont il est nécessaire d'énoncer les pendans, quand ils passent le nombre de trois, ou qu'il est moindre; il en est de même des gonfalons.

Pennon. Espèce de bannière semblable au guidon pour la forme. Le pennon est aussi un écusson composé de plusieurs quartiers, pour marquer les alliances paternelles et maternelles.

Percé. Se dit des pièces ouvertes à jour.

Perché. Se dit des oiseaux sur la perche, &c.

Péri en bande, en barre, en croix, en sautoir. Se dit de ce qui est mis dans le sens de ces pièces.

Pignonné. Se dit de ce qui s'élève en forme d'escalier de part et d'autre pyramidalement.

Pile. Voyez *Pointe.*

Plaine. Se dit de la champagne diminuée.

Plié. Se dit des oiseaux qui n'étendent pas les ailes.

Pointe. Est une pièce mouvante du bas en haut de l'écu, plus étroite que le chapé. La pointe se pose perpendiculairement, et quelquefois en bande ou absolument renversée : on l'appelle *Pile.*

Plumeté. Moucheté ou papelonné.

Pommeté. Se dit des croix et rais tournés en plusieurs boules ou pommes.

Posé. Se dit du lion arrêté sur ses quatre pieds.

Potencé. Se dit des pièces terminées en T.

Pourpre. Est une des cinq couleurs du blason : il est composé de l'azur et du gueules, et tire par conséquent sur le violet. Le pourpre se marque, dans la gravure, par des traits tirés diagonalement de gauche à droite.

Proboscide. Trompe d'éléphant.

Q

Quatrefeuille. Fleur à quatre feuilles.

Quartier. Est une des quatre parties de l'écu.

Quintefeuille. Fleur de pervenche de cinq feuilles, ouverte en rond ou percée dans le milieu.

R

Raccourci est le même qu'*Alezé.*

Rais. Bâtons pommetés et fleurdelisés, mis comme les rais d'une roue.

Rampant. Se dit du lion droit.

Ramures. Bois d'un cerf attaché à une partie du crâne, et vu de face.

Rangé. Se dit de plusieurs choses mises sur une même ligne, en chef, en fasce ou en bande.

Ravissant. Se dit du loup portant sa proie.

Rayonnant. Se dit du soleil, des étoiles.

Recercelé. Se dit de la croix ancrée, tournée en cerceaux, et de la queue des cochons et lévriers.

Recoupé. Se dit des écus mi-coupés et recoupés un peu plus bas.

Recroisetté. Se dit des croix dont les branches sont d'autres croix.

Redorte. Branche de frêne ou de tout autre arbre, tortillée en anneaux les uns sur les autres.

Renchier. Espèce de cerf dont les cornes sont plates.

Rencontre. Est la tête d'un bœuf, d'un cerf, d'un belier et de tout autre animal dont on voit les deux yeux.

Resercelé. Se dit des croix qui en ont une autre conduite en filet d'autre émail.

Retrait. Se dit des bandes, pals et fasces qui, de l'un de leurs côtés seulement, ne touchent pas les bords de l'écu.

Roc. Fer morné d'une lance de tournoi.

Rompu. Se dit des chevrons rompus ou séparés en leur montant.

Rouant. Se dit du paon qui étend sa queue.

Ruste. Est une losange percée en rond.

S

Sable. Est, dans le blason, la couleur noire. Dans la gravure, on la marque par des traits croisés.

Saillant. Se dit d'une chèvre, d'un mouton ou d'un belier en pied.

Sanglé. Se dit du cheval, des sangliers, qui ont par le milieu du corps une espèce de ceinture d'autre émail.

Sautoir. Est une pièce honorable, composée de la bande et de la barre. C'étoit autrefois un instrument dont on se servoit pour s'aider à monter ou à sauter sur un cheval; c'est de là que cette figure a pris le nom de *sautoir*.

Semé. Se dit des pièces dont l'écu est chargé, tant plein que vide, et dont quelques parties sortent de toutes les extrémités de l'écu.

Sénestre. C'est ainsi qu'en blasonnant on nomme le côté gauche.

Sénestré. Se dit d'une pièce accompagnée à gauche d'une autre pièce.

Sénestrochère. Se dit du bras gauche, comme *Dextrochère* du bras droit.

Sinople. Est la couleur verte dans le blason. Il se marque, dans la gravure, par des traits tirés diagonalement de droite à gauche.

Sommé ou *Surmonté.* Se dit d'une pièce qui en a une autre au-dessus d'elle.

Soutenu. Se dit au contraire de celle qui en a une autre au-dessous.

Stangue. C'est la tige d'une ancre, quand elle est d'émail différent du reste de la figure.

T

Taillé. Se dit de l'écu divisé diagonalement de gauche à droite en deux parties égales.

Tarer. Veut dire *tourner* le heaume ou *casque.* On dit taré de front, taré de profil.

Tiercé. Se dit de l'écu divisé en trois parties.

Tierces. Sont trois filets qui se mettent toujours de trois en trois, comme les jumelles se mettent de deux en deux.

Timbre. C'est tout ce qui se met sur l'écu, et comprend par conséquent le heaume ou casque, la couronne, le cimier, le cri ou la devise, les lambrequins, &c.

Timbré. Se dit de l'écu couvert du casque ou timbre.

Toque. Est un bourlet composé des couleurs du chevalier, qui se met sur le casque.

Tourteau. Figure ronde, semblable au besant, mais qui est toujours de couleur.

Trabe. Est la partie supérieure de l'ancre, qui traverse la stangue.

Tranché. Se dit de l'écu divisé diagonalement en deux parties égales, de droite à gauche.

Tranglé. Fasce diminuée des deux tiers.

Trescheur. Orle orné de fleurons.

V

Vair. Est une fourrure dont les émaux sont toujours argent et azur. Chaque vair est fait à-peu-près en forme de cloche renversée. Quand les vairs de métal sont opposés aux vairs de métal, et ceux de couleur à ceux de couleur, on les nomme alors *contre-vair*.

Vairé. Se dit lorsque les vairs sont d'un autre émail qu'argent et azur. On dit *vairé d'or et de gueules*.

Vergeté est un pal diminué.

Vergette. Se dit d'un écu dont les pals surpasseroient le nombre de huit.

Vêtu. Se dit des espaces que laisse une grande losange dont les pointes touchent les quatre flancs de l'écu.

Vires. Sont des anneaux concentriques, ordinairement au nombre de trois.

Virolé. Se dit des boucles, mornes et anneaux, des cornes, trompes, &c.

Vivré. Se dit des bandes et fasces qui sont sinueuses et ondées avec des entailles faites d'angles rentrans et saillans.

Vol. On entend par-là deux ailes d'oiseau jointes ensemble. Une aile seule s'appelle *demi-vol*.

Vidé. Se dit des croix et autres pièces ouvertes, au travers desquelles on voit le champ de l'écu.

TABLE DES MATIÈRES.

INTRODUCTION................ pag. 1.
CHAP. I.er *De l'origine de la noblesse; de la noblesse féodale, ou de nom et d'armes; de la noblesse utérine ou coutumière; et de la noblesse inféodée, ou anoblissement par les fiefs*........ 3.
II. *Des anoblissemens par lettres, et des recherches faites contre la noblesse*............. 26.
III. *De la noblesse municipale*.... 40.
IV. *De la noblesse des sergens d'armes*................. 62.
V. *De l'institution des francs-archers, et de la noblesse à laquelle prétendoient leurs descendans.* 64.
VI. *De la noblesse des secrétaires du Roi et des officiers de chancellerie*............. 67.
VII. *De la noblesse civile ou de magistrature, et de la noblesse comitive*............... 71.

TABLE DES MATIÈRES.

CHAP. VIII. De la noblesse militaire, ou des anoblissemens par les armes.................. pag. 77.

IX. De la création de la Légion d'honneur................ 89.

X. De la pairie, et de la Chambre des pairs................ 131.

XI. Des majorats et titres héréditaires, et des dotations...... 178.

XII. De l'ancien ordre de chevalerie ou dignité militaire....... 222.

XIII. Des ordres militaires de chevalerie et de religion institués par les Rois de France et divers Princes de leur sang, et par quelques chevaliers français, &c. 231.

XIV. Des noms et des armoiries, et de leur substitution........... 283.

VOCABULAIRE du blason............ 399.

FIN.

www.ingramcontent.com/pod-product-compliance
Lightning Source LLC
Chambersburg PA
CBHW050920230426

43666CB00010B/2261